청춘,
일류국가를
꿈꾸다

◆ 일류국가를 향한 한 청년의 여정 ◆

청춘, 일류국가를 꿈꾸다

옥승철 에세이

좋은땅

프롤로그

한 청년이 시대를 바라보며 질문했다.
우리는 왜 이러한 삶을 살고 있는가?

이 책은 내가 스무 살 무렵부터 지난 15년간 걸어온 삶의 궤적을 담은 기록이다. 그 시간은 내게 삶의 목적을 끊임없이 되묻고, 세상이 안고 있는 구조적 문제를 이해하고 풀기 위한 여정이었다.

대한민국은 산업화와 민주화를 동시에 이룬 세계적으로 드문 나라다. 그럼에도 불구하고 왜 이토록 많은 사람들이 여전히 불행을 느끼며 살아가는가? 왜 우리의 삶은 여전히 고단한가? 처음에는 단지 주변에서 벌어지는 일들에 대한 궁금증에서 출발했다. 하지만 친구와 가족, 이웃의 삶을 가까이에서 지켜보며, 나는 점차 이 사회가 안고 있는 구조적 모순에 관심을 갖게 되었다. 그 해답을 찾기 위해 세계 곳곳을 누비며 공부하고 일하며, 다양한 나라의 제도와 정책, 그리고 삶의 방식을 관찰해 왔다.

옥스퍼드대학교와 파리정치대학에서 정책학과 행정학을 공부한 것도, 각국이 사회 문제를 어떤 관점에서 정의하고 어떤 방식으로 해법을 모색하는지 직접 체감하기 위해서였다. 그 과정은 학문적 지식을 넘어, 내 삶의 기준을 정립하는 철학적 토대를 마련해 주었다. 또한 여러 나라에서의 현장 경험은 우리가 직면한 복합적 문제들에 대해 보다 실질적인 해법을 고민할 수 있는 기반이 되었다.

오늘날 대한민국은 경제 성장과 민주화를 이뤘음에도, 많은 이들이 여전히 불안 속에 살아간다. 청년은 꿈보다 생존을 먼저 고민하고, 중장년은 불안한 노후에 대비하며 살아간다. 아이를 낳고자 하는 부모들조차 자녀의 미래를 염려한다. 나 역시 이러한 현실 앞에서 수없이 질문을 던졌다. 이 불안의 근원은 무엇인가? 우리는 무엇을 바꾸어야 하는가?

소득 양극화, 주거 불안, 저출산, 교육 격차, 청년 실업, 환경 위기, 정치적 양극화, 세대와 성별 간의 갈등, 그리고 동북아 외교와 남북문제까지—오늘 우리가 마주한 과제들은 서로 긴밀히 얽혀 있으며, 단편적인 해법으로는 풀어낼 수 없다. 그럼에도 불구하고, 누군가는 끊임없이 이 질문을 던지고, 그 답을 찾아 나서야 한다고 믿는다.

이 책은 정치적 선언문이 아니다. 오히려 정치 너머의 질문에서 출발한, 한 개인의 삶과 성찰의 결과물이다. 나는 지난 시간 동안 그 질문들을 쫓으며 살아왔고, 그 여정에서 얻은 생각과 경험을 이 책에 담았다. 완성된 해답이라기보다는, 내가 품었던 물음에 대한 한 청년의 응답이다. 그리고 어쩌면, 그것은 당신이 품고 있는 질문들과도 닿아 있기를 바라며 이 이야기를 내 삶의 기록을 통해 들려 드리고자 한다.

목차

프롤로그 | 한 청년이 시대를 바라보며 질문했다. 우리는 왜 이러한 삶을 살고 있는가? 4

1부
나를 찾아가는 20대의 여정

실패를 넘어, 진짜 나를 만나다   12
두 번의 실패와 좌절이 준 삶의 교훈   12
부족하고 느려도 포기하지 말자   15

내 삶의 목표를 찾아 떠난 중국   18
나침반을 찾아 떠난 중국 유학   18
연변에서 중국 동포들과 어울려 살다   23
중국에서 만난 김구 선생님   26
두만강에서 북한 땅을 바라보며 품은 통일의 꿈   32
칭화대에서 만난 중국의 미래, 그리고 우리의 과제   35
수많은 스타트업이 생겨나고 있던 북경 중관춘   41
내 기숙사 앞방에 살던 북한 엘리트 학생들   42
중국 전역을 여행하면서 본 발전의 명과 암   45

일본에서 마주한 역사의 그림자 — 51
일본 유학 도전기, 낯선 세계에 발을 딛다 — 51
네? 안중근 의사가 테러리스트라구요? — 55
아픔을 딛고 번영을 위한 협력으로 — 61
희망을 잃어버린 일본 청년들 — 63
재일교포가 들려준 아픔과 슬픔의 역사 — 66
일본에서의 유학을 마무리하며, 새로운 도약을 준비하다 — 70

나라를 지키는 길, 공군 장교가 되다 — 75
대한민국 공군 장교로 다시 서다 — 75
인생에서 가장 혹독했던 4개월 — 80
군대에서 배운 리더십, 사람을 움직이는 법 — 86

세계의 아픔에 공감하다: 고통 속에서 피어난 희망의 씨앗 — 94
시리아 난민을 돕기 위해 요르단으로 떠나다 — 94
시리아 난민을 보고 깨달은 북한 난민 정책 — 101
우버 드라이버 요르단 청년들 — 104
요르단 한국어과 학생들과 중동 진출 — 109
모세와 이스라엘 민족의 광야 — 112

2부
내 꿈을 위해 달려가는 30대의 도전

옥스퍼드에서 배운 정책, 그리고 사람   **120**

오랜 기다림 끝에 옥스퍼드에 합격하다   120

옥스퍼드 대학에서의 첫 주, 세계의 지성들과 만나다   124

양극단을 초월하는 옥스퍼드의 철학 수업   131

옥스퍼드, 한국의 경제 발전과 민주주의를 가르치다   135

독재와 싸우는 베네수엘라 인권 변호사 친구   140

옥스퍼드에서 본 일상의 자연   145

인간과 동물이 공존하는 런던   149

세계 최고의 교수와 북한 문제를 토론하다   152

옥스퍼드에서의 마지막 시험, 그리고 다음 삶을 위한 준비   156

나는 옥스퍼드에서 무엇을 얻었는가?   162

다음 무대는 싱가포르와 미얀마로   166

배움의 터전을 떠나며   170

싱가포르에서 본 가능성과 한계   **174**

싱가포르의 첫인상   174

북한의 시장경제화를 돕는 싱가포르 NGO   177

모든 신혼부부에게 집을 주는 나라   182

청년이 국가를 이끌어 가는 나라   187

약자를 위하는 국가   191

국민을 고소하는 싱가포르 정부   195

진정한 민주주의를 깨닫다, 미얀마에서의 시간   200

민주주의 투쟁의 현장인 미얀마로의 목숨 건 여행   200
미얀마 국회의원들에게 공공정책을 가르치다   205
수많은 보석으로 장식된 미얀마 국회의사당   213
탄압받는 소수 민족을 위한 연구를 하다   220
선거관리부 장관을 찾아가다   225
소수 민족 정치지도자와의 만남   228
민주주의 연구를 위해 떠나는 마지막 여정   233
덴마크 코펜하겐 비즈니스 스쿨에 합격하다   237
미얀마를 떠나며, 아쉬운 미련을 남기고   241

행복한 나라를 만들기 위해, 덴마크 친구들에게서 배운 철학   245

낯선 땅에서 만난 친구들, 덴마크와 중국의 만남   245
남녀 표시가 없는 덴마크식 화장실과 덴마크식 축구   249
교수님에게 존대했다가 덴마크 친구들에게 혼났다   255
마르크스 추종자인 덴마크 친구의 노동 유연성 찬양   259
인간의 존엄성을 철학으로 가지고 있는 나라   263
프린트를 하지 않는 실천, 환경을 생각하는 삶   268
교수의 의견에 No를 외치는 덴마크식 시험   273
학업을 포기하고 한국으로 돌아오다   277

정치와 리더십을 배우기 위해 파리정치대학에 입학하다   280

다시 일어서자   280
반년 늦은 옥스퍼드의 졸업식에 참여하다   284

프랑스 정치의 심장, 파리정치대학으로	288
웰컴 투 빠리	292
빠리에는 아메리카노가 없다	296
파리정치대학 서점에서 프랑스 '인재상'을 보다	300
청년에게 양질의 식사와 주거를 지원하는 프랑스	305
39세 마크롱 대통령의 등장	310
마크롱의 소통과 설득의 리더십	313
프랑스의 미래를 위해 국민과 맞서는 마크롱	318
젊은 대통령과 청년 장관들이 이끄는 프랑스	323
실용을 가르치는 파리정치대학의 수업	325
파리에서의 생활을 마무리하며	327

3부
30대의 후반, 나의 사명

새로운 시선, 일류국가의 길 — 332

비이성적인 정치	332
우리나라에 필요한 진정한 리더란 무엇인가?	333
청년들이 우리나라의 미래를 이끌어야 한다	337
산업화, 민주화 그다음은 '인간의 존엄성'	339

에필로그 — 345

1부

나를 찾아가는 20대의 여정

실패를 넘어,
진짜 나를 만나다

두 번의 실패와 좌절이 준 삶의 교훈

"우리 인생의 최대 영광은 한 번도 실패하지 않는 데 있는 것이 아니라 넘어질 때마다 다시 일어서는 데 있다. 가장 성공한 사람은 한 번도 실패하지 않는 사람이 아니라, 실패할 때마다 조용히, 힘차게 다시 일어난 사람이다." 올리버 골드스미스

나는 평범한 중학생이었다. 용인의 한 시골 중학교에서 축구와 게임에 빠져 지냈다. 공부보다는 일상 속의 소소한 재미에 몰두했고, 학교 분위기 또한 학업 중심과는 거리가 멀었다. 하지만 수업 시간 때는 항상 집중하며 공부해 몰두했다. 담임 선생님은 나의 태도와 성실함을 보고 선도부를 시켰고, 따돌림을 당한 친구와 함께 다니게 해서 그 친구를 보호하게 하였다. 나 또한 이러한 경험을 통해 타인을 배려하고

이끄는 태도를 배울 수 있었다.

고등학교는 수원의 한 일반고로 진학했다. 그곳에서 처음으로 나보다 훨씬 잘하는 학생들을 보며 세상의 넓음을 느꼈다. 하지만 공부에 몰입하지 못했고, 왜 공부해야 하는지에 대한 명확한 이유 없이 시간을 보냈다. 그런 나를 보며 아버지는 호주 유학을 제안하셨고, 2학년 때부터 영어 학원에 다니며 유학을 준비했다. 하지만 나는 수능과 유학 사이에서 갈등하다 결국 수능을 보기로 했다. 그러나 준비 부족으로 수능은 실패했고, 내 인생의 첫 좌절을 맛보았다.

나는 한 달 동안 풀이 죽어 있었다. 다른 친구들이 원하는 학교에 합격한 소식을 들었을 때 그리고 그 기쁨을 온전히 축하해 주지 못하는 나를 보면서 나 자신이 싫어졌다. 그러던 어느 날 부모님은 내 방에 들어와 말씀하셨다.

"사람은 언제나 실패를 하는 법이고 실패를 디딤돌 삼아 다시 도전해야 하지 않겠니? 호주로 가든 재수를 하든 너의 선택이지만 우리는 네가 호주로 유학을 갔으면 좋겠구나. 더 넓은 세상을 보고 배웠으면 한다."

아버지는 젊었을 때 호주 시드니대학에서 유학을 한 경험이 있기에, 그 길을 잘 알고 계셨다.

유학을 다시 결심하고 학원에 다니며 준비했지만, 호주에 도착한 후 나는 또다시 방황했다. 호주 대학 준비반에 들어간 나는 자유에 취해 친구들과 어울려 다니며 공부를 소홀히 했고, 결국 원하는 대학에 진학하지 못한 채 한국으로 돌아오게 되었다. 벌써 두 번째 실패였다. 하지만 부모님은 실망한 기색 없이 나를 안아 주셨고, 그 따뜻함에 눈물을 흘릴 수밖에 없었다. 부모님은 다시 한번 나에게 기회를 주셨고 절망 속에서 내게 다시 도전할 힘이 되었다.

　나는 다시 호주로 돌아갔고, 이번에는 다짐했다. 핸드폰을 없애고 외부와 단절한 채 공부에만 집중했다. 교과서를 반복해서 읽고 이해가 안 되는 문장은 통째로 외웠다. 그렇게 첫 시험에서 95점을 받으며, 마침내 실패의 어둠 속에서 작은 빛을 발견했다.

　돌아보면, 그 시간들은 부끄러움이 아니라 내게 가장 소중한 자양분이었다. 거듭된 실패를 통해 내 몸에 밴 게으름과 방탕함을 없앨 수 있었고 또 외로움과 싸우며 실패에서 담담히 일어나는 법을 배웠다. 그래서 이렇게 지금 내 방황과 실패를 고백할 수 있었다. 그리고 방향 없이 떠밀리던 삶 속에서, 실패를 통해 처음으로 나를 마주했고, 그 순간 삶의 밑바닥에서 내가 어디로 가야 할지를 진지하게 생각하게 되었다. 나의 여정은 그렇게 시작되었다.

부족하고 느려도 포기하지 말자

"다만 이뿐 아니라 우리가 환난 중에도 즐거워하나니 이는 환난은 인내를, 인내는 연단을, 연단은 소망을 이루는 줄 앎이로다" (로마서 5장 3~4절)

첫 시험을 높은 점수로 통과한 후 나는 부모님께 전화를 걸었다. 부모님은 실패했을 때나 잘했을 때나 언제나 수고했다는 말씀만을 하셨다. 나중에 알고 보니 부모님께서 눈물을 흘리시며 기뻐하셨다고 했다.

나는 많은 유혹과 싸우고 있었다. 아무래도 혼자이다 보니 친구들과 놀고 싶었고 외롭다 보니 여자친구를 사귀고 싶었다. 하지만 한 번에 한 가지밖에 하지 못하는 나로서 다시 유혹에 빠져들고 싶지 않았다. 힘들고 답답할 때면 저녁에 밖에 나가 산책을 하며 집에서 시드니 오페라하우스 근처의 바닷가까지 걸어가서 밤바다를 보며 그리고 별을 보며 꼭 이겨 내리라 다짐하고 또 다짐하였다. 이번에도 실패하면 내 앞에 보이는 바다에 뛰어들어 죽을 거라는 각오를 하였다.

그 후로 3번의 시험에서 좋은 점수를 받아 시드니대학의 경제학과 (Economics and Social Sciences)에 입학하게 되었다. 부모님은 나의 합격 소식을 듣고 정말 기뻐하셨다. 나 또한 드디어 부끄럽지 않게 집에 돌아가게 되었다.

꿈에도 그리던 대학 생활이었지만 그 생활은 생각보다 녹록지 않았다. 첫 수업에 들어갔는데 아무것도 들리지 않았다. 갑자기 내가 소화해야 할 영어 수준이 퀀텀 점프하듯이 높아졌다. 경제 이론 수업과 정치학 수업은 수많은 어려운 이론들로 꽉 차 있었다. 특히 시드니대학의 수업은 한 과목당 소수의 토론 수업을 꼭 하게끔 구성되어 있었는데 나를 포함하여 유학생들에게는 이 수업들은 가장 힘들고 피하고 싶은 시간이었다. 나는 호주 원어민 학생들과 같은 조가 될 때는 벙어리가 되었고 교수가 질문을 할 때 또한 머뭇거리며 자신 없게 대답하였다. 이렇게 한 학기가 흘러가자 나는 더는 이렇게 시간을 보내면 안 된다는 위기의식을 가지게 되었다.

어느 날 정치학 수업에 들어가자 한국 교포 2세 출신의 교수님이 수업을 하고 있었다. 나는 그날 그 교수를 찾아가서 내 고민을 말하였다. 단순히 한국인이기 때문에 도움을 받을 수 있을 거로 생각하였다.

"제가 어떻게 하면 토론 수업 때 영어로 말을 잘 할 수 있을까요? 호주 원어민 앞에만 서면 자신이 없어집니다."

그 교수가 내 말을 듣고 고민하더니 자상한 표정으로 말을 꺼냈다.

"호주 학생들은 영어는 잘 하지만 내용이 빈약하고 아무 말이나 그냥 하는 게 대부분입니다. 미리 공부하고 내용을 정리해서 영어를 잘하지 못하더라도 논리적으로 말을 하면 교수들도 인정해 줄 겁니다."

나는 교수의 이 말에 갑자기 두려움이 없어졌다. 그 이후로 예습과 복습을 철저히 하며 토론 수업 때 준비해 간 내용을 서투른 영어로 발표를 하였다. 교수가 질문을 해 왔을 때도 먼저 자신감 있게 대답하였다.

'모든 것은 마음을 어떻게 먹느냐에 따라 달라진다. 항상 담대하자.'

첫 학기는 이렇게 큰 깨달음을 얻고 정신없이 지나갔다. 1학년 두 번째 학기도 수업을 따라가느라 매주 벅찼다. 함께 입학한 한국 유학생들로부터 앓는 소리가 터져 나왔다. 50점 밑으로 점수를 받으면 Fail인데 다수의 유학생이 Fail을 받았다. 나 또한 이 당시에는 통과만 하자는 목표로 최선을 다했다.

2학기가 끝나 갈 무렵 나는 지난 몇 년간의 대학 입학을 위한 공부와 대학에서의 공부로 인해 완전 번 아웃 상태에 빠져 버렸다. 더는 이대로 2학년으로 가기에는 무리였다. 지금 이 상태로는 공부가 나를 지배하고 잡아먹는 상태였다. 나는 내 인생의 주인이 되어 공부를 수단으로 삼기를 바랐다. 그리고 그보다 더 원했던 것은 내 자신의 삶의 사명을 찾고 싶었다. 내 존재의 이유. 그리고 내가 앞으로 살아가야 할 목적. 삶의 목적과 꿈을 찾고 싶었다.

1학년이 끝난 후 나는 지체 없이 휴학을 신청하였다.

내 삶의 목표를 찾아 떠난 중국

나침반을 찾아 떠난 중국 유학

"인생은 과감한 모험이든가 아니면 아무것도 아니다." 헬렌 켈러

마음속으로 휴학을 결정하고 부모님께 휴학하겠다고 말씀드렸다. 많이 지친 상태라 부모님과는 미리 상의를 드리지 않는데 부모님께서는 그동안 안쓰러웠는지 조금 쉬어도 된다고 말씀하셨다. 부모님은 한 번도 반대를 한 적이 없으셨다. 다만 아버지는 나에게 휴학을 하면서 무엇을 할 것인지 물어보셨고 나는 아버지를 바라보며 대답하였다.

"중국으로 가서 중국어 공부도 하고 중국의 경제도 한번 관찰하려고 합니다. 쉬더라도 중국에서 쉬는 것이 하나라도 배울 기회라고 생각해서요. 중국은 학비와 물가가 싸서 한국에서 쉬는 것보다 더 돈이 들지 않는다고 합니다."

 나는 미리 중국에서 드는 생활비, 어학연수 비용 등을 찾아서 계산해 놓았기 때문에 아버지에게 자신 있게 말하였다.

 "그래 1년간 잘 다녀와라. 나 또한 중국에서의 경험이 앞으로 너에게 많은 도움을 줄 것이라고 생각한다."

 아버지는 내가 이미 계획을 세워 오자 자상한 표정을 지으시면서 잘 다녀오라고 말씀하셨다.

 휴학을 준비하면서 나는 좀 더 새롭고 의미 있게 쉬고 싶었다. 쉬더라도 배움이 되는 쉼을 원했기 때문에 한국에는 돌아가기 싫었다. 나는 내 삶의 목적을 찾고 싶었다. 하지만 그 방법을 몰랐기 때문에 일단 내가 가장 가고 싶은 곳을 가 보기로 했다. 그 나라는 중국이었다.

 왜 중국이냐고 물어본다면 2007년 1학년 당시 중국 경제가 떠오르고 있었고 학교에서도 중국 경제를 가르치고 있었다. 경제 경영학, 정치학 교수님들은 중국이 앞으로 세계의 경제와 정치를 이끌어 갈 것이라고 하였다. 나는 그 당시만 하더라도 중국에 대해 별 관심이 없었지만 우리나라와도 가깝고 중국에 내가 모르는 기회가 있는 것처럼 느껴졌기 때문에 일단 무작정 가 보기로 결정하였다.

하지만 어디부터 갈지 도저히 감이 잡히지 않았다. 다행히 어머니의 친척 형이 중국 연길에서 한국 선교사들이 세운 연변과학기술대학에서 교수를 하고 있다고 하였다. 어머니는 그 형에게 전화를 걸어 그 집에서 살면서 중국어 공부를 할 수 있냐고 물어보셨고 다행히 그 학교에서는 중국어 수업을 열고 있었다. 나는 일단 반년간은 그곳에서 중국어를 공부하기로 결정하였다.

드넓은 만주땅(일송정에서)

연변을 간 것이 처음에는 마음이 썩 내키지 않았지만 후에 정말 잘한 선택이었다는 생각이 든다. 연변은 즉 우리의 조상들이 살던 우리의 고토, 즉 만주 땅이었다. 그곳에는 우리 역사의 숨결과 우리와 같은 말을 쓰는 중국 동포들이 살고 있었다. 그리고 그곳에서 나는 내 일생을 바꾸는 경험을 하게 되었다.

중국 연변에 도착하다

중국 연변의 공항에 처음 도착하자 친척 형과 중국 동포인 제자들이 함께 마중을 나와 있었다. 처음 보는 낯선 풍경이 흡사 내가 북한 평양에 도착한 게 아닌가 하는 착각이 들었다. 중국 동포 제자들은 내 나이 또래였는데 중국어를 잘하지 못하는 친척 형을 돕기 위해 온 것 같았다. 우리는 소형 벤을 타고 시내로 나갔다. 신기하게도 시내의 간판은 중국어와 내가 잘 아는 한국어가 같이 쓰여 있었다.

'이런 곳도 있구나. 신기하다.'

집으로 가다가 인사나 할 겸 중국 동포 학생에게 말을 걸어보았는데 그들의 말이 우리와는 조금 다른 북한 억양과 비슷한 사투리였다. 차에서 내릴 때 중국 동포 여성분이 내 짐을 들고 있길래 내가 들기 위해 달라고 말하였다.

"일 없습네다(괜찮습니다)."

약간은 딱딱한 말투로 이 말을 하자 매우 낯설었다. 정말 흡사 내가 북한에 온 건가…

조선족이라고 불리는 중국 동포들에게 호기심이 났다. 그들은 누구이고 왜 우리말을 쓰고 있는지.

중국어 공부를 시작하다

내가 묵을 집에 도착하니 형수님과 한 명의 중학생, 초등학생, 대학생이 있었다. 내 사촌 동생들이었다. 그들과 인사를 하고 내 방에서 쉬면서 중국에서 어떻게 하면 의미 있는 시간을 보낼 것인지 생각하였다. 일단 중국에 온 이상 중국어를 열심히 공부하고 중국 경제와 사회 문화 등을 관찰하기 위해 중국을 일주하고 싶다고 생각하였다.

다음 날 중국어 수업에 들어갔다. 그곳에는 이미 내 또래의 한국 유학생들이 있었다. 이미 외로움이 익숙해진 터라 유학생들과 크게 어울리지는 않았다. 중국어 공부는 대학에서 이미 한 과목을 들은 터라 수업을 듣기 조금 수월했지만 인사 정도의 기초만 알 뿐이었다. 중국어 수업이 끝나자 중국어 선생님이 나에게 연변과학기술대학에 다니는 중국 대학생을 과외 선생님으로 구해 줄 수 있다고 하였다. 그 당시 과외 가격이 정말 말도 안 되게 쌌다. 연길 지방 대학생 한 달 아르바이트 비용이 10만 원 할 때였다. 나는 한 달에 10만 원씩 매일 2시간씩 공부하는 조건으로 대학생 과외 선생님을 구했다.

첫 번째 과외 선생님은 나와 동갑이었던 중국 한족 여학생이었다. 신기하게도 이 친구는 한국말을 거의 원어민처럼 했다. 물어보니 연변과학기술대학이 한국에서 세운 학교였고 한국 교수들과 학생들도 있었기 때문에 그들과 어울리면서 자연스럽게 배운 것이라고 했다. 가끔 이런 언어의 천재들을 만났고 그녀가 중국어를 잘 가르칠 것이라는 확신이 들었다.

나는 오전 9시부터 12시까지의 중국어 수업이 끝나면 점심을 먹고 과외 선생님을 만나 열심히 공부하였다. 감사하게도 그녀는 매일 열심히 나에게 중국어를 가르쳐 주었는데 아직 중국어를 잘 모르다 보니 그녀가 한국어로 설명해 주는 것이 많은 도움이 되었다. 특히 중국어는 성조가 매우 어려웠는데 매일 발음을 봐 주었기 때문에 발음이 매우 좋아질 수 있었다.

이렇게 낯선 땅에서 평범하게 3개월이 흘렀다.

연변에서 중국 동포들과 어울려 살다

"우리의 진정한 국적은 인류입니다." 웰스

중국 동포 아이들을 돌보다

 중국 연변에서 3개월 정도가 지난 후 어느 날 연변과학기술대학 복도 게시판에 중국 동포 아이들의 방과 후 영어 공부 선생님을 구한다는 것을 보았다. 아무래도 호주에서 영어를 배워 왔으니 여기에 있는 동안 아이들에게 영어를 가르쳐 주고 싶었다. 이 방과 후 공부방은 한국의 어느 재단에서 만들었었는데 찾아가 보니 학교에서 얼마 멀지 않았다.

 공부방은 어느 빌라의 6층 꼭대기에 있었는데 올라가느라고 힘이 들었다. 조그마한 아이들이 어떻게 여기까지 올라올 수 있을까 궁금함을 품으며 문을 열었는데 아이들이 갑자기 문 앞에 일렬로 서더니 "선생님 안녕하십니까"라고 외치는 것이었다. 흡사 군대에 온 것 같았다. 이곳 교육 문화인가 싶었다.

 곧 젊은 한 중국 동포 여성분이 나를 반갑게 맞이하였다. 그분은 공부방을 관리하는 원장님이었다. 그녀는 나에게 이곳에 20명 정도의 중국 동포 초등학생들이 다니고 있다고 하였고 선생님은 한국 유학생들과 중국 동포 대학생들이 지원하여 오고 있다고 했다. 그리고 그녀는 나에게 한가지 주의 사항을 알려 주었다.

 "이곳 아이들의 부모님들은 모두 한국에서 일하고 있어서 홀로 남겨져 할머니 할아버지가 돌보는 아이들이에요. 아이들이 민감할 수 있으나 잘 보살펴 주세요."

나는 그 후로 매주 한 번씩 가서 아이들에게 영어를 가르치며 아이들과 이야기하며 함께 놀았다. 아이들이 정말 선생님 말을 잘 들었고 선생님을 존경한다는 눈빛을 가지고 있었다. 너무 착하고 순수한 눈빛을 가진 아이들이었다. 나는 이런 아이들을 잘 키우려 한국에서 일하고 있는 중국 동포 부모님들을 위해 기도하면서 매우 안타까워했다. 지금도 조금 그렇지만 그 당시에는 중국 동포에 대한 시선이 매우 좋지 않은 시기였다.

중국 동포 대학생들이 나를 미워하는 이유

어느 날 학교에 있는 중국 동포 학생 중에서 두 번째 중국어 과외 선생님을 구했는데 얼마 있지 않아 그 친구가 과외를 그만둔다는 것이었다. 그 이유를 물어보니 같은 중국 동포 학생이 한국인과 친하게 지내지 말라고 했다는 것이었다. 그러고 보니 학교에서 중국 동포 학생들은 한국인들을 좋은 시선으로 보지 않았다. 그들 대부분 부모님들이 한국에서 힘든 일을 하고 있었고 한국에서 힘들었던 이야기를 자녀들에게 전화로 많이 한다고 했다.

상황이 이러하니 한국인들이 좋게 보일 리는 없었다. 그래도 나는 그들에게 진심을 갖고 다가갔다. 먼저 농담도 하고 장난도 치고 밥도 같이 먹었다. 머리도 중국 미용실에서 깎다 보니 앞 옆머리는 스포츠에 뒷머리가 꽁지머리처럼 그 당시 유행하는 중국 스타일이 되었다. 그래서 그런지는 몰라도 그들과 금방 동화되었다. 나중에 알고 보니 그들은 한국인을 진심으로 싫어하는 것은 아니었던 것 같다. 오히려 그들은 한국과 한국인에게 관심이 많다. 다만 우리에게 받은 상처가 있어서 우리를 미워하는 것이라고 생각한다. 내가 먼저 마음을 열고 다가가면 그들도 마음을 열고 다가왔다.

우리는 미우나 고우나 같은 민족

처음에는 그들이 궁금했고, 낯설었고 다가가기 힘들었지만 결국 그들은 우리와 같은 민족이라는 것을 알게 되었다. 여기 오기 전까지 그들을 잘 모르고 마음적으로 차별했던 적이 있었다. 물론 지금도 한국 분들 중에는 중국 동포에 대한 좋지 않은 시각을 가지고 있는 분들도 있다. 충분히 이해하고 있지만 그럼에도 불구하고 우리가 우리 사회에서 그들을 먼저 포용해야 한다고 생각한다.

중국에서 만난 김구 선생님

"나는 우리나라가 세계에서 가장 아름다운 나라가 되기를 원한다. 가장 부강한 나라가 되기를 원하지 않는다. 내가 남의 침략에 가슴

이 아팠으니 내 나라가 남을 침략하는 것을 원치 않는다." 백범 김구

김구 선생님의 백범일지를 읽다

중국 연변에서의 중국어 공부 후반기 어느 날 사촌 형 집 책꽂이에 꽂혀 있던 백범 김구 선생님이 쓴 『백범일지』라는 책을 발견하여 읽게 되었다. 그 당시까지 나는 김구 선생님이 우리나라의 독립을 위해 일 하셨다는 것만 알고 있었지 그의 삶에 대해 전혀 모르고 있었다. 나는 그냥 우리나라에 관심이 없었던 평범한 젊은이였다. 공적인 것, 군대 를 가는 것, 애국하는 것 다 관심도 없고 의미도 없다고 생각했다. 나만 돈 많이 벌고 잘 살면 되는 것이 좋은 삶이라는 생각 또한 가지고 있었 다. 이러던 와중에 백범 김구 선생님의 자서전을 발견한 것이다.

침대에 누워 그 책을 읽기 시작했고 그 책에는 김구 선생님의 인생과 독립과 나라를 위해 평생을 헌신한 이야기가 쓰여 있었다.

'어떻게 이런 삶을 살 수 있었을까?'

나에게는 그의 삶이 놀라웠다. 그리고 김구 선생님이 그렇게 지키고 자 했던 우리나라와 한민족 그리고 우리가 이룩한 역사에 대해 궁금해 지고 알고 싶어졌다. 지금까지 목적이 없었던 나의 삶에 이정표가 주 어지는 순간이었다. 누군가 보면 고리타분해 보일지도 모르겠지만 정

말 많은 조상님들이 목숨을 걸고 나라를 지키고 유구한 역사를 이어 오고 있었다는 것이 숭고하고 소중해 보였다.

우리의 고토 만주에서 우리의 역사를 보다

다행히 이곳은 만주 땅 아니었던가. 만주 땅에는 우리의 태초의 고향이 있었다. 우리 민족이 생겨난 곳, 최초의 고대 국가들, 부여, 고구려가 있는 장소였다. 나는 사촌 형에게 말하여 우리나라의 역사적 장소들을 가 보자고 부탁하였다. 어느 날 형은 운전사가 있는 차를 빌려와 여행을 시켜 주었다. 맨 먼저 간 곳은 장수왕릉과 광개토대왕릉이었다.

장수왕릉 앞에서

도착해서 본 장수왕릉과 광개토대왕릉은 피라미드처럼 생겼는데 곁에는 큰 고인돌처럼 생긴 돌이 주변을 받치고 있었다. 장수왕릉은 상태가 좋았지만 광개토대왕릉은 여기저기 무너져서 흡사 언덕 같았다. 하지만 그 위엄은 천오백 년이 지난 지금까지 유지되고 있었다. 나는 그 앞에 서서 만주가 우리의 땅이었던 그 당시 우리 민족이 강대국을 이루었던 상상을 해 보았다. 교과서에서나 보던 광개토대왕비도 보았는데 내 키와 몸의 몇 배가 컸다. 그 모습이 매우 장엄하여 잊을 수가 없다.

돌아가는 길에 갑자기 사촌 형이 강을 가리키며 보라고 하였다. 주몽이 부여에서 탈출하려고 하다가 강에 막히자 물고기와 자라가 다리를 만들어 주었다는 강이라고 하였다.

부여, 고구려 관련 유적들을 돌아본 이후에 이제는 우리의 아픈 역사였던 독립운동 장소들을 가 보았다. 먼저 하늘과 바람과 별과 시를 썼던 민족시인이었던 용정에 있는 윤동주의 생가에 가 보았고 윤동주를 포함한 많은 의병장과 독립투사를 배출한 용정의 대성중학교에 가 보았다. 이곳은 여기에 사는 조선인들에게 근대교육을 시행하고 항일 투사를 육성하는 곳이었다.

백두산에 오르다

중국 만주를 여행하고 돌아온 후 얼마 지나지 않아 백두산에 갈 기회가 생겼다. 백두산은 우리 민족의 영산 아닌가… 나는 같은 학교를 다니는 유학생 몇 분과 백두산에 가기로 결정했다. 백두산 입구에 도착하니 으슬으슬하게 비가 왔고 준비해 온 우비를 입고 등산을 시작하였다. 초입에는 우리를 맞이하듯 엄청난 크기의 백두산 폭포가 장엄하게 우렁찬 소리를 내고 있었다. 처음부터 나를 압도하는 기운을 품은 백두산이었다.

백두산 천지에 올라가려면 두 가지 방법이 있다고 했다. 한가지는 SUV 같은 차를 타고 올라가거나 아니면 계단을 올라가거나였다.

'계단을 올라간다고?'

아직 젊었기 때문에 차를 타기보다는 계단을 걸어서 올라가기로 했다. 차를 타고 백두산 천지에 간다면 백두산에 대한 예의가 아닐 것 같았다. 하지만 도착 전까지만 하더라도 단순한 계단인 줄 알았는데 막상 도착하고 보니 아래에서 꼭대기까지 끝없이 이어진 터널이 있었고 그 안에 계단이 있었다. 그 계단을 열심히 올라가면서 정말 힘들었지만 백두산 천지만 볼 수 있다면 힘든 것은 아무것도 아니라고 생각했다. 터널이 끝나자 다시 계단이 나왔다… 하지만 주변에 펼쳐진 풍경은 다시 계단을 올라가야 한다는 걱정을 누그러뜨릴 만큼 강렬했다. 갑자기 들판이 나타났고 더 들어가자 길 양쪽으로 우뚝 선 계곡이 흡사 장엄한 〈반지의 제왕〉의 중간 땅에 온 듯한 착각을 일으켰다. 안개가 자욱했고 신비로웠다. 왜 백두산을 영산이라고 그러는지 알 것 같았다.

백두산 천지

천지에 다다르자 다행히 안개가 걷혔다. 백두산에서 안개가 없는 천지를 보는 것은 천운이라고 할 만큼 보기 힘들다. 다행히 그날은 나에게 천운이었다. 하늘이 나에게 백두산을 허락한 것이다.

백두산 천지의 물이 곧 보였다. 엄청난 크기의 호수가 산꼭대기에 있었다. 그 물 주변으로 높은 언덕들이 에워싸고 있었다. 나는 천지에 다가가서 발을 담그고 손을 담갔다. 물은 매우 맑고 차가웠다.

백두산에 오른 순간 마음에 감동이 밀려왔다. 그리고 만주의 여행 끝에서 내 마음속에서는 어렴풋이 내가 아닌 우리 모두를 위해, 공공에 기여하는 삶을 살고 싶은 마음이 밀려 들어왔다. 수많은 조상 분들과 선배들이 그러했듯이 나 또한 그 뜻을 이어받고 싶었다. 아직은 무게획이지만 이렇게 내 삶의 목적을 찾고 있었다.

두만강에서 북한 땅을 바라보며 품은 통일의 꿈

만주를 여행하고 백두산을 다녀온 이후 그리고 조선족이라고 불리는 중국 동포들을 만난 후부터 북한에 대해서도 많은 호기심과 궁금증이 생겼다. 또한 이곳 연변에서 지내면서 한국에서 온 선교사분들이 탈북한 탈북민들을 만나고 돕는 것을 듣고 보았기 때문에 자연스럽게 탈북자와 탈북 문제에 관해 관심이 갔다. 연변은 두만강을 끼고 북한과 마주 보는 국경 지역이기 때문에 그리고 한국말을 하는 사람들이 살고 있기 때문에 탈북자 분들이 종종 탈북하여 도움을 청하는 곳이었다.

어느 날 나는 도문역을 통해 두만강에 가면 북한 땅을 볼 수 있다고 하여 사촌 동생들과 함께 기차를 타고 도문역으로 가기 위해 기차표를 끊었다. 기차를 타고 가는 도중에 창밖을 바라보았다. 우리나라 70년대 정도의 시골 풍경이 펼쳐졌다. 낯설지만 정감 가는 풍경이었다. 대부분의 집은 기와집으로 되어 있는데 기와가 두 가지로 구분된다고 하였다. 하나는 조선족, 즉 중국 동포들이 사용하는 기와이고 다른 하나는 중국 한족이 사용하는 기와라고 하였는데 그 구분 방법은 아쉽게도 기억이 나지 않는다.

드디어 도문역에 도착했다. 도문은 중국어로 Tumen, 투먼이라고 발음하는데 중국에서는 두만강을 투먼강이라고 부른다. 조선 말기 백두산정계비에서는 '서쪽으로는 압록강을 경계로 삼고, 동쪽으로는 도문강을 경계로 삼는다'는 내용이 있었는데 이를 토대로 조선과 중국의 국경을 정할 때 조선에서는 도문강이 송화강 지류라고 하여 간도를 우리 땅으로 포함시키려고 했으나 중국은 두만강이라고 하였고 결국 이 회담은 양측의 의견 마찰로 중단되어 있었다. 후에 을사늑약을 통해 우리나라의 외교권을 갖고 있었던 일본이 청나라에게 만주 지역의 철도 부설권과 광산 채굴권을 갖는 대신 조선의 간도 지역 관할권을 넘겨 버린다. 불법이기에 언젠가는 꼭 되찾아와야 할 간도 땅인 것이다.

도문 지역은 또한 탈북자들이 많이 있는 지역이었다. 도문역에 도착하여 두만강 쪽으로 걸었다. 걷는 도중에 나귀들과 파인애플과 양꼬치를 파는 노점 상인들이 보였다. 근처 상점에는 북한 담배, 그림, 지폐 등 북한 관련 물건들을 팔고 있었다.

걷다 보니 드디어 저 앞에 두만강이 보였다. 강 건너 초라한 건물과 민둥산을 보니 정말 저 앞에 북한이 있는가 싶었다. 북한 쪽 초라한 건물들 사이에 조금 좋은 건물들이 보였는데 세트장이라는 설이 있었다. 북한도 자신들이 잘살지 못하는 것이 부끄러운가 보다.

두만강에서

도착하니 폭이 넓지 않은 두만강이 앞에 펼쳐졌다. 이 정도면 탈북자 분들이 충분히 헤엄쳐서 건널 만한 거리였다. 다리에는 사람들과 물건을 가득 실은 트럭들이 왕래하고 있었다.

'이렇게 가까이에 북한이 있다니.'

나는 한국에 살면서 북한의 존재를 인식하지 못하고 살고 있었다. 한국에서 먼 호주에 유학하면서도 북한은 바로 우리 위에 있는데 지구상에서 가장 먼 국가로 생각하고 살았다. 부끄러웠다…

두만강 저편에서 나는 한동안 멍하니 북한 쪽을 바라보았다. 저 안에는 우리와 같은 민족이 살고 있구나… 지금은 자유가 탄압받고 가난한 나라를 보면서 언젠가는 부족하지만 조금이나마 정말 통일에 이바지하고 싶다는 생각이 들었다. 남북한을 통일하여 북한 주민들에게 자유를 주고 우리나라 입장에서도 통일을 통해 경제 발전을 이루고 주변국에 눈치 보지 않고 휩쓸리지 않는 부강한 나라가 되었으면 좋겠다는 바람이었다.

이때 이후로 나는 가슴에 북한 주민들과 통일을 가슴에 품고 살게 되었다.

칭화대에서 만난 중국의 미래, 그리고 우리의 과제

2008년 후반기 나는 6개월간의 연변 생활을 마치고 북경에 가기로 결정하였다. 연변과 이곳 사람들과 정이 들었지만 연변이 있는 동북 3성은 중국에서 변두리 지역이었다. 중국에 왔으면 북경에 가는 것이 중국을 잘 알려면 당연히 해야 하는 선택이었다.

나는 중국어에 대한 기초를 여기서 많이 쌓을 수 있었다. 연변에서의 3개월 후 과외 선생님도 한 명 더 늘려서 하루에 4시간씩 중국어 과외를 받았다. 과외를 많이 받은 이유는 혼자 하는 공부가 하기 싫었기 때문이었다. 그리고 중국 과외 선생님들이 내 또래였기 때문에 즐겁게 공부할 수 있었다.

이제 북경에서 다시 중국어 공부를 이어 가면서 북경과 중국에 대해 관찰하고 경험하고 싶었다. 중국이 어떻게 세계의 경제 대국으로 커 가고 있는지 그리고 명과 암이 없는지. 또 어떻게 우리나라가 중국에 대응해야 하는지 여러모로 궁금하고 알고 싶어졌다. 나는 일단 북경 칭화대에 중국어 어학연수 과정이 있다는 것을 듣고 지원하였다. 칭화대로 간 이유는 중국 최고의 학생들을 만나 그들이 어떻게 사고하고 생각하는지 궁금했기 때문이었다. 다행히 한 학기 중국어 수업에 등록할 수 있었고 칭화대 안에 학생 기숙사에도 배정을 받았다.

연변에서 친척 형 가족들과 지인들에게 작별 인사를 하고 북경으로 왔다. 북경의 공항은 연길 공항과 스케일이 달랐다. 택시를 타고 칭화대를 가는 도중에 창밖을 바라보자 높고 큰 건물들이 보였다. 그 당시 북경 올림픽 준비가 한창이었기에 도시는 상당히 깨끗하고 정돈이 잘 되어 있었다.

칭화대는 북경의 우다코우라는 곳에 있었다. 우다코우는 지역 이름인데 우리나라의 구 정도인 것 같다. 우다코우에는 북경대와 칭화대가 있어서 유학생들이 엄청 많았다. 그 근처에는 이화원이라고 서태후가 만든 엄청나게 크고 아름다운 황실의 정원도 있었다.

칭화대에 도착하여 기숙사에 짐을 풀고 다음 날 수업에 나갔다. 간단한 레벨 테스트 후 나는 중급반으로 배정되었다. 우리 반에는 영국, 브라질, 일본, 미국, 호주, 프랑스, 말레이시아 등 세계 여러 나라에서 온 학생들이 있었다. 나는 그 친구들과 함께 중국어를 공부하며 북경의 여러 곳을 함께 돌아다니며 북경 생활을 즐기고 있었다.

칭화대 중국어반에서

나는 소속이 칭화대 대학생이 아니라 어학연수반이었기 때문에 칭화대 중국 학생들과 사귀기 힘들었다. 하지만 다행히 그들과 만날 수 있는 계기는 많이 있었다. 학교에서는 유학생 행사를 통해 중국 칭화대 학생들과 함께 만날 기회를 주었고 한국어에 관심 있는 중국 학생들을 찾아 그들과 만나 교류하였다. 때로는 몰래 청강도 하면서 한두 명씩 중국 친구들을 만들어 갔다.

칭화대 기독교 클럽에 가입하다

우리 반에 미국 친구가 있었는데 그 친구는 특이하게도 영어를 절대 쓰지 않았다. 중국어도 잘하지 못하는데 매일 내가 영어로 말을 거니 자신에게 중국어를 써 달라고 부탁하였다. 그 친구는 중국에서 사업을 하는 것이 목표라고 했다. 어찌 되었든 그 친구와 떠듬거리는 중국어로 매일 말을 하였고 어느 날 나에게 자신이 만든 기독교 클럽에 가입하지 않겠냐고 하였다.

"Why not?" 나는 개신교인이었기에 기독교 클럽에 가입했고 모임에 나가자 칭화대 중국 학생들도 있었다. 중국에서 종교를 믿는다는 게 거의 목숨을 거는 일인데 신기하다 싶었다. 아무래도 그 당시 미국 유학생들이 드물었는데 칭화대 학생들은 그 친구가 궁금하거나 영어를 배우고 싶었나 보다 했다. 그 미국 친구가 사실 선교하러 중국에 온 건가 하는 생각이 들었다. 그 당시 중국에서는 종교 탄압이 심했는데 내가 교회에 갈 때도 현지 교회에는 출입이 안 되고 국제 교회에만 갈 수가 있었으며 그마저도 여권 등 신분증을 보여 주고 들어갈 수 있었다. 선교를 하면 바로 추방이었다.

모임에서 미국 친구가 한 명씩 돌아가면서 기도를 하자고 했다. 특이하게도 이 미국 친구는 여기서는 영어만을 썼다. 아무래도 중국 친구들과 친밀하게 소통하려고 하는 모양이었다. 우리는 한 명씩 영어로 기도하였고 내 차례가 되자 나 또한 영어로 기도하였다. 내 기도를 듣던 미국 친구는 나를 보며 놀란 듯이 외쳤다.

"승철, 너 왜 이리 영어를 잘해?"

나는 어이없다는 듯이 대답했다. "네가 영어를 못 쓰게 하니까 보여 줄 기회가 없었던 것뿐이야."

이후로 나는 매주 영어 모임을 가지면서 이 중국 칭화대 학생들과도 친해졌다. 나는 지금까지 만났던 중국 칭화대 학생들과 점심 식사도 하고 저녁 식사도 하면서 그들과 많은 대화를 하였다. 대부분은 영어로 하였는데 그들에게 주로 물어본 것은 중국의 정치, 사회, 경제 등에 관한 그들의 소견이었다. 그들은 매우 순박했지만 자신의 나라에 대해 매우 큰 자신감을 가지고 있었다. 중국이 언젠가는 미국을 넘으리라는 것을 그들은 확신하고 있었다.

그들을 만나면서 나는 중국이라는 나라가 이제 깨어나고 있구나 하는 생각이 들었다. 그리고 앞으로 우리나라는 경제적으로 중국에 일정 부분 의존하게 될 수도 있을 것이며, 이는 전통적인 미국과의 전략적 관계에도 새로운 조정이 필요하다는 뜻일 수 있다고 느꼈다.

하지만 내가 가장 우려했던 것은 중국인들이 우리나라를 종속시켰다는 역사적 인식을 여전히 갖고 있다는 점이었다. 그렇기에 중국이 국력을 키울수록 과거의 중화 질서를 재현하려는 시도를 통해 우리나라를 영향권 안에 두려는 움직임이 강해질 수 있다고 보았다. 중국의 경제적 번영과 힘의 축적은 우리에게 위협과 기회가 동시에 될 수도 있다.

이러한 상황 속에서도 한국은 스스로를 작은 나라로 규정짓지 않고, 자주성과 전략적 균형 감각을 바탕으로 중국과의 관계를 당당하게 조율해 나가야 한다. 외교란 자신감에서 출발해야 한다. 한국은 이미 경제적, 문화적, 전략적 역량 면에서 세계 무대에서 결코 작지 않은 나라다.

중국이 커진다고 해서 우리가 작아질 필요는 없다. 오히려 한국은 가치와 실리를 균형 있게 추구하는 전략적 외교를 통해, 중국과의 관계에서 당당하게 스스로의 주권과 국익을 굳건히 지켜 낼 수 있어야 한다. 위기를 기회로 바꾸는 것, 그것이 나와 동시대에 사는 청년들의 사명이며, 우리가 감당해야 할 시대적 책임이라 생각한다.

수많은 스타트업이 생겨나고 있던 북경 중관춘

칭화대에서 공부하던 시절, 나는 종종 북경 우다코우 인근의 중관춘(中关村)을 걷곤 했다. 그곳은 마치 중국의 실리콘밸리 같았다. 골목과 건물 사이사이로 작은 간판을 내건 수많은 스타트업들이 자리를 잡고 있었고, 구글·마이크로소프트 같은 세계적 기업들의 간판도 함께 걸려 있었다. 흥미로웠던 건, 그 기업들 중에 북경대와 칭화대의 교수와 학생들이 직접 창업한 회사들도 많이 보였다는 점이었다. 연구실에서 나온 기술이 곧바로 창업으로 이어지고, 아이디어가 사업으로 전환되는 속도와 에너지는 당시의 한국에서는 좀처럼 보기 힘든 풍경이었다.

2008년, 나는 그렇게 태동하는 중국의 기술 생태계를 목격했다. 그리고 10년이 지나 다시 찾은 중관춘은 완전히 다른 모습이었다. 좁은 골목들은 사라지고 과거 작은 사무실을 나눠 쓰던 창업 기업들은 유니콘 기업들이 되어 중관춘은 고층 테크 기업 단지가 되어 있었다. 그중 일부는 세계적인 AI 기업이나 드론 기술 기업으로 성장해 구글, 아마존과 같은 글로벌 테크 자이언트들과 어깨를 나란히 하고 있었다. 불과 10년 만에 중국은 '카피캣'이 아닌 기술 선도 국가로의 길을 스스로 개척하고 있었던 것이다. 당시 나는 이 모습을 보면서 우리나라의 최고 대학들 주변에는 왜 스타트업 단지가 없는지 의문을 가졌었다.

이 경험은 나에게 깊은 경각심을 주었다. 우리는 더 이상 중국을 과

소평가해서는 안 된다. 오히려 그들이 보여 준 실행력과 혁신 생태계 구축은 우리에게 큰 위협이자 동시에 교훈이다. 이제는 우리도 더 공격적으로 미래산업에 투자해야 한다. AI, 드론, 양자컴퓨팅, 우주항공 등 첨단 분야에 대한 국가 차원의 전략적 집중과, 대학이 기술 창업의 전진기지가 될 수 있도록 구조적 개혁과 지원이 절실하다.

서울대, KAIST, 포스텍 같은 우리나라의 우수한 대학들도 연구 성과가 교실에서 끝나는 것이 아니라 기업으로 이어질 수 있는 구조를 만들어야 한다. 교수와 학생이 창업에 나서고, 그것이 다시 대학의 자산과 명성으로 환류되는 선순환을 만들어야 한다. 기술과 인재를 가진 나라만이 미래를 선도할 수 있다. 우리가 가야 할 길은 분명하다. 혁신을 두려워하지 말고, 더 멀리 내다보며 지금 이 순간부터 준비해야 한다.

내 기숙사 앞방에 살던 북한 엘리트 학생들

이번 이야기는 나도 믿기 힘든 경험을 이야기해 보고자 한다.

중국 두만강에서 북한 땅을 바라볼 때만 하더라도 나는 그저 북한이 마음속에서 아리고 슬펐다. 어떻게 하면 통일을 이루고 저 고통받는 우리 민족을 구할 수 있을까 그 후로 그 질문은 언젠가는 이루고 싶은 내 사명 중의 하나가 되었다.

북경 칭화대에서 중국어를 공부하면서도 가끔씩 그 생각을 하고 있었는데 어느 날 우연하게 북한 엘리트 학생들을 기숙사에서 만났다.

북한 엘리트 학생들이 기독교?

칭화대 외국인 기숙사는 복도를 따라 양쪽으로 많은 방들이 있었다. 내가 묵은 방은 2인실로 화장실과 샤워실(세면실)을 공동으로 사용하는 구조였다. 어느 날 공동 세면실에서 세수를 하다가 등 뒤에서 한 무리의 남자들이 투박한 우리말을 하는 목소리를 들었다. 뒤를 돌아보니 대여섯 명이 있었는데 한국인은 아니고 말투가 북한 학생이었다. 이때까지만 해도 나는 중국에 북한 학생들이 유학 오는 것을 전혀 모르고 있어서 깜짝 놀라고 무섭기도 하였다. 북한 학생들과 인사라도 하면 잡혀가는 줄 알았다. 지금 생각해 보면 대화는 못 해도 인사라도 하며 지낼 걸 후회하기도 한다.

그 이후로 북한 학생들과 나는 특히 오전에 세면실에서 세수를 할 때 많이 마주쳤고 항상 어색한 기류가 흘렀다. 내가 그들을 북한에서 온 것을 아는 것처럼 그들 또한 내가 한국인인 것을 알고 있었을 것이다. 왜냐하면 같은 한국인 유학생 누나와 항상 한국어로 같이 떠들며 지냈기 때문이었다. 또 알고 보니 그 북한 학생들 몇 명은 바로 내 앞방과 그 옆방에서 지내고 있는 게 아닌가… 그들의 방문에는 인공기가 붙어 있어서 누가 봐도 북한 학생들이 사는 방이었다. 어느 날 문득 나는 남북한 관계에 대해서 다시 한번 생각해 보았다. 우리는 왜 같은 언어를 쓰면서 그리고 같은 민족이면서도 단 한마디도 못 하고 있는가? 그들의 방과 내 방 사이에는 한 발자국의 거리이지만 우리의 거리는 휴전선을 친 것마냥 한없이 멀게 느껴졌다.

어느 날이었다. 평소처럼 내 방에 들어가려고 하고 있는데 앞방에서 기도 소리 같은 게 들려왔다. 나는 모태신앙으로서 그 기도가 내가 알고 있는 신에게 하는 기도라는 것을 단번에 알 수 있었다. 아무래도 방문이 살짝 열린 상태였던 것 같다. 그들도 방문이 조금 열린 것을 몰랐던 것 같다. 북한 엘리트 중의 엘리트들이 기독교도라니… 그 당시 머리에 무엇인가 맞은 것처럼 나는 그 방문 앞에서 그 기도 소리를 들었다. 그게 처음이자 마지막으로 내가 그들의 기도를 엿들었던 때였다.

10년 후에 엘리트 탈북민 청년의 유튜브를 보다가 중국에 있는 한국인 목사들이 탈북민을 돕는다는 이야기를 들었는데 아무래도 그들이 중국 북경에 있을 때 어떤 계기로 전도가 되었을 거라고 짐작하였다. 지금 와서 몇 번을 그 당시로 돌아가서 생각해 보아도 내가 들은 것은 기도가 맞다. 하지만 아직까지 정말 미스테리이다.

북한 엘리트 청년들과 그들을 통한 통일 준비

그 이후 10년이 넘는 세월 동안 몇몇의 탈북 출신 엘리트 청년들을 알게 되었는데 그들의 말에 의하면 중국이나 유럽 등 국가로 유학 가는 북한 엘리트들은 현지에서 인터넷과 책 등을 접하면서 북한의 실상과 민주주의, 자유주의, 시장경제, 인권 등 많은 지식들을 접하고 인터넷을 통해 자국인 북한의 실상을 알게 되면서 많은 분노와 실망을 느낀다고 한다. 칼럼을 쓰기 위해 만났던 탈북 청년 엘리트의 이현승 씨에 따르면 젊은 유학파 엘리트들이 김정은에 대한 감정이 좋지 않고 진심으로 따르는 사람은 많지 않다고 봐도 무방하다고 한다. 그들은 북한의 변화와 개혁을 원하고 있다.

2008년도에 기도를 하는 북한 엘리트 학생들을 보면서 그들이 북한 정권의 주축이 되는 20-30년 후에는 북한이 달라질 수 있을 거라고 생각해 왔다. 그들이 북한을 개방 개혁하고 함께 통일을 이룰 수 있을 것이라고 지금까지도 확신 아닌 확신과 기대를 하고 있다.

중국 전역을 여행하면서 본 발전의 명과 암

북경은 매우 재미있는 도시이다. 우리나라의 90년대가 그러했을까? 사람들은 매우 분주했다. 북경의 도심이나 보이지 않는 작은 마을에서도 활력이 넘쳤다. 젊은이들은 직장인이든 공사장의 인부든 간에 표정에 일하면 잘살 수 있다는 희망이 넘쳐 보였다. 경제에는 희망이 매우 중요하다. 특히 청년들에게는 더 그렇다. 미래의 희망이 보이지 않으면 젊은이들은 활력을 잃고 경제 또한 발전하지 못하고 퇴보할 것이다. 후에 일본에 있었을 때가 그랬다. 하지만 지금 중국은 활기가 넘치는 청년 국가였다.

다행히도 이제 막 경제 발전을 하면서 변화해 가는 중국의 도시와 사람들을 볼 수 있는 것이 나에게는 행운이었다. 나는 이러한 북경의 모습을 마음껏 누비며 다녔다. 주말이면 친구들과 함께 북경의 인싸들이 모인다는 호하이에 가서 호수를 바라보며 커피를 마시거나 친구들과 재즈바에 가서 맥주를 마셨다.

어느 날은 자전거를 타고 북경 여기저기를 누비고 다녔다. 북경은 2008년도 당시 이미 자전거도로가 잘 되어 있었다. 모두 자전거를 타고 다니기 때문이었다. 특이한 점은 한국에서 못 보던 전기 자전거들도 이 당시 많이 보였다는 것이다. 17년이 지난 2025년 중국의 전기차 판매량은 세계 1위를 기록했고, 글로벌 전기차 10대 중 7대는 중국 브랜드이다. 이 기록은 절대 우연이 아니다. 그 당시에 나는 이미 상용화된 전기 자전거를 보면서 기초 구동 기술과 배터리 기술 등 앞으로 중국의 전기자동차 산업이 빨리 발전하리라는 것을 예상할 수 있었다. 역시나 배터리 사업으로 시작했던 BYD는 2025년 세계 최고의 전기자동차 기업으로 성장했다.

경제 발전에는 명과 암이 있다. 자전거를 타고 북경을 누비다 보니 오래된 시골 마을들을 나무들로 가려 놓았다는 것을 알게 되었다. 잘 모르면 그 마을로 들어가는 입구조차 파악하기가 힘든 마을들이 북경에 여러 개가 있었다. 나중에 알고 보니 중국에서 올림픽을 준비하면서 오래되고 낙후된 북경의 마을들을 최대한 숨기기 위해서라는 말을 들었다. 또한 어떤 마을은 어제는 있다가 그다음 주에 가면 흔적도 없이 사라졌다. 이 모습을 보면서 나는 북경에는 가난한 사람들이 살 수 없는 곳이라고 느꼈다. 마을 분들은 어디로 갔을까… 중국의 공권력이 느껴지는 순간이었다. 경제가 발전할수록 약자와 소외된 계층이 생기고 우리는 그들을 외면해서는 안 된다.

경제 발전의 성지 '상해'

북경 유학 당시 나는 일본 친구들과 가장 친했다. 일단 문화가 가장 비슷했고 두 번째는 룸메이트가 일본인이기 때문에 자연스럽게 일본인 친구들과 가까이 지내게 되었다. 우리는 여행 계획을 세워 상해부터 갔다. 상해에 도착하자 높은 건물들이 나를 압도하고 있었다. 상해는 북경과는 또 다르게 세련되고 사람들은 여유가 있어 보였다. 호주 유학 당시 중국 친구들에게 너는 어디서 왔냐고 물어보면 상해 출신들은 절대 중국에서 왔다고 안 하고 상해에서 왔다고 하였다. 그 이유를 알 것 같았다. 하지만 여기에도 명과 암이 있었다. 상해에 머무르는 대부분의 시간 동안 누런 황사와 스모그가 합쳐져서 앞이 보이지 않을 정도였다. 중국은 경제 발전에 있어서 삶의 질과 환경을 고려하지 않았다. 진정한 선진국은 경제 발전에 있어서 삶의 질과 환경을 생각하는 철학을 가지고 있다. 실제로 중국은 대기 오염으로 인해 많은 수의 사람들이 죽는다.

매우 잘 정돈된 시골 마을들

상해에 다녀온 이후 나는 친구들과 중국의 청두, 시안, 남경 그리고 내륙 깊숙한 곳까지 여러 곳을 다녔다. 때로는 기차로 때로는 버스를 중국 현지인들과 타면서 다녔다. 그 당시 내륙 깊숙이 여행하는 기차를 탔을 때 돈을 아낄 겸 가장 저렴한 좌석으로 탔는데 우리가 타면 그 객차 안에 있던 몇십 명의 중국 분들이 우리에게 질문을 하고 관심을 가져 주었다. 어떨 때는 한국인이라고 하니까 갑자기 한국인이 탔다고 외치더니 다들 환영해 주었다.

특히 그분들은 우리에게 해바라기씨를 많이 주었는데 중국 분들은 전부 기차를 타면 해바라기씨를 까서 먹으며 가는 습관이 있었다. 다만 그 씨는 바닥에 버렸는데 그 씨가 쌓이면 온 객차 바닥을 덮을 정도로 수북했다. 하지만 중국 분들과 함께 대화하면서 함께 해바라기씨를 먹고 던지며 그렇게 재미있게 여행하였다.

중국 내륙과 시골 마을들을 여행하며 느낀 점은 생각보다 도로 사정이 좋았고 마을의 인프라가 잘 정비되어 있고 마을이 정돈되어 있다는 느낌을 받았다는 것이다. 후에 잠시 동안 필리핀을 여행할 때 도로가 움푹 패인 곳이 많고 건물과 마을들이 정리정돈이 안 되어 있다는 느낌을 많이 받았는데 중국은 그러한 느낌이 전혀 없었다. 내가 여행을 다니면서 후진국과 중진국을 가르는 기준은 도로의 관리 상태이다. 시골의 도로가 잘 정비되어 있다는 것은 지방 정부가 돈을 빼먹지 않고 꾸준히 예산을 들여서 관리한다는 것이기 때문이다.

여행을 통해 나는 중국의 발전이 진짜라는 것을 깨달았고 그것은 여타 후진국에서 중진국으로 가다가 고꾸라진 국가들과는 다를 수도 있다고 느꼈다. 정말 무섭게 발전하고 있는 나라이며 인프라 등 발전의 여러 기초가 갖추어져 있는 나라였다. 사람들은 희망에 차서 미래를 보고 내달렸다. 다만 경제 발전에 있어서 빈부격차와 약자를 배려하지 못하고 국민에 있어서 정부의 권위적이고 강압적인 태도는 중국이 중진국을 지나 선진국으로 들어갈 때 분명 문제가 생길 것이다.

중국에서의 경험을 마치며

나는 중국 여행을 마치고 중국에서의 공부 또한 막바지에 이르게 되었다. 이제 다시 시드니로 돌아가서 2학년에 진학을 해야 했다. 중국에서의 지난 1년은 나에게는 인생의 방향성을 알려 주었고 중국이라는 나라를 알게 해 주었다. 짧은 시간이었지만 하루하루를 낭비하며 보내지 않았음에 만족했다. 나는 예전보다 조금 더 성숙해졌다. 이제는 공적인 것을 위해 사는 사람이 되는 목표를 가지고 열심히 공부하고 싶은 열망도 생겼다.

내 인생에서 정말 소중하고 아름다웠던 일 년이었다.

일본에서 마주한 역사의 그림자

일본 유학 도전기, 낯선 세계에 발을 딛다

중국에서의 일 년 동안의 유학 생활은 나에게는 정말 중요한 삶의 이정표를 만들어 주었고 조금은 성숙한 어른이 될 수 있게 해 주었다.

중국 유학 생활을 마치고 호주로 다시 들어가기 전 한국에 있는 집에 들렀다. 부모님은 중국에서의 내 경험을 무척 흥미 있게 생각하셨다. 한국에서 한 달 정도 쉰 다음 다시 호주로 돌아갈 채비를 하였다. 사실 중국에서 1년 동안 낮에는 중국어 공부를 그리고 밤에는 따로 북경에 있는 영어 학원에 다니면서 영어 문법부터 다시 배웠다. 호주에서 1학년을 보내는 동안 나는 내 부족한 점들을 파악하고 있었기 때문에 호주로 돌아가서 2학년 과목들을 따라가려면 영어를 다시 준비해 놔야 했다. 다행히 중국에서 유학을 마칠 즘에 2학년에 올라갈 마음의 준비가 되었다.

 호주로 돌아가는 날 부모님은 공항까지 마중을 나오셨다. 어머니는 항상 공항에서 내가 탑승수속을 받고 게이트 안으로 들어갈 때 한없이 우셨다. 부모님은 나를 정말 사랑하셨지만 나는 마음이 약해질까 단 한 번도 사랑한다는 표현을 한 적이 없다. 괜히 눈물 나올 것 같았고 약한 모습을 보여 드리기 싫었다. 또 힘든 유학 생활을 버티려면 마음이 얼음장처럼 차가워야 했기 때문이다.

 나는 결국 호주 시드니로 돌아가 2학년 1학기 공부를 시작하였다. 이미 일 년의 시간을 보냈기 때문에 나는 한 과목을 더 수강하였다. 4과목에서 5과목으로 공부할 게 늘었지만 중국 생활에서 자신감과 삶의 목적을 찾았기 때문에 기쁜 마음을 가지고 공부를 하였다. 다행히 성적은 2학년 때부터 좋아졌다. 일 년이 지난 후 3학년 때는 몇몇의 과목에서 호주 대학생들보다 더 좋은 점수를 받기 시작하였다.

 그렇게 중국에서 돌아오고 일 년 후 3학년 일 학기를 보내고 있을 때 뉴스에서 일본과 우리나라가 위안부와 독도 문제 등 역사 문제로 갈등을 빚고 있었다. 그 당시 한국에서는 독도가 우리 땅이라는 광고를 뉴욕 거리에서도 내보낼 만큼 일본과의 골이 깊어지고 있었다. 당시 나는 중국에 다녀온 이후로 동아시아의 외교와 정세에 대해 큰 관심을 가지고 있었다. 그리고 좀 더 일본에 대해서 제대로 알고 싶었다. 그리고 훗날 혹시 일본과의 외교 관련 일을 할 때 도움이 될 수 있지 않을까 싶었다. 일본에 대해서 잘 알아야 일본을 상대할 수 있고 이길 수 있을 것 아닌가.

'일본에 한번 가 보자. 가서 일본에 대해 배우자. 지피지기면 백전백승 아니겠는가.'

이렇게 해서 나는 일본에 갈 결심을 하게 되었다. 다만 정식으로 교환학생을 신청할 때는 지났기 때문에 일본 대학에서 내가 다니는 시드니대학을 통해 교환학생을 신청하는 게 아니라 직접 방문 유학생 과정을 신청하는 게 있었다. 이 경우 정식 교환학생과 똑같이 수업을 듣고 학점이 인정되며 성적표 등을 받을 수 있었다. 나는 일단 와세다 대학과 호세이대학 두 곳이 이러한 제도가 있는 것을 확인하였고 두 곳에 신청하였다. 아쉽게도 와세다 대학에 붙으면 더 좋았지만 와세다는 불합격하였고 호세이대학에서 합격을 했다는 이메일이 날아왔다.

주변 친한 분들에게 일본에 간다고 하니 다들 대학을 빨리 졸업하라고 만류하였다. 하지만 이미 22살에 대학에 입학해서 늦은 거 좀 더 늦으면 어떻냐고 대답하였다.

그 당시 나의 꿈은 외교관이었다. 특히 중국과 일본 사이에서 우리나라를 지키고 싶었다. 그래서 일본에 가고 싶었다. 사실 외교관이 되려면 외무고시를 열심히 공부하면 되었다. 하지만 이때는 꿈 많고 열정적이고 순수한 청년이었다.

호세이대학은 우리나라로 치면 중경외시 정도의 대학이다. 2020년~2021년 총리를 역임했던 스가 요시히데 또한 호세이 출신이다. 법학으로 유명했고 예전 6.25 때 호세이대학 출신 재일교포들이 학도병으로 출정했던 대학이었다.

호세이대학교(출처: 호세이대학 홈페이지)

합격 후 나는 부모님께 일본으로 공부하러 간다고 말씀드렸다. 일본에 대해 배우고 싶다고, 정말 가고 싶다고 말씀드리면서 합격 이메일을 보여 드렸다. 지금 생각해 보면 정말 불효자가 아닐 수 없다. 다행히 기숙사비는 장학금을 받아 절반만 내면 되었고 생활비는 일본에서 아르바이트하며 충당한다고 말씀드리고 갈 수 있었다.

일본에 갈 준비를 하고 있던 2010년 가을, 호주와 중국을 거친 뒤 인생의 제3막이 나를 기다리고 있었다.

네? 안중근 의사가 테러리스트라구요?

일본에서 나는 니시카사이라는 곳의 기숙사에 살았는데 일본인 기숙사 주인 아주머니와 아저씨가 정말 좋은 분이었다. 기숙사에 있는 동안 아들처럼 잘 대해 주셨다. 기숙사 식당에는 또 〈겨울연가〉의 박용하를 너무 좋아하던 일본 아주머니가 있었는데 매일 늦게 다니는 나의 저녁밥을 챙겨 주셨다.

나는 같은 호세이대학 외국 교환학생들과 같이 살았는데 호주, 미국, 프랑스 친구들과 함께 지냈다. 특히 호주에서 대학을 다니기 때문에 호주 친구들과 매우 친하게 지내게 되었다.

호세이대학은 이다바시라는 역 바로 앞에 있었는데 역에서 나오면 바로 앞에 운하가 펼쳐졌다. 나중에 알고 보니 예전 성터 주변의 해자였다. 봄이 되면 수백 그루의 벚나무가 흐드러지게 피었고 가끔 운하

위에 떠 있는 레스토랑에 가서 커피를 마시거나 맥주를 마시면서 봄의 정취를 느꼈다.

외국 학생들은 일단 일본어에 자신이 있으면 일본어로 된 수업을 들을 수 있었고 아니면 호세이대학의 국제학부에서 제공하는 영어로 된 수업을 들을 수 있었다. 나는 일단 일본어로는 당장 듣기 어려웠기 때문에 영어로 된 수업을 들었다. 그곳에서 일본 근대역사, 정치, 사회, 문화, 경제, 금융 등 일본과 관련된 다양한 과목을 신청하였다. 그 과목에는 일본 국제학부 학생들도 듣고 있었기 때문에 일본 학생들과 금방 친해졌다. 처음 두 달 동안 친해진 일본 학생들과 수업을 듣고 저녁에는 주변 이자카야에서 맥주를 마시며 그들과 어울렸다. 우리는 국적이 달랐지만 서로 존중하며 지냈다. 일본에서의 대학 생활은 평화로웠다.

반원전 운동권에 나도 모르게 가입하다

2011년은 후쿠시마 원전사고가 난 해였다. 그러다 보니 일본 운동권 학생들이 반원전 운동을 하고 있었다. 한 무리의 운동권 학생들이 어디에 사인을 해 달라기에 아무것도 모르고 사인을 해 줬더니 며칠 후에 문자로 만나자는 연락이 왔다. 그래서 일본 학생들과 친해지고자 약속 장소에 나갔는데 운동 사무실 같은 곳에 운동권 학생들이 모여 있었다. 그러더니 한 명씩 반원전에 대해 발표를 하는 거였다. 자연스럽게 내 차례가 되자 그들이 나에게 한마디 하라고 했다. 그래서 얼떨결에 영어로 원전 반대에 대한 내 의견을 말했다.

"후쿠시마 원전 사고는 매우 안타까운 일이며 일본의 모든 국민들에게 애도를 표합니다. 나는 원전의 위험성을 이번 사고를 통해 잘 알았고 원전의 운영과 건설에 반대하는 입장입니다." 사실 깊게 생각한 멘트는 아니었다.

그들은 내 말을 듣더니 박수를 치며 환호하였다. 이렇게 갑자기 일본 운동권의 끈끈한? 일원이 되었다. 하지만 후에 외국인으로서 그들의 활동이 부담스러웠고 나 자신 또한 원래 반원전파가 아니기 때문에 자연스럽게 그만두게 되었다. 물론 원전의 위험성은 경계해야겠지만 지금도 나는 다가오는 AI 시대를 위해 원전을 늘려야 한다는 생각을 가지고 있다.

야스쿠니 신사가 우리 학교 옆에 있다

어느 날 학교 도서관에서 공부하는데 좀이 쑤셔서 산책이나 할 겸 학교 밖으로 걸어 나갔다. 학교 뒷문으로 걸어 나가자 북한 대사관 같은 게 있었다. 조금 놀랐지만 더 올라가니까 갑자기 공원 같은 게 나왔다. 엄청 오래된 단풍나무가 지천으로 깔려 있는 와중에 늦가을쯤이라 노란 단풍이 바람에 날려 장관을 이루었다. '엄청 아름답다'라고 생각하는 찰나 앞에 사당 같은 게 보였다. 가까이 가 보니 야스쿠니 신사였다.

'세상에 뉴스에서만 보던 야스쿠니 신사가 바로 우리 학교 옆에 있었다니…'

간판을 못 봤으면 정말 아름다운 공원 중 하나인 줄 알았을 것이다. 야스쿠니 신사를 둘러보면서 가슴이 많이 아팠다. 일본은 우리에게 왜 이런 고통을 주었을까… 나는 그 후로 가끔 야스쿠니 신사를 찾아와 흐트러진 마음을 다잡곤 했다. 그러곤 이곳을 볼 때마다 두 번 다시 우리나라가 고통받지 않게 부강한 나라를 만드는 데 일조해야겠다고 다짐하였다.

위안부는 자발적, 안중근은 테러리스트?

일본 정치 수업에서 일본 근대사 수업을 들었는데 그때 나는 25명의 학생 중 유일한 외국인이자 한국인이었다. 나머지 24명은 일본인 대학생들이고 평소에 나와 친한 내 일본 친구들이었다. 그날이 세 번째 수업인가 그랬는데 일본 근대사에서 일제 강점기 쪽으로 넘어가는 단락이었다. 일본인 교수는 프레젠테이션을 보여 주면서 위안부는 한국 여자들의 자발적인 행위였다고 자료를 들어 말하는데 그 말을 듣고 너무 놀랐다.

일본 교수는 자료를 보여 주며 1944년 일본은 위안부를 모집하기 위해 거금을 준다고 하는 보도 자료를 뿌렸다고 말했다. 또한 강제 연행된 문서화된 증거가 없다는 게 핵심 논리였다. 예전에 뉴스에서 일본은 우리와 다른 역사관을 가지고 있다고 들었는데 정말이었다. 일본 역사 교육은 정말 저렇구나… 교수의 눈빛에는 사실 악의는 없었다. 그저 일본의 입장에서 말하는 것일 뿐이었다. 하지만 나는 꼭 우리가 이 문제에 대해 어떻게 생각하는지 말해 주고 싶었다. 다행히 교수님은 한국에서는 이 문제에 대해 어떻게 생각하느냐고 물었고 나는 당시 위안부 할머니들의 증언을 들려주었다.

"이 문제는 좀 민감한 사항이지만 예전에 제가 읽었던 위안부 할머니들의 증언을 들려 드리겠습니다. 그 할머니는 17살 때 일본인이 와서 군수 공장에서 일하면 많은 돈을 벌어 가족을 부양할 수 있다고 했습니다. 그래서 그 할머니는 그 사람을 따라 트럭에 올라탔습니다. 트럭에는 그녀와 같은 상황의 조선인 여자들이 많이 있었습니다. 하지만 그녀들을 데리고 간 곳은 일본 군인들의 진지였습니다. 그녀들은 그곳에서 강제로 하루에 많게는 30명씩을 받아야 했습니다. 도망가거나 임신이 되면 그 자리에서 칼에 찔려 죽는 건 다반사여서 그녀들은 그곳에서 살기 위해 일을 해야 했습니다. 전쟁이 끝날 무렵 일본군은 위안부 증거를 없애기 위해 위안부들을 죽이려고 했지만 한 사람의 일본군 간부가 탈출하라고 미리 알려 주어 탈출할 수 있었습니다, 그 할머니들은 몸이 망가져 임신도 못 하고 평생 결혼도 없이 쓸쓸히 살아야 했습니다."

같은 반의 일본 여학생들은 때로는 놀라기도 했다. 그들은 이 정도였을 줄은 몰랐으리라. 내 말이 끝나자 교수님은 내 말을 받아들여 "자발적인 행위도 있었지만 조금은 강제적인 것도 있었습니다."라고 말하였다. 그래도 그들에게 사실을 알려 주고 감정적으로 그들을 움직인 게 조금은 다행이었다고 생각한다. 또한 한국인과 일본인의 의식은 역시 다르구나 느꼈다.

어느 날은 프레젠테이션에 안중근은 이토 히로부미를 죽인 테러리스트라고 하면서 안중근을 소개하였다. 하지만 교수님은 나에게도 이 문제에 관해 설명할 기회를 주었다. 한국의 입장에서 안중근은 우리의 영웅이자 독립을 위해 목숨을 바친 위인이라고… 다행히 그 자리에 있던 일본인 교수와 일본인 학생들은 내 의견을 잘 이해해 주었다. 이 수업 이후로 교수님과 일본 학생들은 일본의 입장뿐만 아니라 우리나라의 입장을 잘 듣고 이해하려고 노력하였다. 처음보다는 정말 장족의 발전이었다. 교수님은 우리가 역사적 마찰이 있다고 하더라도 앞으로 한일 양국이 함께 잘 지냈으면 좋겠다고 하였다.

그 이후에 나는 한국의 자료들을 구하며 위안부와 독도에 관련하여 학교에서 프레젠테이션도 하고 일본 학생들의 인식 개선에 노력하였다. 사실 생각해 보면 이건 비단 일본만의 잘못이 아니다. 애초에 조선이라는 나라가 마지막에는 시대에 뒤처져 무능했고 그래서 국민을 지키지 못한 게 안타까웠다.

일본에 대해 말하자면 이미 일본이 가지고 있는 역사 인식을 바꾸기는 힘들다. 그것은 이미 어렸을 때부터 보편적인 교육으로 일본인들에게 절대적인 진리로 인식되었기 때문이다. 한일 문제를 접근하려면 우리는 이 역사 교육부터 수정을 요청해야 하는데 쉽지 않을 것 같다.

한일 양국의 역사 인식은 아마 좁혀지는 게 힘들 것이고 갈등은 상당히 오랜 기간 계속될 것이라고 본다. 다만 나는 역사의식과는 별개로 실리를 챙기기 위한 경제적인 협력은 전략적으로 지속되어야 한다고 생각한다. 하지만 당연히 역사의 과오에 대해 일본에게 백번이고 사과를 받아야 하는 것은 마땅한 일이다.

결국 이때 뼈저리게 느낀 점은 나라가 부강해야 한다는 것이다. 냉혹한 현실의 국제 관계 앞에서 우리는 언제 또 다른 나라에 의해 고통받을지 모른다. 그래서 항상 깨어 있고 항상 경계하고 항상 부강해야 한다. 부단히 힘을 기르는 것만이 국민을 지키고 나라를 지키는 것이라고 생각한다.

아픔을 딛고 번영을 위한 협력으로

우리는 일본과의 관계를 말할 때마다 역사라는 무거운 짐을 마주하게 된다. 고통의 기억은 쉽게 지워지지 않고, 때로는 그 상처가 오늘의 대화마저 막아 버리곤 한다. 그러나 국제 정치와 경제는 감정이 아니라 생존의 문제이다.

2011년도에 일본에 있었을 때는 대부분 역사의 어두운 부분만을 집중했지만 14년이 지난 후에 생각해 보면 한·일 양국이 생존과 번영을 위해 과거사를 정면으로 마주하고, 그 위에 새로운 미래를 쌓아 가야 할 필요가 있다고 생각한다.

프랑스 파리정치대학에 유학하던 시절, 유럽연합(EU)의 역사와 제도를 자세히 배웠었다. 경제공동체에서 시작해 정치·법률적 통합까지 확장된 EU는, 끊임없는 전쟁과 갈등을 반복하던 유럽 대륙이 어떻게 '국경 없는 번영의 공동체'로 탈바꿈할 수 있었는지를 보여 주는 살아 있는 실험실이었다.

나는 그곳에서 EU법, EU경제, 유럽통합론 같은 과목들을 수강하며, 실제로 다양한 EU 국적의 학생들과 토론하고 사례를 분석하면서 '공존과 협력의 가능성'을 체득할 수 있었다.

특히 인상 깊었던 점은, 과거 전쟁의 상처가 깊었던 프랑스와 독일조차도 공동의 생존과 번영을 위해 통합을 선택했다는 사실이었다. 처음에는 석탄과 철강 같은 산업 협력을 기반으로 했고, 이후 단일 시장, 단일 통화 등으로 점차 확대되어 갔다.

그것은 이상이 아니라 현실적 필요였고, 정서가 아니라 생존을 위한 구조적 선택이었다.

우리에게도 당장 그런 모델이 필요하다는 것은 아니지만, 높은 단계의 경제적 협력은 생존과 번영에 필요해 보인다. 그리고 그 첫걸음이 바로 한일 FTA(자유무역협정)이다.

한일 경제 협력은 단순히 관세를 낮추는 수준이 아니라, 양국 간 상호 보완적인 산업 구조를 연결하고, 공급망을 안정화하며, 첨단 기술과 인재 교류를 확대하는 경제 생태계의 공동 설계라고 할 수 있다. 실제 우리나라는 일자리가 부족하고 일본은 일할 사람이 없는 상황에서 노동자의 자유로운 이동은 우리에게 청년 실업을 해결할 수 있는 하나의 방편일지도 모른다.

물론 경제 협력에는 국내 산업의 불균형이나 국민 정서 등 민감한 문제가 뒤따른다. 하지만 미래 세대는 과거보다 훨씬 유연하며, 갈등보다 협력과 생존에 대한 감각이 더 예민할 것이다. 우리는 분명 과거를 잊어선 안 된다. 그러나 과거에 머물러 미래를 놓쳐서도 안 된다. 한일 FTA는 경제 통합의 출발점일 뿐이며, 보다 안정적이고 상호 신뢰 기반의 동북아 협력 구조를 위해 나아갈 첫 번째 발걸음이다.

희망을 잃어버린 일본 청년들

일본에서의 유학 생활이 6개월 정도를 지나자 서서히 일본이 보이기 시작하였다. 일본에서 일본에 관한 공부를 하고 일본 사회를 관찰하면서 일본의 명과 암이 보이기 시작하였는데 특히 일본의 활력이 없는 분위기가 중국과 비교되었다.

경제에서 분위기란 매우 중요하다. 경제에 활기가 없고 비관적이면 사람들은 덜 움직이며 덜 소비하고 덜 생산하려 한다. 결국에는 이것은 끝없는 경제의 불황을 야기한다. 경제란 사람 개개인의 행동이다. 행동이란 심리의 반증이다.

2011년 유학 당시 일본 사회와 일본 사람들은 활기를 잃은 모습이었다. 일본 친구들과 나이가 있는 어른들과 일본 경제에 대해 이야기를 할 때면 그들은 자국의 미래를 매우 어둡고 비관적으로 보았다. 많은 사람들이 하루하루를 희망 없이 살아가는 것 같은 그러한 모습들은 나에게는 꽤 충격이었다. 특히 일본은 청년 문제가 가장 심각하다. 일본은 그래서 청년들을 희망을 포기한 세대라고 한다. 일본의 많은 청년들이 제대로 된 직업을 갖기보다는 아르바이트를 하며 적당히 살아가고 있었다. 당시 세계 2의 경제 규모를 가진 일본이 속은 이렇게나 썩어 들어가고 있다는 것이 매우 나를 의문스럽게 만들었다.

일본은 1990년대까지의 경제 대호황을 끝으로 심각한 경제불황을 겪게 되었다. 그 후 20년 이상 경제가 회복되지 않으면서 잃어버린 20년이라는 신조어가 생겼다. 이 신조어와 함께 탄생한 단어가 경제불황

때 태어난 세대, 즉 '사토리' 세대이다. 사토리 세대는 잃어버린 20년의 경제 불황을 겪으면서 많은 실패와 좌절을 경험하였기 때문에 많은 청년은 일본의 미래에서 희망을 잃고 스스로 프리터와 니트족 그리고 히키코모리가 되었다.

프리터의 특징은 경제불황과 숨 막히는 경쟁으로 인해 스스로 미래의 희망을 포기하고 아르바이트를 하며 적당히 욕심 없이 사는 것이다. 욕심도 없으니 직장에서 열심히 하지 않아도 눈치 보이지 않는다. 그리고 계약직과 아르바이트를 생업으로 삼으면서도 만족하면서 살아간다. 돈과 명예보다는 마음이 편한 게 더 중요하기 때문이다. 니트족은 프리터에서 더 나아가 일할 의욕을 아예 잃은 세대를 뜻한다. 대부분 희망을 갖고 제대로 된 일자리를 찾다가 실패하고 스스로 구직을 포기하는 경우이다. 니트족에서 더욱 심각해지면 우리가 알고 있는 경제 활동과 사회 활동을 포기한 히키코모리가 등장한다. 이 세 가지가 일본 사토리 세대의 특징이다.

우리나라에 등장한 '사토리 세대'

우리나라도 일본의 전철을 밟아 가면서 청년들은 일본의 희망을 잃은 '사토리' 세대를 빠르게 닮아 가고 있다. 요즘 우리나라에도 프리터와 니트족들이 빠르게 증가하기 시작하더니 더 나아가 아예 니트족에서 더 심각한 경제생활과 사회생활을 둘 다 포기하는 '고립 청년', 일본에서는 히키코모리라고 하는 청년들 또한 많아지고 있다. 2025년 고립청년의 숫자는 약 50만 명이라고 한다. 몇 년 사이에 두 배가 되었다. 이렇게 가다간 우리나라도 곧 희포세대 즉 희망을 포기한 청년들의 등장이 가속화될 것이며 이는 머지않은 미래에 우리 사회의 가장 큰 문제가 될 것이다.

청년들은 우리 미래의 희망이다. 이들이 노력하지 않는다면 경제의 엔진은 멈추고 우리는 멸망하고야 만다. 희망을 포기한 청년들은 결혼도 안 하고 결혼을 하더라도 아이를 낳지 않는다. 더 늦기 전에 하루라도 빨리 일본을 반면교사 삼아 청년들을 살려야 한다. 그래서 정부는 청년들이 희망을 잃은 희포세대가 되지 않도록 초기에 정책적인 모든 노력을 다해야 한다. 한번 희망을 잃으면 다시 희망을 되살리기 어렵기 때문이다.

재일교포가 들려준 아픔과 슬픔의 역사

중국에서 조선족이라는 중국 동포들을 알게 된 후 나는 일본의 재일교포들에게도 관심이 생겼다. 그리고 그들을 알고 싶어졌다. 마침 재일교포들과 대화를 할 기회가 생겼다.

학교를 다니면서 기독교인 나는 근처의 교회를 찾았는데 마침 학교

바로 앞에 동경교회라는 한인 교회가 있었다. 굉장히 역사가 오래된 교회였고 유학생들뿐만 아니라 재일교포들도 많이 다니고 있었다. 예배는 한국 분들과 재일교포 분들이 따로 드렸지만 서로 대화하고 교류하는 기회도 많이 있었다. 나는 재일교포 분들과 대화하면서 서서히 그분들의 역사와 현재 겪고 있는 어려움들을 알게 되었다. 그들은 일평생 일본에서는 이방인 취급을 당하면서 차별과 맞서 싸워 왔다.

일본의 조선학교 차별

내가 만났던 다른 재일교포 분에게 자녀가 일본의 조선학교에 다닌다는 말을 들었다. 조선학교는 해방 이후 일본에 남은 교포들이 자신의 민족성을 지키고자 세운 학교이다. 조선학교에 다니면서 일본으로부터 많은 차별과 억압을 받고 있다고 했다. 실제 일본에 있을 때 극우 시위대가 도로를 점거하며 시위하는 모습을 자주 봐 왔다.

조선학교는 2010년 고교 무상화 정책의 수혜 대상으로 포함되었지만 북한의 연평도 포격 이후 2012년 아베 신조의 자민당이 정권을 잡으면서 무산된다. 그 이후 재일 조선학교들은 고교 수업료 무상화 정책 대상에서 제외된 것에 대해 소송을 걸었지만 결국 2021년 법원은 일본 정부의 손을 들어주면서 조선학교는 고교 무상화 정책의 수혜 대상에서 제외되는 것이 확정된다. 조선학교는 그동안 교사의 월급도 못 줄 정도로 상황이 열악하다고 한다. 현재 재일교포와 한국에서의 성금으로 연명하고 있다.

조선학교의 역사

조선학교는 1945년 해방 이후 일본에 남아 있던 재일교포들이 세운 학교이며 그 당시 일본의 차별에 학교를 다닐 수 없었기에 또한 스스로 한국인의 피가 흐르는 한국인이라는 생각과 정체성을 지키기 위한 방안으로 세워진 학교이다. 하지만 한국은 그 당시 경제력으로 이들이 세운 학교를 지원할 여력이 없었다. 이러한 상황에서 북한이 이들 학교를 지원하며 재일교포의 90%가 경상도 출신이지만 북한화가 되어갔다. 하지만 지금은 한국의 국력이 강화되고 재일교포 스스로 한국 국적을 택하고 한국 문화를 접하면서 이러한 북한화가 많이 사라진 추세이다.

사실 이러한 현상은 우리가 지금까지 재일교포에게 소홀했던 것이 이유였다. 우리가 잘살지 못할 때였더라도 우리의 아픔을 공유하고 아직까지 한민족의 정체성을 간직하고 살아왔던 이들에 대한 관심이 있었더라면 얼마나 좋았을까. 현재 조선학교의 40% 이상이 대한민국 국적이며, 나머지 50% 정도는 대한민국, 북한 양쪽에 다 적을 두지 않는 조선적이라고 한다. 나머지 10%는 일본으로 귀화한 국적이다. 지금이라도 정부 차원에서 이들 조선학교를 지원해야 한다.

* 조선적은 일제 강점기에 때 한반도에서 일본으로 건너간 한인들과 그 후손에게 부여한 행정상의 국적 분류. 남북한으로 나누어지기 이전의 국적 분류이며 많은 재일교포들이 분단된 조국의 현실을 받아들이기 힘들어 일본과 한국 국적으로 바꾸지 않고 유지하고 있다.

우리가 조선학교를 지원해야 하는 이유

현재 일본 전역에 약 70여 개의 조선학교가 있는데 한국계 민족학교는 4개뿐이다. 그래서 재일교포 분들은 자녀의 우리 언어와 문화 교육을 위해서는 조선학교에 보낼 수밖에 없다. 하지만 조선학교는 아직 북한 색이 남아 있다. 자라는 3세, 4세 재일교포 부모들은 알면서도 민족교육을 위해 어쩔 수 없이 조선학교에 보낼 수밖에 없다. 그래서 우리가 적극 조선학교에 지원하여 다시 한국식 교육 및 한국 문화의 교육을 해야 한다. 정부 차원에서 지원금과 함께 한국 교사들을 보내야 한다. 적극적인 지원을 통해 재교육을 하고 그들을 친 대한민국으로 만들어야 한다.

일본의 호세이대학에서 만난 재일교포 친구도 조선학교를 한국에서 적극적으로 지원한다면 일본의 재일교포 차별이 좀 더 줄어들 수 있을 것이라고 하였다. 조선학교에 다니는 학생들 대부분은 어느 한국의 학생 또래들처럼 한국 연예인들과 가수들을 좋아한다. 이 학생들을 친한화하는 것이 이 학생들을 위해 그리고 재일교포들의 미래에도 좋을 것 같다는 생각이 든다. 애초에 각종 정부 지원책에서 조선학교를 배제한 이유가 조선학교가 북한을 따른다는 이유였는데 한국 정부에서 재일교포들과 조선학교에 적극적으로 지원한다면 일본 정부 또한 그들을 무시하지 않을 것이다.

9,000만 명의 한민족

아직 30대인 나 자신이 조금 고리타분하게 느껴질 수 있겠지만 중국과 일본에서 지내면서 만나 함께 울고 웃던 동포들을 보면서 우리가 다른 민족이라는 생각을 한 적이 없었다. 처음에는 그들이 조금 낯설었지만 곧 우리는 동질감으로 마음을 열곤 했다. 나는 세계화 시대에 꼭 대한민국 국적을 가지고 있어야만 우리나라 국민이라고 생각하지는 않게 되었다. 한국인의 피가 흐르면 우리는 한민족이다. 그리고 그들이 세계 어딘가에서 차별받고 억압받고 있다면 우리는 응당 그들을 돕고 치켜세우고 그들을 안아야 한다. 우리는 이미 9,000만 명의 한민족을 이루고 있다. 그들이 잘되어야 우리의 국격 또한 올라간다고 생각한다.

일본에서의 유학을 마무리하며, 새로운 도약을 준비하다

일본에 온 지 6개월이 지났다. 일단 호세이대학은 6개월이었고 다음 학기 연장을 신청할 수 있었다. 하지만 연장을 신청하지 않고 일본어 공부에 집중하기로 하였기 때문에 일본어 어학원으로 자리를 옮겼다. 나머지 6개월간의 어학연수 생활은 평범하였다. 일본어 학원은 동경 YMCA 일본어 학교에 다녔는데 YMCA는 1906년 일제의 강압적 지배가 시작되자 기독교 정신에 입각한 지도자를 양성한다는 목적으로 한국에서 온 유학생들을 보호하면서 일본어 교육, 하숙 생활 지원 등의 활동을 한 단체였다. YMCA는 3.1 운동의 도화선이 된 일본 유학생들의 2.8 독립선언의 거점이기도 하였다. 실제 YMCA에 가면 독립기념관실이 있다.

YMCA 어학원에서 일본어를 배우면서 교회 생활 또한 열심히 하였다. 호세이대학에 다닐 때도 그랬고 YMCA 어학원을 다닐 때도 수업이 끝나면 매일 잠시라도 교회에 와서 기도했다. 20대의 나는 다른 또래 청년들처럼 항상 미래에 대한 마음에 불안이 있었다. 일본에 있는 동안 평생 할 기도를 다 한 것 같다. 그래서 지금은 기도 많이 안 하나 보다… 기도 거치 예금을 들어 놨다랄까…

후쿠시마로 봉사활동을 가다

일본에서 가장 인상 깊었던 경험이 무엇이냐고 묻는다면 후쿠시마 근처에 가서 봉사활동을 한 일이다. 후쿠시마 원전에서 꽤 떨어져 있는 이와키시에는 쓰나미로 인해 많은 사람이 죽고 집을 잃어 컨테이너로 만든 임시 거주지에서 살고 있었다. 어느 날 교회에서 함께 하루 봉사활동에 가기로 하였고 동경에서 몇 시간 뒤 이와키시로 들어가자 많은 난민 분들이 살고 있었고 노인들도 있었고 아이들도 뛰어놀고 있었다. 우리는 트럭으로 가져간 물과 음식 재료들을 꺼내 난민 분들에게 나누어 주었다. 그곳에서 난민 분들과 다 같이 모여 함께 음식을 만들고 식사를 했다. 일본 아주머니들은 샐러드를 만들면서 토마토를 토끼 귀 모양으로 깎는 멋과 여유를 잊지 않았다. 일본 아저씨들은 계란말이를 했는데 내가 지금까지 본 계란말이 중에 가장 정통식 일본 계란말이였다. 낯선 외지인들이 왔지만 생활에 지친 사람들은 우리를 진심으로 반가워해 주었고 함께 웃고 즐거워했다. 사람들이 웃고 즐거워하자 내 마음도 함께 즐거워졌다.

나는 일본의 극우들이 싫은 것이지 일본 친구들과 일본 난민분들이 싫지는 않았다. 나에게는 그 누구든 약자를 위해 일을 해야 하는 인류애의 가치가 중요했다.

청년으로서 본 일본의 좋은 점들

그래도 일본에서 좋았다고 생각되었던 점들은 일단 사람들이 정말 질서를 잘 지켰다는 것이다. 어디 가서나 사람들이 질서정연하게 정말 줄을 잘 서 있었고 특히 버스에 탔을 때 운전기사님은 승객들이 다 앉을 때까지 기다렸다가 두세 번 확인하고 출발한다고 말하고 출발하였다. 얼마 전 한국에서 버스를 탔는데 앉기 전에 급 엑셀을 밟아 넘어질 뻔한 경험을 하면서 우리나라도 안전을 위해서 이러한 것들을 잘 지켜주었으면 어떨까 하는 바람이었다. 일본이 밉지만 배울 건 배워야 한다고 생각한다. 선진국과 시민의식은 디테일에 있다.

일본은 또 학생이면 한 달에 정해진 구간을 자유롭게 갈 수 있는 정기권을 반값에 살 수 있었다. 유학생도 마찬가지로 할인을 받을 수 있어서 매우 편리했다. 돈이 항상 부족했던 유학 생활에 덕분에 교통비 걱정 안 하고 다닐 수 있었다.

일본은 또한 물가가 생각보다 저렴했다. 항상 마트에서 장을 보면 우리나라보다 저렴하고 생각했다. 이후에 영국과 프랑스에서 유학하면서 느낀 거지만 마트 물가는 우리나라가 이상하게 더 비쌌다. 한국에 돌아왔을 때 편의점 물가 또한 일본보다 우리나라가 더 비싸다고 느껴졌다. 요즘은 포도를 한 송이 사려면 만 원이 넘는다. 우리나라는 참 서민이 살기 힘든 나라이다.

일본을 떠나며

이렇게 일 년간의 일본 유학 생활을 마치고 다시 호주로 돌아갈 준비를 하였다. 일본에서의 유학 생활은 나에게 일본이란 나라를 알게 해주었고 서로 역사를 인식하는 그 간극이 꽤 크다는 것 또한 느끼게 해주었다. 아마 그 간극을 좁히기 쉽지 않을 것이다.

재일 교포들의 삶 또한 나에게는 정말 가슴 아픈 일이었다. 우리나라 영토 안에 있는 사람들 그리고 우리나라 여권을 가지고 있는 사람들뿐만 아니라 나와 같은 언어를 쓰고 나와 같은 피를 공유하고 있는 모든 해외 동포들 그리고 그 2세, 3세들까지 우리가 함께 보살펴야 할 우리의 민족이다. 우리가 진정으로 큰 나라가 되려면 피를 나눈 우리 민족을 먼저 살펴야 한다고 생각한다. 국제화 시대에서는 영토 밖의 그들이 우리의 가장 큰 우군이기 때문이다.

경제적으로는 우리는 급속도로 일본을 닮아 가고 있다. 특히 희망을 잃어 가는 청년들이 그렇다. 청년들이 희망을 잃으면 경제 성장의 엔진을 잃는 것이다. 청년들이 모든 것들을 포기하기 전에 우리는 청년들에게 희망을 다시 주기 위해 모든 노력을 다해야 한다.

나는 마지막으로 학교 친구들과 교회 분들에게 마지막 인사를 하였다.

'이제 다시 호주로 간다.'

"일본이여 안녕."

나라를 지키는 길,
공군 장교가 되다

대한민국 공군 장교로 다시 서다

드디어 대학을 졸업하다

일본에서의 유학 생활을 마치고 한국으로 들어왔다. 2년 동안 휴학은 마치 잠시 꿈을 꾸고 깬 듯한 느낌이었다. 다시 호주의 평범한 대학생으로 돌아오니 과연 내가 2년 동안 중국 일본을 다녀온 게 맞는지 낯설게만 느껴졌다. '분명 많은 경험을 했는데 2년 전의 나와 지금의 나는 조금 성숙해졌는가?'에 대한 물음에 제대로 답은 할 수는 없더라도 분명한 한 가지는 내 삶의 목표가 생겼다는 것이었다. 공적인 삶을 사는 것. 분명 고리타분해 보일 수도 있겠지만 나에게는 소중한 꿈이었다.

호주는 참 평화로운 나라이다. 날씨도 매우 따듯하여 겨울을 제외하고는 밖에 나가면 조금 몽롱해졌다. 길 가다가 잔디밭에 누워 한숨 자도 될 만큼 여유 있고 평온한 나라였다. 하지만 대학 공부에 있어서는 전투적으로 공부할 수밖에 없었다. 보통 100점 만점에 65점을 넘으면 크레딧이라고 부르고 '공부를 좀 했네' 정도 들을 수 있었고 75점이 넘으면 '공부 진짜 잘 하는구나'라는 말을 들을 수 있었다.

대부분 유학생들은 65점 안팎을 왔다 갔다 하며 어려운 과목들은 50점 이하를 받기도 한다. 50점 이하를 받으면 재수강을 해야 했다. 재수강을 하는 것은 돈도 들고 시간도 드는 일이었다. 나도 부끄럽지만 1학년 때 50점 이하로 받은 과목이 하나 있어서 재수강을 했다. 유학생 모임에서 술을 마시다 안 사실은 어떤 분은 10과목을 재수강한 분도 있었다.

중국 일본에서 지내다 돌아와서 한 학기가 남았을 때 나는 앞으로 내가 무엇을 해야 하는지 고민해 보았다. 그 당시 일단 나는 외교관이라는 직업에 매력을 느끼고 있었기 때문에 외무고시 공부를 한번 해 보자고 생각하였다. 호주에서의 6개월이라는 시간은 정말 순식간에 흘렀다. 마지막 과목들은 점수도 나쁘지 않게 받을 수 있었다.

1학년 때와 정말 다른 점은 이제는 공부를 여유를 갖고 할 수 있었다는 것이다. 요령이 생기니 공부가 크게 부담으로 다가오지도 않았고 오히려 공부가 재밌어졌다. 특히 경제학이 너무 재미있었는데 학교 교과서 외에도 인터넷, 그리고 한국에서 경제 관련 책들을 부모님께 보내 달라고 해서 따로 공부하였다. 새로운 지식과 깨달음을 얻을 때마다 공부가 너무 재밌어졌다. 공부가 재밌어지다니 드디어 내가 미친 건가 싶었다.

떠날 때가 되자 나는 교회분들과 친구들에게 작별 인사를 하였다. 정말 고생도 많이 하고 애증이 있었던 호주 유학 생활이었다. 눈물을 흘렸던 적도 많았고 웃었던 적도 있었다. 호주에서의 절망의 시간, 기쁨의 시간, 고통과 인내의 시간 그 시간이 모두 흘렀고 그 시간 동안 나는 인내하고 인내하며 버텨 내었다. 남들보다 조금 부족한 나로서는 그저 인내하고 버티고 느리지만 열심히 공부하는 방법밖에는 없었다.

"호주여, 그리고 시드니여 안녕!"

신림동에서 공군 장교에 지원하다

호주에서 돌아오고 외교관이 되고 싶었던 나는 일단 신림동에 있는 고시촌으로 갔다. 부모님은 내가 외무고시를 보는 것에 찬성하셨지만 꾸준한 공부와는 약간 멀어 보이는 내 모습에 걱정을 많이 하셨다. 그래도 한번 해 보고 싶다고 말씀드리고 신림동에 들어가 반년 정도 공부하였다. 왜 반년이냐면 들어가자마자 군대에 가야 한다는 소식을 들었기 때문이었다.

'그래 이제 군대를 갈 때가 되었구나.'

　사실 군대에 가는 것은 이미 늦은 나이였다. 그 당시 나는 26살이었고 군대는 보통 20살이나 21살 때 많이 가기 때문이었다. 20살 초반에는 외국 영주권 시민권을 얻어 군대를 빠지려고도 생각한 적이 있었는데 이후에 나는 꼭 군대를 제대로 가고 싶어졌었다. 군대를 다녀오는 것이 우리나라의 리더로서 꼭 해야 하는 기본적인 것이라고 생각한다. 군대를 다녀오지 않은 사람은 국가를 이끌 자격이 부족하다고 생각했기 때문에 그리고 자신을 희생해 나라를 지켜보지 못한 사람이 어찌 나라를 위해 일하겠는가…

　일단 입영 통지를 받았고 나는 이왕 가는 군대를 조금 더 뜻있게 가고 싶었다. 일본 교회에서 만난 하버드에서 박사를 나오고 동경에서 경제학 교수를 하는 지인분에게 고민을 말씀드렸고 그분은 나에게 주변 남자분들이 공군 학사장교를 많이 가고 만족도도 높으니 한번 지원해 보라고 하였다. 다만 공군 학사장교는 경쟁률이 심했고 보통 SKY 출신과 해외 대학 출신들이 많이 지원하기 때문에 시험에서 좋은 점수를 받아야만 했다.

　그래서 신림동에 있는 마지막 2달 동안 시중에 모든 문제집을 모아서 풀었다. 대략 10권 정도 풀다 보니 문제집의 문제들이 겹친다는 것까지 발견하는 수준까지 간 다음 시험을 보았다. 시험은 언어논리, 공간 능력, 지각 속도, 상황판단, 직무 성격, 국사, 영어였는데 아마 그 당시 영어는 토익으로 제출하였고 나머지는 외무고시 1차와 비슷하여 크게 어렵지는 않았다. 다만 수학 같은 문제들이 있었는데 평소 수학을 잘하지 못했지만 열심히 공부했기 때문에 결국 시험에 통과하고 인터뷰를 보았다.

인터뷰는 왜 공군 장교가 되고 싶은지 그리고 남북한 안보, 미래 전쟁 등에 대해 물어보았다. 2차까지 통과하고 나머지 3차 체력 시험은 훈련소에 입대하고 시험을 보는 것이었다. 결국 2차까지 통과가 최종 합격과 다름이 없었다.

부모님께 장교 시험에 합격했다고 말씀드리자 무척 기뻐하셨다. 아버지는 내가 공군 학사장교에 자발적으로 지원했다는 사실이 정말 의외였다며 놀라워하셨다.

"나는 네가 유학 생활을 오래 했고 체격도 크지 않고 온순한 성격이라 군대를 가기 싫어할 줄 알았는데 공군 학사장교를 지원하는 것을 보고 정말 부모로서도 예상하지 못한 반전이라고 생각했다. 이 결정이 네 인생에 큰 축복이 되리라 믿어 의심치 않는다."

사실 이 결정은 앞으로의 내 인생에 정말 큰 영향을 미치게 된다. 키도 작고 체격도 작고 성격도 소심한 나에게 장교로서 간다는 것은 큰 모험이었고 내 성격을 남자답게 그리고 리더로서 변하게 해 준 정말 소중한 경험이었다. 아버지는 지금도 나에게 내가 공군 학사장교를 다녀왔다는 것이 나에게 가장 큰 축복이라고 하신다.

나는 입영 날짜가 잡히자 신림동에서 공부 생활을 접고 집으로 돌아왔다. 일단 군대를 간 이상 외무고시는 내 길이 아니라고 생각하고 내려놓게 되었다. 앞으로 어떻게 될지는 나조차도 몰랐다. 그저 하늘에 맡길 뿐이었다.

이제 점점 입영 날짜가 다가오고 있었다.

인생에서 가장 혹독했던 4개월

공군 장교 시험공부를 하고 있을 때 낮에는 공부하고 저녁 2시간 정도 신림동의 개천에서 달리기를 하고 헬스장에서 웨이트를 두 달 정도 한 것 같다. 나의 체격은 또래 남자들보다 작았고 3차 체력 시험에도 대비해야 하기 때문에 꽤나 진지하게 체력 단련을 하고 있었다.

드디어 입영 날 가족과 나는 공군 훈련소가 있는 경남 진주로 내려갔다. 살고 있는 용인에서 몇 시간이나 걸려서 진주에 도착하였고 훈련소 앞에서 대기하며 가족들과 마지막 작별 인사를 하였다.

이미 나이는 이십 대 중반을 넘어 후반으로 가고 있었지만 군대 훈련소 입소를 앞둔 마음은 한편으로는 기대를 다른 한편으로는 걱정이 많이 되었다. 또래에 비해 작고 약한 몸과 해외에서 지내서 한국 분들과 조금 다른 문화와 정신을 가지고 있는 내가 과연 버틸 수 있을까? 하는 걱정뿐이었다. 하지만 인내심 하나는 자신이 있었다.

훈련소 문이 열리고 나와 같이 모인 젊은이들이 같이 훈련소에 들어갔다. 다들 가족에게 인사하고 있었고 어머니는 소리 내어 우셨다. 성인이 되었지만 어머니 앞에서는 나는 그저 소중한 아들인가 보다.

우리는 열을 맞추어 강당 어디론가 들어갔고 그때부터 얼차려가 시작되었다. "다 집합!", "후보생 엎드려", "내려와 올라와", "옆으로 굴러 좌로 굴러" 하면서 우리는 팔굽혀펴기와 옆으로 구르기에 혼이 나가 있었다. 다행히 예전에 듣던 것처럼 심한 욕이나 폭력은 없었지만 다들 사회에서 학력으로나 직업으로나 한 가닥을 하고 있는 사람들이 많아서 그들을 군인으로 만들기 위해서는 필요한 훈련이었다. 실제로 회계사, 로스쿨 학생, SKY생, 외국 명문대, 5급 공무원, 약사 등등 사회에서는 어깨에 힘이 들어갈 만한 친구들이 많았다. 하지만 지금부터는 그저 우리는 훈련생일 뿐이었다. 실제로 한 달을 채 버티지 못하고 나간 사람들이 30% 정도 된 것 같다. 다음 날 체력 시험을 보았는데 다행히 입대 전 열심히 운동했기 때문에 모든 체력 시험에서 통과할 수 있었다.

매일 아침 우리는 10분 안에 군복을 입고 튀어나와 운동장에 서서 인원 체크까지 맞춰야 했다. 다들 처음이라 실수가 있었고 하루 종일 우리는 바닥의 껌과 굴러다니는 깡통처럼 온종일 운동장을 구르고 종일 차렷 자세로 서 있기를 반복했다.

훈련과 교육은 다양했다. 전술을 배우기도 하고 총검술, 수류탄, 사격 등을 배웠고 늘 수업의 시작은 30분, 한 시간 동안 이어지는 얼차려였다. 훈련 장소를 이동할 때는 거의 기어서 가거나 오리걸음으로 언덕을 올라갔다. 식사 시간에도 밥을 먹다가 교관의 눈과 마주쳤다는 이유로 나는 식사도 못 하고 식당에서 얼차려를 받았다. 그렇게 훈련이 주쨰 드디어 우리는 종교 행사에 갈 수 있었다. 나는 당연히 기독교이기 때문에 교회를 갔고 교회에 앉고 기도하자마자 알 수 없는 눈물이 주르르 흘렀다. 나만 그런 줄 알았는데 주변을 보니 다들 울고 있었다. '다들 정말 힘들구나'.

사회에서 먹고 싶었던 과자나 탄산을 훈련 3개월 동안 전혀 먹지를 못했다. 하지만 훈련 후반기부터 가끔씩 과자와 탄산을 나누어 주면서 그때부터 정말 살 것 같았다.

내가 가장 힘들어했던 훈련은 행군이었다. 4, 5일 정도 매일 행군을 했는데 평지가 아니라 20kg 배낭과 총을 들고 등산을 했다. 산길로만 다니는데 그 당시 소대장을 하고 있어서 내가 맨 뒤에서 인솔을 하느라 정말 죽는 줄 알았다. 행군은 맨 뒤에 있을수록 힘이 든다. 행군이 끝나자 종아리에는 단단한 알이 잡혀 있었다.

또 기억에 남는 훈련은, 입소한 지 얼마 지나지 않아 얼차려로 총을 머리 위로 들었다 내렸다 하며 발은 제자리에서 뛰는 동작을 몇천 개씩 시킨 일이었다. 지금 생각하면 아찔했지만 다들 해내는 것을 보니 대단하다 싶었다.

소대장이 되다

나는 나이가 훈련생 중에서도 가장 많은 축에 속했다. 27살이었는데도 대부분 나이가 23-25세 사이였고 그래서 그런지 배우는 것도 약간 굼뜨고 체력도 부족했다. 나는 학창 시절에 반장을 한 번도 해 본 적이 없기 때문에, 그리고 리더십을 배우고 싶었기 때문에 소대장에 지원을 하였다. 하지만 다른 친구가 소대장을 하고 싶어 했고 정말 인기가 많은 친구였기 때문에 나는 일일이 사람들을 찾아가 만나 소대장이 되고 싶은 이유를 말하고 도와달라고 부탁하였다. 이게 내 첫 선거였다.

다들 투표를 한 다음 박스 안에 있는 종이를 하나씩 빼면서 이름을 불러 나갔다.

"옥승철", "신○○", "신○○", "신○○" 이렇게 내 이름이 거의 초반에 들리지 않았는데 후반으로 갈수록 "옥승철", "옥승철" 하면서 내 이름이 많아졌다. 다행히 근소한 차이로 내가 득표에서 이겨서 소대장이 되었다. 사람들은 내가 라이벌인 다른 친구보다 더 많은 득표를 한 것을 놀라워했다. 나도 사실 이길 줄은 몰랐다.

소대장이 된 이후에 동기들을 통솔해야 했다. 우리 소대는 1중대 3소대였는데 항상 밥을 먹으러 가나 훈련 받으러 갈 때 오와 열을 맞추고 구령을 넣어야 했기 때문에 내가 옆에서 통솔하면서 구령을 넣었다. 하지만 이상하게 구령 타이밍이 맞지 않아서 동기들이 대신 불러주기도 하였다. 지금 생각해 보면 부족한 소대장이었지만 다들 나를 잘 챙겨 주었다. 나 또한 어디서 들은 게 있어서 서번트 리더십(섬기는 리더십)으로 동기들을 잘 챙겼다. 이렇게 좌충우돌 소대장 생활을 시작하였다.

드디어 자대 배치

마지막 훈련으로 갈수록 체력이 좋아졌다. 이제는 다들 슈퍼맨이라고 할 정도로 총을 대여섯 개씩 손에 들고 어깨에 걸쳐 메고 20kg 군장을 메고 10km나 되는 거리를 오와 열을 맞추어 뛰어다닐 정도가 되었다. 통나무를 드는 건 이제 장난으로 할 정도가 되었다. 이대로 전쟁에 투입되어도 될 것 같다는 생각이 들 때쯤 훈련이 끝났다.

자대 배치는 훈련 점수로 받는데 나는 그렇게 좋은 점수를 받지는 못했지만 수도권인 파주의 공군 레이더 기지로 배치를 받았다. 사실 나는 춘천에 있는 기지로 가려고 했는데 갑자기 파주에 가려는 친구가 나와 선택지를 바꾸어 주었다. 왜 바꾸어 주었는지는 지금까지도 미스테리로 남아 있다. 하지만 그 친구가 서울에 집이 있었기 때문에 집에서 춘천이 좀 더 가깝지 않았을까 생각된다. 파주에 집이 있는 나로서는 정말 고마운 제안이었다.

공군 장교 훈련을 마치고 임관식에서

훈련을 마치고 자대 선정까지 끝난 후 나는 소위 배지를 달고 정식 공군 장교로 임관하였다. 부모님이 오셔서 축하를 해 주셨고 아버지는 공군 장교가 된 나를 자랑스러워하셨다. 어떻게 4개월이 지났는지 모르겠다. 물론 특수부대의 훈련에 비해서는 약할 테지만 나에게는 충분히 정말 정신력과 체력의 한계를 경험하게 해 준 훈련소 생활이었다.

훈련이 끝나고 우리 소대는 자대를 배치받고 뿔뿔이 흩어졌다. 4개월간 동고동락한 소대원들과는 그 이후로도 끈끈한 우정을 유지하게 되었다.

이제 더 무시무시한 장교 생활이 기다리고 있었는지는 이때는 정말 몰랐다.

군대에서 배운 리더십, 사람을 움직이는 법

자대 배치를 받고 파주로 갔다. 파주 공군부대에서 차로 40분 거리에 부모님 집이 있었지만 비상 상황에 대비하여 주중에는 부모님 집에 있을 수 없기 때문에 부대에서 주는 숙소를 받았다. 주말에 숙소에 가서 짐을 풀고 군복을 입고 다음 날 부대에 전입신고를 했다.

"필승" 부대장님을 뵙고 인사를 드렸다. 몇백 명밖에 안 되는 소규모

부대라 나는 소위 때부터 중대장으로 일을 시작하였다. 보통 처음 전입을 한 장교는 소위로서 말단 장교였다. 그리고 직급은 보통 하나의 부서를 관리하는 소대장부터 시작하는데 대부분이었는데 보급, 수송, 시설, 헌병 등 4개 부서를 거느리는 장이 된 것이다. 거의 150명 정도를 관리하는 중견기업 부사장 직급이 되었다. 사회로 따지면 신입사원에게 부사장 직급을 맡긴 거나 다름이 없었다.

군대는 일단 일반 병사-부사관-장교 3종류로 나뉜다. 우리가 생각하는 일반 군 복무는 병장에서 마치는 병사이다. 대부분의 한국 남자들이 일반 병사로 군 복무를 지원해 다녀온다. 다음 부사관은 병사와 장교 사이의 계급으로 이때부터는 직업 군인이다. 군인을 직업으로 하기 위해 부사관으로 지원하여 하사부터 원사까지 복무한다. 그다음 계급은 장교로서 소위부터 별을 단 장군까지의 계급을 뜻한다.

문제는 나이와 계급 사이의 애매모호함이다. 나처럼 장교로 임관하면 소위가 보통 25살부터 시작한다. 부사관은 많은 분들이 40살에서 거의 60살로 은퇴를 앞둔 분들도 있다. 하지만 군대 계급상 25살 소위가 60살보다 윗계급이기 때문에 인터넷에 자주 떠도는 25살 소위가 60이 다 되어 가는 부사관에게 "자네가 주임원사인가."라는 인터넷에 떠도는 썰이 나오는 것이다.

쉽게 말해서 나는 그 당시 군 생활을 시작하는 28살이었고 내가 직접 관리해야 할 사람들 중 대부분이 나보다 나이가 많았으니 내가 아무리 계급상 위지만 부사관 분들은 나를 애송이로 보고 무시하는 것이 당연한 일이었다. 병사들 또한 나보다 대부분 군 생활을 오래한 친구들이라 겉으로는 나를 따르는 척하지만 속으로는 어떻게든 나를 속이고 자신들의 이익을 취하려고 하는 친구들도 있었다.

'이 상황을 어떻게 헤쳐나가야 하는지 답이 안 보인다.'

나는 일단 내가 관리하는 100명의 병사와 부사관들에게 리더로서 인정을 받아야 했다. 업무도 잘 몰랐기 때문에 내가 물어보거나 무엇을 부탁해도 들어주는 게 없었다. 회의를 하기 위해 부서장을 불러도 잘 오지도 않았다. 군 생활을 오래 한 사람들이다 보니 대부분 매우 거칠었다. 나를 쥐고 흔들려는 사람들도 있었다. 소심했고 내성적인 나는 마음을 굳게 먹고 이참에 성격도 개조하고 정말 칭찬받는 리더가 되어보자고 마음먹었다.

리더가 되는 방법

일단 나는 중대장의 위치에 있기 때문에 지시만 하고 실제로 실무를 하지 않아도 되었지만 병사들이 짐을 나르거나 눈이 와서 눈을 쓸어야 할 때는 함께 일을 하였다. 한번 눈이 오면 3km가 되는 길을 제설해야 했는데 내 일 중 하나는 눈을 제설하기 위한 차량 준비, 그리고 염화칼

숍 준비, 제설 도구 준비, 인원 준비 등 모든 세팅을 해 놓고 어디서부터 어떻게 제설해야 하는지 지시만 하면 되었는데 나는 모든 준비를 다 끝내 놓고 맨 앞에서 사람들을 인솔하며 솔선수범하였다. 일과 때는 병사들과 많은 대화를 하며 그들의 고민도 듣고 조언도 해 주다 보니 스스로 나를 돕는 병사들이 많이 생겼다. 우군이 생긴 것이다.

병사보다 더 다루기가 힘든 분들이 부사관 분들이었다. 병사들은 일단 대부분 나보다 나이가 적었기 때문에 나를 형처럼 따랐는데 부사관 분들은 일단 대부분 나보다 나이가 많았다. 하지만 내가 일을 하려면 그들을 관리하고 지시를 해야 하는데 그러려면 일단 그들의 마음을 얻어야 했다. 나는 사관학교 출신의 강한 리더 스타일은 아니다. 다만 내성격의 장점인 부드러움과 강함을 적절히 섞어 보자고 생각했다. 그리고 항상 책에서만 읽던 서번트 리더십, 성경의 예수님처럼 섬기는 리더십으로 시도해 보자고 생각하였다.

그날부터 나는 매일 내가 관리하는 보급, 수송, 시설, 헌병 반에 찾아가서 병사와 부사관 분들에게 음료수를 하나씩 드리면서 자주 대화를 했다. 일단 절대 부사관 분들을 계급으로 누르지 않았다. 항상 존중하며 일을 지시할 때는 부탁을 드렸다. 그리고 절대 말을 들어주지 않는다고 화를 내지 않았다. 잘 먹지 못하는 술을 부사관 분들과 일과가 끝나면 마시면서 그들과 친해지길 노력했다. 우리 부대 회식이 있을 때는 부사관 분들이 한 명씩 따라 준 술을 오십 잔을 마신 적이 있었다.

나는 가끔씩 취해서 견디기 힘들 때면 몰래 편의점에 가서 숙취 음료를 마시고 다시 와서 술을 마시곤 했다. 다들 모르게 화장실에서 속을 여러 번 비우고 다시 태연하게 술을 마셨다. 절대 술을 거절하지 않았다. 생일이 되면 케이크를 사 드리고 함께 생일을 축하해 주었다. 함께 축구도 하고 그렇게 일 년 끝이 다가왔다.

일 년 중에 가장 중요한 일이 있었다. 바로 인사 고과평가를 하는 것이다. 나는 4개 부서의 장이기 때문에 내가 관리하는 한 30명 정도의 부사관 분들의 인사평가를 책임져야 했다. 하지만 나 말고도 다른 장교들이 맡고 있는 부서의 부사관 분들의 인사 고과도 함께 했기 때문에, 그리고 점수는 비율이 나누어져 있기 때문에 다 좋은 점수를 줄 수도 없었고 어떤 분은 가장 낮은 점수를 받아야만 했다.

나는 그 당시 소위로 장교 중 가장 낮은 계급이었고 내 선배들은 중위, 대위로 나보다 높았다. 그래서 보통 소위 막내가 맡은 부서의 부사관들은 계급에 밀려서 좋은 점수를 받지 못한다. 하지만 나는 내 부서 사람들을 통솔하기 위해 내가 그들을 책임지고 있다는 인식을 심어 줄 필요가 있었고 그래야 내 편이 될 것이라고 생각했다. 그래서 인사평가가 있던 날 나는 선배들에게 밀리지 않고 내 부서 사람들에게 좋은 인사 고과를 줄 수가 있었다. 사실 그날 나는 처음으로 선배들의 말을 듣지 않고 전투적으로 인사평가에 임했다.

다음 날 내가 장교 중에 가장 낮은 계급이었지만 자신들을 위해 목숨 걸고 싸워 줬다는 소문이 퍼졌다. 그 이후로 부사관 분들이 나를 대하는 게 달라졌다. 나를 진심으로 상관으로 그리고 리더로서 인정해 주기 시작하였다. 나는 그렇게 리더가 되고 있었고 일 년이 지나 진급을 해서 중위가 되었다. 150여 명이 넘는 내 부서원들은 이제는 나를 중심으로 똘똘 뭉쳐 동지애를 느끼며 함께 일을 하고 있었다. 제대까지 2년이 남은 시점이었다.

내가 느낀 중요한 리더십의 두 가지 요소

내가 군 생활을 하면서 깨달은 두 가지가 있다. 첫 번째는 사람을 진심으로 대하고 절대 실망시키지 말아야 한다는 것이다. 강압적으로 대하면 그 사람은 나를 따를지라도 진심으로 따르지 않는다. 그래서 항상 진심으로 대해야 하고 인간으로서 그 사람에게 실수를 하여 실망감을 주지 말아야 한다는 것이다. 그래서 나는 항상 약속을 잘 지키려고 노력했고 계급이 낮다고 절대 인격적으로 하대하지 않았다. 그리고 인사권에 있어서 승진을 못 하고 있는 사람들을 승진시키기 위해 최선의 노력을 다 했고 최대한 공평하게 인사평가를 하였다. 그렇게 나를 따르는 내 편이 되어 줄 사람들을 만들었다.

두 번째는 내 자신이 책임을 지고 다른 사람들이 마음껏 일을 할 수 있도록 하는 것이다. 일을 함에 있어서 책임자가 책임을 지지 못하면

실무를 하는 사람들은 제대로 일을 하지 못한다. 특히 직업 군인은 공무원이기도 하기 때문에 자신에게 불리하거나 리스크가 있는 일은 잘하려고 하지 않는다. 그래서 항상 모든 책임은 내가 진다고 하고 마음껏 일을 하시라고 하였다. 다만 그 일들이 규정에 맞는 일인지, 그리고 진행 상황을 체크해 갔음은 물론이다.

이제 제대를 앞두고

나는 파주 산속의 부대에서 3년을 지냈고 제대를 앞두고 있었다. 사실 이렇게 산속의 작은 부대는 장교의 수가 많아야 4명이고 대부분 수십 명의 부사관, 수백 명의 병사로 구성되어 있었기 때문에 장교들은 특히 실무자인 부사관 분들과 어떻게 지내냐에 따라 일의 성패가 갈라졌다. 그래서 "자네가 주임원사인가"라는 마인드로는 절대 여기서 버틸 수가 없다. 나와 비슷한 곳으로 배치를 받았던 내 동기들은 나를 제외하고 모두 1년 만에 큰 비행장으로 갔다. 들어 보면 이유가 하나같이 부사관 분들과의 마찰이었다.

다행히 나는 부사관 분들과 3년 내내 끈끈한 사이로 지낼 수 있었다. 마지막에는 제대하기가 싫을 정도로 군 생활을 재미있게 했다. 드디어 제대할 날이 다가왔고 제대하기 위해 인사를 하는데 많은 분들이 마중을 나와 주셨다. 가끔씩 군 생활을 못 하면 제대할 때 마중 나오는 사람들이 없었다. 그래서 얼마나 마중 나오는지 그 숫자로 그 사람의 군 생활을 평가하기도 하였다. 나는 정말 많은 사람들의 작별 인사를 받고 제대하였다.

제대하고 부대를 나오는데 지난 3년간의 기억이 주마등처럼 스쳐 지나갔다. 그리고 한편으로는 안도의 마음과 한편으로는 아쉬운 마음으로 내가 일했던 부대를 몇 번이고 뒤돌아보았다.

나는 이곳에서 20대의 어린 나이에 리더십을 배울 수 있었음에 감사한다. 부족한 나를 3년간 한마음으로 따라 주었던 부대원들에게도 너무 고마웠다. 이러한 리더십 경험은 후에 내가 무엇을 하든 분명 나에게 큰 도움이 되리라 생각한다.

이것으로 내 군 생활은 막을 내렸다.

세계의 아픔에 공감하다:
고통 속에서 피어난 희망의 씨앗

시리아 난민을 돕기 위해 요르단으로 떠나다

"우리는 일로써 생계를 유지하지만 나눔으로 인생을 만들어 나간다." 윈스턴 처칠

중위 때 군 추천으로 대학원에 다니게 되었다. KDI 국제정책대학원에 야간으로 다니면서 서울 쪽에 당시 학교가 있었기 때문에 일주일에 한두 번씩 다니게 되었다. 제대 1년 전 나는 앞으로 무엇을 하고 어떻게 살아야 하는지 고민을 하고 있었다. 그 당시 중동에서는 IS(Islam State)라는 테러 조직이 시리아를 휩쓸고 있었고 대량의 난민들이 발생하였다.

나는 평소 사람이 가진 것들은 자신의 노력도 있지만 타고난 운이 많

이 작용했다는 삶의 철학을 가지고 있었다. 나 자신을 예로 들면 일단 수많은 나라 중에 아프리카나 전쟁 중인 시리아에서 태어나지 않고 대한민국에 태어난 운, 그중에 헌신적인 부모님을 만난 운, 그리고 내가 가진 기질들 또한 운이었다. 그것들은 내가 노력으로 얻는 것이 아니라 태어날 때 타고나는 것이다. 그래서 나는 그것들을 통해 얻은 것들을 사회와 공동체에 돌려주어야 한다고 생각했다. 그래서 저 멀리 중동에서 고통받는 사람들에게 나는 내가 받은 운을 통해 얻은 것들을 나눠 주고 싶었다.

나는 젊은 혈기와 중동에 대한 궁금증, 그리고 시리아 난민들을 돕고 싶다는 일념을 가지고 코이카 요르단 사무소 인턴으로 지원하였다. 코이카는 한국어로 한국국제협력단이라고 하며 우리나라의 외교부 산하의 기관으로 저개발국가의 원조를 담당하는 기관이다.

보통 내 동기들은 군 제대 후 대기업 정규직에 지원하였고 나 또한 지원하였지만 서류를 합격하고 난 후 면접을 가지 않았다. 왜냐하면 일단 다시 넓은 세계로 나가고 싶었고 후에 소개할 것이지만 옥스퍼드 석사과정에 지원했기 때문에 만약 합격한다면 9월에 입학하는데 8개월만 회사에 다닐 수도 없는 노릇이었다. 그래서 6개월인 인턴 과정에 지원한 이유도 있었다. 군에 있는 동안 코이카 인턴에 합격하기 위해 개발협력 자격증도 공부하여 합격하여 가산점을 얻을 수 있었고 서류 전형과 면접을 무난히 통과하여 요르단에 갈 수 있게 되었다. 드디어 중동이란 낯선 땅에 간다는 생각에 마음이 한껏 들떴다. 그리고 요르단에서 시리아 난민들을 위해 일할 기회가 생겨서 기뻤다.

요르단에 도착하다

요르단행 비행기를 타고 환승을 위해 아부다비에서 잠시 내렸다. 처음 온 중동이라 매우 낯설었는데 평소 티비에서나 보던 터번을 두른 아랍 사람들을 보자 무서웠다. 아무래도 내 안에 아직 아랍은 테러와 연관되어 있다는 나쁜 고정 관념이 있었나 보다. 후에 이곳에서 일하면서 미디어가 얼마큼 고정 관념을 만드는지 느끼게 되었다. 우리는 모두 다 같은 사람이다. 직접 겪기 전에는 외모나 미디어를 보면서 절대 사람을 판단하지 않으리 다짐했다.

환승 이후에 요르단 공항에 도착하자 코이카 사무소 사람들이 마중을 나왔다. 사무소로 가는 길에 창밖을 바라보았다. 내가 보던 세상과 완전 다른 처음 보는 세상이 펼쳐져 있었다. 나무와 풀이 거의 없는 광야 위에 하얗고 흙색의 집들이 보였다. 길거리에는 양들이 돌아다니고 여자들은 히잡을 쓰고 남자들은 우리가 보던 터번을 두른 이슬람 복장을 하고 다니고 있었다. 요르단의 첫인상은 한편으로는 무서웠고 다른 한편으로는 매우 신기했다.

사무실에 도착하자 소장님과 직원분들의 인상이 좋았다. 다들 나를 따뜻하게 맞이해 주셨고 요르단의 한국 식당에서 첫 웰컴 식사를 하였다. 숙소 또한 한국 식당에서 하숙도 겸하고 있었는데 그곳에서 며칠간 살면서 살 집을 구하러 다녔다. 다행히 회사 근처에 넓은 투룸 집을 구할 수 있었고 요르단 적응은 빠르게 마쳤다.

요르단 수도 암만에서

코이카 요르단 사무소에서 일을 시작하다

요르단 사무소에서는 직원이 몇 없었기 때문에 나는 인턴이지만 바로 여러 프로그램에 투입이 되었다. 한국에서는 요르단 사람들을 위해 공공병원과 기술 학교 등을 지어 주고 있었고 나는 Assistant manager로서 그 프로그램들을 도왔다. 때로는 요르단 정부 인사들을 만나고 장관 회의에도 함께 참석하며 일을 하고 있었다. 하지만 요르단은 사실 우리에게 원조를 받기에는 이미 2017년 당시 GDP가 만 달러에 근접하고 있었기 때문에 사실 정말 요르단이 가난해서라기보다는 중동 진출의 외교적 전략으로 요르단을 지원하는 듯했다. 그래서 정말 도움이 필요한 시리아 난민들을 만나고 싶었다.

자타리 시리아 난민 캠프의 아이들을 위해 일하다

어느 날 드디어 기회가 왔다. 한국의 전자 의수를 만드는 스타트업을 돕는 일이었다. 나는 소장님께 이 일을 맡고 싶다고 말씀드렸고 다행히 이 일을 맡아 진행하게 되었다. 곧 한국에서 해당 스타트업의 대표님과 직원분이 요르단에 오셨다. 그리고 그분들과 함께 요르단 시리아 사이에 있는 시리아 난민 캠프 중 가장 큰 캠프인 자타리 캠프로 들어가게 되었다. 그곳에서 우리의 목표는 전쟁으로 팔을 잃은 시리아 난민들을 찾아서 무료로 전자 의수를 만들어 주는 것이었다. 자타리 캠프로 들어가자 눈앞에 컨테이너 같은 집들이 펼쳐졌다.

환경은 열악해 보였다. 차를 타고 돌아다니는데 옆에 수십 명의 유치원생처럼 보이는 어린아이들이 밝게 웃으며 지나갔다. 아마 임시로 지어진 학교에 다니는 듯했다. 나는 그들을 보며 정말 마음이 아팠다. 우리나라도 6.25를 겪으면서 그리고 나라를 복구해 나가는 와중에 수많은 나라로부터 도움을 받지 않았나. 우리나라가 시리아 난민만큼은 정말 신경을 잘 써 주었으면 좋겠다는 마음뿐이었다. 전쟁 중의 순수한 어린아이들의 목숨과 행복만은 전 세계가 함께 지켜야 한다.

요르단, 시리아 국경에 있는 자타리 난민 캠프

차를 타고 가다가 난민 캠프 안에 있는 병원에 들어갔다. 그곳에서 우리는 전쟁 중에 팔을 잃은 사람들을 소개받았다. 그중에는 어린아이들도 있었고 청소년들도 있었다. 대부분 전쟁 중에 포탄을 맞거나 집이 무너지면서 팔을 잃었다고 했다. 우리는 그들에게 전자 의수를 만들어 주었고 그들은 전자 의수를 몸에 설치하고 손이 움직이자 웃음을 지었다. 내 생애 가장 보기 좋았고 소중했던 미소였다.

리더란 국내 문제뿐만 아니라 세계의 아픔에도 공감해야 한다

그 후로 우리는 시리아 난민 고아 아이들을 초대하여 하루 동안 그 아이들과 재밌게 노는 프로그램들도 하면서 시리아 난민 아이들을 위로했다. 이렇게 나는 세상에서 가장 소중했던 경험을 하였다. 세상의 아픔을 함께 짊어지었고 그들을 위해 일했다. 함께 웃고 함께 울었다. 우리는 우리뿐만 아니라 세계의 아픔에도 귀를 기울여야 한다. 그리고 우리나라를 앞으로 이끌어 가야 하는 리더는 국내 문제뿐만 아니라 세계의 아픔에도 공감해야 한다는 것을 배웠다.

요르단에서 아이들과 함께하는 행사 중에

시리아 난민을 보고 깨달은 북한 난민 정책

코이카에서 시리아 난민들을 위해 일하면서 난민 관련 자료도 찾아보고 시리아 난민들이 요르단 사회와 경제에 어떠한 영향을 끼치는지 연구하고 관찰하였다. 사실 시리아 난민들은 중동에서 환영받지는 못하는 존재였다. 대량의 시리아 난민들이 처음 난민 캠프를 거치지 않고 쏟아져 들어오면서 요르단 정부는 거의 초기 대응을 놓치며 제대로 된 난민 정책과 동화정책을 세우기도 전에 수많은 시리아 난민들이 요르단 전역에 뿔뿔이 흩어졌다. 그래서 그런지 거리에는 시리아 난민 출신의 노숙자들이 너무 많이 보였다. 요르단 정부에서 시리아 난민들을 거의 방치하다 보니 시리아 난민들의 삶이 매우 비참해 보였고 요르단 경제에도 영향을 끼쳐 물가가 많이 오르고 실업률이 솟구쳤다.

내가 요르단에서 생활하는 와중에도 물가가 소득 대비 너무 높아서 현지인들은 대체 어떻게 살고 있나 싶었다. 사실 1차 난민 파동은 이라크 전쟁 때 요르단으로 쏟아져 들어온 이라크 난민들이었다. 다행히 그들은 요르단에 들어올 때 자신들의 재산을 들고 올 수 있었다고 한다. 다만 그들이 집을 구하면서 정작 많은 수의 요르단 주민들은 집값 인플레이션으로 집을 구하지 못하고 있었다. 2차 난민 파동인 시리아 난민들은 테러와 내전으로 갑자기 요르단으로 건너왔기 때문에 제대로 된 재산을 들고 오지 못해서 요르단에서 현지인보다 더 낮은 임금으로 일을 했고, 그 때문에 요르단 청년들이 일자리를 구할 수 없었다. 이로 인해 평균 임금이 낮아지고 청년 실업이 하늘을 찌르고 있었다. 이러한 상황을 직접 보고 겪다 보니 나는 무작정 난민들을 받는 게 능사가 아니라는 생각이 들었다. 잘못하면 양쪽 다 공멸할 수 있다. 그래서 난민 캠프에서 일단 국내에 들어오기 전 정부에서 대응할 시간을 마련하고 난민들이 자국에 동화되고 그들이 잘살 수 있게 지원 정책과 국내 인프라를 마련할 시간을 버는 것이 중요한 것 같다는 생각이 들었다.

나는 시리아 내전 사태와 난민들이 요르단의 경제와 사회에 미치는 영향을 자세히 관찰하였고 난민들을 위해 그리고 요르단 정부를 위해 어떻게 국제 공조가 이루어지는지 코이카에 있던 자료들을 보고 밖으로 나가 현지 전문가들을 만나 물어보았다. 그리고 결국 시리아 내전과 요르단이 겪고 있는 경제 사회적 혼란이 우리나라와 북한으로 주인공만 바뀌고 똑같이 발생할 수 있다는 결론을 내렸다.

'우리는 어쩌면 양국이 협의한 평화통일보다는 북한의 정권이 스스로 무너지는 것을 먼저 볼 수도 있다. 완전무결한 평화적 통일이 매우 이상적이지만 나는 그 이상적인 것과 현실적인 것을 구분하고 싶다. 그렇게 된다면 우리는 과연 북한에서 발생하는 내전과 대량의 난민들에 대해 대응을 할 수 있을까? 우리가 만약 북한 난민들에 대한 정책을 세우지 못한 상황에서 갑작스러운 북한의 붕괴와 통일이 온다면 우리는 축복보단 재앙을 먼저 겪을 수 있다.'

나는 시리아 난민과 요르단 사회와 경제를 관찰하면서 만약 북한이 무너져 대량의 난민이 생긴다면 우리가 북한 난민들을 고통에 집어넣지 않고 우리 또한 고통을 겪지 않으며 그들을 잘 받아들일 수 있는 정책과 계획에 대해 고민하였다.

만약 북한 정권이 무너진다면, 그리고 북한 안에서 내전이나 혼란이 일어난다면 우리는 그날을 대비하여 북한의 난민을 받아들일 준비를 해야 한다. 어쩔 수 없이 북한 난민들을 얼마 정도 한곳에 통제하겠지만, 그들이 고통받지 않도록 큰 마을 도시를 만들고, 자생적 경제를 만들어 주어야 한다. 그들을 위한 교육과 의료 시스템도 필요하다. 그곳은 군 생활을 하면서 보아 왔던 DMZ 근처의 파주의 드넓은 평야가 알맞을 것 같다는 생각을 해 왔다.

그리고 또한 어떻게 국제 공조를 하여 난민을 보호하고, 국제사회와 함께 내전이나 혼란을 최대한 빨리 수습할 수 있을지, 후에 어떤 방식으로 북한을 재건할 것인지에 대한 시나리오도 필요하다. 특히 빠른 재건을 위해 북한 주민들이 만든 물건에 대해 선진국과 무관세 협정을 맺을 필요가 있다. EU는 시리아 난민과 관련하여 일부 품목에 관해 무관세 혜택을 주고 있다.

그래서 북한 난민들에게 일자리를 주어 물건을 만들어 무관세로 수출한다면, 북한 난민들 및 주민들이 경제적으로 안정을 찾는 데 많은 도움이 될 것이다. 또한 많은 국가들의 기부를 받아 재건 및 난민 기금을 만들고, 전 세계에 북한과 난민에 대해 ODA(국제협력) 교육, 의료 등등이 이루어질 수 있게 해야 한다. 그래서 북한 재건에 전 세계의 국가들을 참여시키고 함께 이루어 나가야 한다.

우버 드라이버 요르단 청년들

나는 항상 어느 나라를 가든 그 나라를 자세히 관찰한다. 그 나라를 관찰하고 분석해서 앞으로 우리나라에 좋은 것들 그리고 나쁜 것들을 구분할 수 있기 때문이었다. 그것이 내가 할 수 있는 일이었다.

요르단에서는 수도 암만에서조차 대중교통이 잘 발달되어 있지 않았기 때문에 나는 자주 우버로 이동을 하였다. 택시는 잡는 것도 힘들었고 미터기를 올리지 않거나 자기 마음대로 간 다음 가격을 속이는 일이 많았기 때문에 웬만해서는 우버를 이용하였다. 우버를 이용하면 가격도 저렴했고 얼마를 내야 하는지 정확히 알 수 있었고 거리를 속이는 일도 없었으며 서비스도 좋았다.

요르단에서 우버를 타면서 신기한 점은 항상 운전 드라이버는 젊은 청년들이라는 점이었다. 그들의 대부분은 학생이었고 일부 직장인들도 있었다.

나는 궁금해서 우버를 타면 우버 드라이버들에게 원래 우버 기사는 청년들밖에 없는지 물어보았다. 그들이 답하길 학생 신분으로 원하는 시간에 원하는 시간만 일할 수 있는 우버 기사가 생계에 도움이 된다고 하였다. 또 기존 직장인들도 부족한 수입을 우버 기사를 하면서 채우고 있었다고 했다. 특히 정기적 수업이 없는 예술가나 작가 등 프리랜서들이 많았다. 그들은 실제 우버가 자신들의 수입에 큰 도움이 된다고 하였다.

이처럼 요르단의 청년들은 공유 경제의 하나인 우버로 인해 생계를 꾸려 가거나 추가 수입을 얻고 있었다. 노동 시간도 유연해서 대학생들은 수업이 없는 날에, 직장인들은 직장이 끝나고 우버 기사를 하고 있었다. 우버는 요르단의 청년들에게 없어서는 안 되는 존재였다.

그 당시 나는 요르단의 청년 드라이버들을 보면서 우리나라도 우버와 같은 공유 경제 사업을 승인해야 한다고 느꼈다. 청년들이 대학생 때나 정식으로 일을 구하기 전이나 파트타임으로 그리고 프리랜서들의 수입에 도움이 될 것 같았다. 차라리 청년 수당이나 공공기관에 억지로 단기 인턴 같은 것들을 만들기보다는 공유 경제 같은 산업들의 규제를 풀어 주는 게 이용자들에게도 좋고, 추가 수입으로 청년들에게도 좋고, 국가의 세금도 아끼고 공유 경제 관련 산업도 육성하는 등 모두에게 도움이 되지 않을까 생각했다.

만약 해외처럼 일반 청년들이 우버 차량을 운전할 수 있다면 긱경제(Gig economy)가 추구한 이념처럼 유연한 고용이 실현될 수 있을 것이다. 그러면 청년들이 안정적 직업을 갖기 전 단계에서 조금 더 여유를 가질 수 있을 것이다.

하지만 우리나라에 진출한 우버는 택시업계 반발과 법률적 문제인 여객자동차운수사업법 위반으로 개인이 자신의 차량을 이용해서 비즈니스를 시작할 수 있는 사업을 하지 못하고 있다. 우리나라는 우버를 아직 불법으로 규정하고 있다.

우버와 비슷한 공유 경제 산업의 한 종류인 타다는 유사 택시 형태의 렌터카 서비스를 운영하였는데 현행법 위반으로 기소되었다. 타다가 공유 경제의 한 형태이냐 아니냐의 논란이 있지만 대부분 전문가들은 소수 자동차로 많은 사람의 이동 수요를 맞추고, 이용자가 원하는 시간에 대여와 반납을 하고, 이용 시간만큼 지불하는 것 그리고 이 모든 수단이 ICT 정보통신기술 플랫폼으로 이루어진다는 것에서 공유 경제라고 보는 시각이 있다.

하지만 공유 경제이든 아니든 우리나라에서는 공유 경제에서 파생된 우버와 타다 같은 산업들이 택시 기사들의 생계를 위협한다는 감성적 이유로 합법 논의가 한 걸음도 나가지 못하고 있는 실정이다.

우버는 단순한 차량 공유 플랫폼이 아니라 첨단 4차 산업의 매개체

또한 우버는 겉으로는 단순 차량 공유 업체이지만 첨단 ICT 산업과 AI 인공지능, 빅데이터 등 4차 산업 관련 기술이 적용돼 쓰이고 있다. 또 우버는 자율주행 자동차 기술 개발 및 각종 모빌리티 연계 사업으로 4차 산업이라는 새로운 시대의 기술을 발전시키고 있다.

2023년부터 우버는 드론 음식 배달 서비스, 드론 택시, 무인 택시 등의 시행을 목표로 기술개발과 인력을 모집하고 있는 등 4차 산업 기술과 서비스에 최선두를 달리고 있는 중이다. 2025년에는 우버는 텍사스서 무인 택시 운영을 개시하였다. 우리나라에서는 외국 기업 우버뿐만 아니라 국내 기업들까지 서비스하지 못하고 있어서 공유 경제가 불러올 수 있는 이러한 4차 산업의 기술들까지 발전하지 못하고 있다.

싱가포르, 말레이시아 등 동남아를 석권한 우버와 비슷한 '그랩'도 놀랍게도 말레이시아에서 시작된 업체이다. 이 그랩 또한 차량 서비스 및 공유 자동차를 이용한 음식 배달, 물류 배달 등 다양한 사업으로 영역을 넓혀 가고 있다. 첨단 공유 경제와 관계가 별로 없을 것 같은 말레이시아도 우리나라보다 앞서 나가고 있다.

동남아에서 시작된 그랩 그리고 수많은 우버와 같은 기업이 많은 나라에서 나타나고 4차 산업을 선도해 나가고 있지만 우리나라는 아직 그러한 기업이 나타날 수 없는 환경이다. 만약 우리나라가 이러한 규제를 푼다면 우버를 뛰어넘는 많은 유니콘 기업들이 나올 수 있다고 확신한다.

많은 사람이 이야기하듯 공유 경제는 세계 경제와 산업의 큰 흐름이다. 더 이상 흐름을 거스르거나 머뭇거린다면 앞으로 100년간 우리나라는 글로벌 경쟁에서 뒤처질 수 있다. 빠르게 사회적 합의를 도출하고 기존 택시 기사들이 좀 더 안정적으로 다른 직업을 구할 수 있게 돕거나 기존 산업 종사자와 신산업이 상생할 수 있는 정책을 만들어야 한다.

지도자의 결단이 필요하다. 규제를 풀어야 한다. 국가 운영과 정치는 감정으로 하는 것이 아니다. 때로는 미래를 바라보며 냉철하게 판단하고 밀어붙일 수 있어야 하며, 동시에 피해를 받는 사람들을 설득하고 보듬어 가야 한다.

내가 후에 메타(구 페이스북)에서 일을 할 때 항상 듣는 말이 있었다. 민간 기업의 입장에서 정부와 국회가 너무 열심히 일하지 않았으면 한다는 것이었다. 왜냐하면 시작도 하지 않았는데 여러 규제들을 만들어 산업이 태동하기도 전에 말라비틀어지기 때문이다. 다른 나라들은 이제 무인 택시를 시행하고 있는데 우리나라는 거리에 유인(有人) 택시 한번 잡기도 힘든 나라가 되어 버렸다.

요르단 한국어과 학생들과 중동 진출

코이카 요르단 사무소에서 일을 하면서 매주 요르단대학교 앞의 카페에서 요르단대학의 한국어과 학생에게 아랍어 과외를 받았다. 아무래도 이곳에 온 김에 아랍어를 배워 두면 아랍 사람들과 친해질 수 있기도 하고 언젠가는 요긴하게 쓸 수 있지 않을까 하는 마음이었다.

과외를 받으면서 나는 내 과외 선생님과 많은 대화를 했는데 맨 처음 놀란 이유는 일단 나에게 아랍어를 가르치는 그 친구의 한국어 실력이 거의 원어민급이었기 때문이었다. 나는 그 친구에게 어떻게 한국어를 그렇게 잘 하느냐고 물어보았고 그 친구는 한국 영화나 드라마 그리고 음악을 들으면서 자연스럽게 한국어에 대해 알게 되고 한국과 한국어가 좋아져서 대학에서도 한국어를 전공하고 있다고 했다. 특히 그녀는 BTS를 좋아한다고 했고 한국어과에 있는 동기들도 모두 BTS의 팬이라고 했다. 사실 2016년 그 당시에는 BTS를 잘 알지 못했다. 생각해 보니 요르단을 여행할 때도 가끔 한국을 정말 좋아하는 요르단 소녀들을 만났다. 문화의 힘이 중동의 소녀들에게 한국과 한국어를 사랑하게 만들지는 몰랐다.

그 친구는 또한 요르단대학에 한국어를 전공하는 학생들이 100여 명이 넘었다고 했다. 점점 더 많은 요르단 학생들이 한국어를 배우고 싶어 하고 한국 기업에서 일하고 싶어 한다고 했다. 하지만 그들의 수요를 채워 줄 한국 기업들이 중동과 요르단에는 많지 않았다. 그저 몇 명의 운 좋은 학생들만이 소수의 요르단의 한국 기업에서 일할 수 있을 뿐이었다.

한국 문화를 좋아하는 요르단의 한 소녀

중동 진출의 교두보로서의 요르단

요르단에서 내가 느낀 점은 요르단이 지정학적으로도 남으로는 아프리카, 이집트, 서쪽으로는 유럽, 동쪽으로는 다른 중동 국가들과 아시아를 통하는 국제적 허브라는 것이었다. 특히 요르단은 정치가 안정되어 있고 극단적인 이슬람 국가가 아니라서 외국인이 살기에 안전하고 사람들도 꽤 친절했다. 그래서 한국의 기업들이 요르단을 중심으로 인근 중동 국가들을 사업적으로 공략해 나간다면 충분히 중동에 우리나라의 사업적 입지와 영역이 확장될 수 있을 것으로 생각한다. 이러한 이유로 나는 국가 차원에서도 그리고 기업 차원에서도 요르단에 많은 관심을 두고 투자를 해야 한다고 생각한다.

따라서 중동 진출을 위해서는 우리는 중동 친한파 전문가들을 많이 육성해야 한다. 요르단의 한국어과 학생들이 국내에 취업을 할 수 있도록 해야 하며 요르단 및 중동 내의 한국 기업들, 정부 기관들 또한 인턴십 및 정규직 취업 등 많은 기회를 제공해야 한다. 또한, 국내 대학 등에 장학금과 함께 공부할 기회를 제공하여 외교적, 비즈니스적으로 중동 진출을 위해 중동의 친한파 전문가들을 수천 명 육성해야 한다. 그렇게 된다면 우리는 10년 안에 중동에서 상당한 입지를 다질 수 있을 것이다.

향후 10년간 다시 찾아오는 중동특수

몇 년 전 사우디아라비아의 왕세자이자 총리인 빈 살만이 방한하였다. 사우디는 사막 한가운데에 높이 500m 길이 120km의 초대형, 최첨단 도시인 "네옴시티"를 만들겠다고 우리나라의 기업들과 협력하기 위해 방한하였다. 예산만 하더라도 수천억 달러라고 한다. 중동은 현재 석유 중심 경제를 벗어나려 안간힘을 쓰고 있다. 또한 중동은 지리적으로나 종교적으로 서로 사이가 좋지 않다. 사우디 또한 이란에게 많은 위협을 받고 있기 때문에 우리나라로부터 무기를 구입하고 싶어 한다. 다른 중동 국가들 또한 마찬가지이다. 우리는 이러한 기회를 놓치면 안 된다. 건설업으로, 첨단 기술로, 그리고 방위산업으로 중동에 진출해야 한다.

이제 앞으로 10년간은 다시 중동특수가 올 것이다. 현재 K-문화와 평화를 사랑하는 우리나라의 소프트 파워가 중동의 많은 청년들에게 관심을 받고 있다. 중동은 또한 지금 미국과 중국 그리고 유럽 등 그 어느 패권 국가들의 간섭을 부담스러워하고 있다. 그래서 향후 10년간 우리가 적극적으로 중동을 친한파로 만들어야 한다. 그렇게만 된다면 10년을 넘어 그 이상으로도 우리는 중동의 특수를 기대할 수 있다. 우리는 이제 중동의 친한파 전문가들을 빨리 육성해야 한다.

모세와 이스라엘 민족의 광야

요르단에서 5개월 정도의 시간이 흘렀지만 지원한 옥스퍼드대학교에서는 최종 합격 소식이 들리지 않았다. 9월 입학인데 거의 5월까지 아무런 소식이 없었기 때문에 나는 마음이 매우 불안하고 매우 초조해질 수밖에 없었다. 이제 인턴이 끝나면 다음 계획을 세워야 하는데 학교에서는 무작정 기다리라고만 하니 어떤 결정을 내릴 수가 없었다. 마음이 초조하고 답답했다.

그 와중에 이제 인턴이 끝나 한국에 돌아가기 1달 전이었기 때문에 기독교인인 나는 개인적으로 성경의 무대가 되었던 요르단 성지 순례를 해 보고 싶었다. 국경 넘어 이스라엘도 가 보고 싶었지만 그 당시 코이카 인턴은 국경을 넘을 수 없었기에 아쉬운 대로 요르단을 여행하기로 하였다.

요단강의 예수님 세례터에서

요르단은 성경에서 구약의 무대였다. 성경은 구약과 신약으로 나누어진다. 구약은 예수님이 태어나기 전 이야기이고 신약은 예수님이 오신 이후의 이야기이다. 인류의 역사를 BC와 AD로 나누는데, BC는 Before Christ, AD는 Anno Domini의 이니셜이다. BC 1,500년경, 2백만 명 정도의 이스라엘 백성들이 이집트에서 노예의 신분으로 힘들게 살고 있었다. 그리고 그 민족을 탈출시킨 지도자가 그 유명한 디즈니 애니메이션 〈이집트 왕자〉의 주인공 모세였다. 모세는 이스라엘 자손으로서 이집트 파라오가 이스라엘 민족의 산아제한을 위해 신생아 중 남아들을 죽이라고 하자 그 어머니가 아기를 바구니에 넣어 나일강에 띄워 보낸다. 모세라는 이름이 "물에서 건져 내었다"는 뜻이라고 한다. 그 바구니를 우연히 발견한 사람이 이집트의 공주였다.

모세는 공주의 손에 길러져 성인이 된 후 이집트에서 동족이 감독관에게 매를 맞는 억울한 모습을 보고 감독관을 죽이고 광야로 도망간다. 그 후 40년간 광야에서 양을 치며 목자로 살아가다 하나님의 부름을 받고 이집트로 돌아가 이스라엘 민족을 구해 낸다. 모세의 인도 하에 이스라엘 민족은 이집트를 탈출하여 40년간 광야를 떠돌다가 요르단을 거쳐 이스라엘로 들어간다. 이스라엘은 성경적으로 가나안이라는 약속의 땅으로 하나님께서 약속하신 땅이었다. 이 이야기는 디즈니의 애니메이션 〈이집트 왕자〉로 재탄생되었다.

모세와 이스라엘 민족의 이집트 탈출기는 기독교인들에게는 큰 의미를 가진다. 그들이 도착한 가나안은 하나님의 약속의 땅으로서 우리가 살면서 지향해야 할 목표와도 같다고 할 수 있다. 이집트에서 이스라엘까지 직선거리로 320km 정도이고 실제로 행진한 거리는 640km 정도의 멀지 않은 거리임에도 40년이 걸린 것은 광야 생활에서 그들이 믿음으로 단련되기를 바라셨기 때문이리라.

    나는 교인들과 함께 요르단의 모세와 이스라엘 민족의 발자취를 따라 여행을 하였다. 수도인 암만에만 있을 때는 몰랐는데 광야에 나가자 풀 한 포기 없는 곳이 많았다는 걸 눈으로 확인할 수 있었다. 쏟아지는 태양 아래 나무 한 그루, 물 한 모금 없는 광야에서 정말 40년간 사람들이 떠돌았다니 지금도 믿어지지 않는다. 그들은 이곳에서 과연 어떤 생각을 했을까.

요르단 아르논 협곡

    우리는 드디어 광야를 지나 모세가 이스라엘 민족과 지나갔다는 아르논 협곡에 도착했다. 아르논 협곡의 꼭대기에 올랐는데 아래를 보니 400m 높이의 낭떠러지가 보였고 그 아래는 흡사 그랜드 캐니언 같은 웅장한 협곡이 펼쳐졌다. 순간 전율이 일었고 나는 한참 동안 서서 아르논 협곡을 바라보았다. 엄청난 풍경이었다.

아르논 협곡을 바라보면서 내가 든 생각은 두 가지였다. 한가지는 모세가 이집트에서 억압받던 이스라엘 민족을 구하듯 나 또한 모세처럼 북한에서 고통받는 북한 주민들을 구하고 싶었다. 중국 두만강에서 북한을 바라본 후 나에게는 한 가지 이루고 싶은 삶의 목표가 생겼다. 그것은 북한에 대한 비전이었다. 다른 하나는 하나님께서 이스라엘 민족을 40년간 단련시켰던 것처럼 오랜 시간 나를 단련시킨다고 할지라도 참고 견디고 인내하며 담대하게 앞으로 나아가자는 것이었다. 20살 이후 나의 삶은 단련과 인내의 연속이었다.

나는 우리나라의 미래를 위해 일을 하고 남북한 통일에 이바지하는 소망을 가졌다. 누가 보면 황당하고 가소롭다고 말할지도 모르겠다. 그럼에도 불구하고 믿음으로 한 단계씩 한 발짝씩 나아가다 보면 나의 진심과 노력이 하늘에 닿아 기적이 일어나고, 세상을 변화시킬 수 있을 것이라고 믿는다.

나는 그런 내 꿈을 이루기 위해 내 수준에서는 말도 안 되는 옥스퍼드라는 최고의 학교에 지원하였다. 호주 대학도 재수를 해서 들어갈 만큼 공부에 관심이 없었던 방황을 오래 했던 내가 꿈을 가지고 도전하는 첫 번째 목표였다. 그리고 내가 할 수 있는 일은 합격할 수 있도록 오로지 믿음을 가지고 기도하는 것뿐이었다. 하나님은 가장 낮은 자를 쓰신다고 하지 않으셨나.

> "그러나 하나님께서 세상의 미련한 것들을 택하사 지혜 있는 자들을 부끄럽게 하려 하시고 세상의 약한 것들을 택하사 강한 것들을 부끄럽게 하려 하시며 하나님께서 세상의 천한 것들과 멸시 받는 것들과 없는 것들을 택하사 있는 것들을 폐하려 하시나니" (고린도전서 1장 27~28절)

나는 가장 미련한 사람이었고 육체적으로도 가장 약했다. 하지만 공군 장교가 되어 리더로서 군 생활을 누구보다 오래 했고 세계 최고의 지성이 모이는 옥스퍼드대학교 입학도 바로 눈앞에 두고 있었다.

2부

내 꿈을 위해 달려가는
30대의 도전

옥스퍼드에서 배운 정책, 그리고 사람

오랜 기다림 끝에 옥스퍼드에 합격하다

"리더란 우리에게 희망과 함께 나아갈 방향을 제시하는 것, 우리 스스로 길을 갈 수 있도록 용기를 주는 것" 독일인이 가장 사랑하는 헬무트 슈미트 전 총리

코이카 인턴으로 요르단에 오기 전에 옥스퍼드 공공정책 석사에 지원하였다. 옥스퍼드에 입학할 생각은 제대를 1년 남긴 시점부터 하였다. 그 당시 나는 공적인 일을 하고 싶었고 장교 생활도 그중 하나였다.

군 생활을 하면서 KDI국제정책대학원에 다닐 때 나는 동기들 중에 정치를 하고 정당 생활을 하는 친구를 만났다. 그 친구는 후에 당에서 청년 최고위원까지 한 친구였다. 나는 그 친구와 같은 반이었고 과제

를 같이 했기에 그 친구와 친해졌고 그 친구와 만난 자리에서 내 고민에 대해 털어놓았다.

"공적인 일을 일하려면 어떤 직업을 가져야 하는지 고민 중이에요. 정치인이 되면 그렇게 할 수 있나요?"

그 친구가 답했다. "정치인은 세상을 바꾸고 진보시킬 힘이 있다고 생각해요. 다만 지금의 정치인은 그러한 능력이 있으면서도 세상과 국민을 위해 일하는 것이 아닌 권력만을 쫓고 있죠."

결국 정치인은 세상을 진일보시킬 능력이 있다. 하지만 정치인이 되려면 제대로 된 정치인이 되어야 한다는 뜻으로 받아들였다. 권력만을 쫓는 정치꾼이 되지 말기를 바란다는 뜻이었다.

그 이후로 나는 용감하게도 정치를 모르면서 정치를 하고 싶다는 생각을 하였다. 그리고 세상을 바꾸고 진보시키고 국민을 행복하게 하려면 정책적 지식이 있어야 한다고 생각했다. 그리고 지식이 있어야 이성을 가지고 올바른 판단을 내릴 수 있을 것이라고 생각했다. 세상을 어떻게 바꿀 것인가, 어떻게 사람들을 행복하게 잘 살게 할 것인가는 다양한 정책 지식이 없으면 알 수가 없다.

고민하던 어느 날 나는 옥스퍼드로 가기로 결정하였다. 옥스퍼드는 하버드 케네디스쿨처럼 정치인과 공무원 등 공적인 일을 하는 사람들에게 정책을 체계적으로 가르치는 곳이다. 발표하는 법, 토론, 협상, 스피치와 언론 칼럼 쓰는 법 등 정치인에게 필요한 스킬들도 가르쳤다. 옥스퍼드를 선택한 이유는 옥스퍼드가 좀 더 철학과 인문을 바탕으로 정책을 가르치기 때문이었고 호주에서 공부했었기 때문에 같은 영연방식 교육이 나에게는 잘 맞을 것 같았다.

우리 부모님은 내가 옥스퍼드에 정말 합격할 거라고는 크게 기대하지 않아 보이셨다. 워낙 합격하기 어려운 학교이니 그럴 만했다. 나 또한 내가 정말 합격할 것이라고는 확신하지 못했다. 그래서 주변 사람들에게 내가 옥스퍼드에 지원할 것이라는 말은 하지 못하였다.

제대 직전 그렇게 옥스퍼드에 지원하였다. 하지만 요르단에서 일을 하는 동안 아쉽게도 정시 합격을 못 하고 추가 합격 리스트에 올라갔다는 연락을 받았다. 그 소식을 받은 것은 요르단에서 일을 한 지 3달 후 3월이었고 학교에서는 최종 합격이 될지 안 될지 자신들도 모르기 때문에 알려 주지 못한다고 하였다. 내 순번이 몇 번인지도 알아내지 못했다. 그때부터 끝없이 피를 말리는 시간이 시작되었다.

그렇게 6월이 되었고 이제는 한국에 돌아가야 할 시간이었다. 옥스퍼드에서는 아직까지 기다리라고만 하고 있었고 결국 아무것도 결정되지 못한 채 나는 한국에 들어왔다. 그리고 한국에 들어와서도 계속 기다림은 지속되었다.

차라리 불합격이라는 소식이라도 들으면 취직이라도 빨리 할 참이었다. 마지막으로 학교 입학 담당자에게 진심을 담아 꼭 합격해서 옥스퍼드에서 공부하고 싶다고 이메일을 썼다. 그리고는 사실상 마음을 비우고 취직 준비를 하려고 준비하고 있었다.

시간은 흘러 9월의 어느 날 정상적인 수업을 했다면 이제 일주일 정도 후부터 수업이었다. 그때쯤 나는 완전 포기하고 있었다. 하지만 어느 날 갑자기 이메일이 한 통이 왔다. 합격 메일이었다. 드디어 합격했구나… 눈물이 나왔다. 하지만 학교에서는 나에게 약 일주일 정도의 시간만 주었다. 정해진 날짜 안에 학교에 오지 못하면 입학은 취소된다고 했다. 그 안에 비자를 받고 비행기표를 끊고 다 준비해서 수업에 오라는 것이었다.

그 당시 영국 학생 비자를 신청하고 받으려면 시간이 꽤 걸렸는데 일주일 안에 오라니… 이게 무슨 억지인가 싶기도 하였다. 그래서 다음 날 나는 영국 비자를 신청할 때 편지를 하나 동봉했다. 편지 내용은 기다리고 기다리던 옥스퍼드 대학에 가게 되었는데 지정 날짜 안에 학교에 못 가면 입학 취소가 되니 죄송하게도 비자를 최대한 빨리 발급해 줄 수 있는지 진심으로 부탁하는 내용이었다.

다행히 기적적으로 3일 정도 후에 비자가 나왔다. 보통 일반 신청은 늦으면 한 달 이상, 급행이라도 열흘 이상 걸리는 프로세스였다. 다행히 동봉된 이메일에 적힌 내 마음이 전달되었나 보다.

이렇게 나는 옥스퍼드에 합격을 하여 무사히 비자를 받고 출국할 수 있었다. 다행히 머물 집 또한 빠르게 구할 수 있었다. 기적이었다.

옥스퍼드 대학에서의 첫 주, 세계의 지성들과 만나다

"하나님의 성품 가운데는 공의를 향한 뜨거운 열망으로 사회에서 연약한 이들을 한없이 사랑하시며 그 삶에 깊이 간섭하시는 속성이 확고하게 뿌리내리고 있다." 『정의란 무엇인가』

옥스퍼드에 합격하자 아버지는 매우 기뻐하셨다. 20살 때까지만 해도 공부에 관심이 없었던 내가 옥스퍼드에 합격을 했기 때문이었다. 나는 아버지에게 잘 보이려고 공부를 한 것은 아니었지만 아버지가 기뻐하시는 모습을 보니 그래도 조금이나마 효도했다는 안도감이 들었다.

옥스퍼드와 영국 첫인상

공항에서 부모님께 인사를 하고 영국행 비행기에 몸을 실었다. 나는 비행기에서 긴장이 되었다.

'과연 최고의 학생들이 모이는 곳에서 내가 수업을 따라갈 수 있을까…' 하지만 나는 어떻게 되든 일 년 동안 최선을 다할 생각이었다.

'한번 보고 이해를 못 하면 두 번 세 번 보면 된다. 모르면 물어보면 된다.'

시드니대학에 다닐 때도 항상 나는 수업이 끝나면 교수의 사무실로 찾아가서 모르는 것을 계속 물었다. 다행히 한 번도 귀찮게 생각하는 교수님들은 없었다. 그저 용기를 가지고 포기만 하지 않으면 될 뿐이다.

어느덧 비행기는 영국 런던에 도착했다. 다행히 여기저기서 들리는 영국식 영어가 호주의 영어와 비슷해서 낯설지는 않았다. 런던에 저녁에 떨어져서 한시바삐 버스를 타고 옥스퍼드시로 떠났다. 버스를 타면서 모든 것이 긴장되었다. 꼭 큰 전투를 앞둔 사람처럼 온몸의 감각이 곤두서 있었다.

두 시간 정도 후 나는 버스 정류장에서 내렸고 하숙을 하려고 하는 집으로 찾아갔다. 걷는 길에 주변을 보니 흡사 15세기에 온 듯한 정취가 느껴졌다. 오래되었지만 웅장한 건물들이 늘어서 있었다. 세계에서 가장 오래된 최고의 석학들이 모이는 대학을 내 눈으로 직접 보고 있었다.

30분 정도 걷자 숙소에 도착하였다. 그곳은 옥스퍼드로 가기 전 급하게 구한 숙소였고 옥스퍼드에서 박사학위를 하시는 한국의 목사님이 운영하시는 곳이었다. 낯설었지만 그분들은 날 친절하게 맞이해 주셨다. 내 방은 여행자들이 머무는 곳이라 책상도 없이 작았기 때문에 곧 기숙사를 다시 구해야 할 것 같았다.

전 세계 70여 개국 120명의 동기와의 만남

옥스퍼드에서

내가 옥스퍼드에 도착한 날은 토요일이었기 때문에 일요일은 쉬면서 월요일에 학교를 갈 준비를 하였다. 그리고 월요일 아침이 되자 학교로 갔다. 공공정책학과 건물은 따로 크게 현대식으로 지어져 있었는데 4층 정도의 원형 건물이었고 강의실은 지하 1층에 있었다. 건물 안으로 들어가자 안내하시는 분들이 강의실에 가면 각자의 이름이 표시된 좌석이 있으니 내려가 보라고 하셨다. 참고로 건물 안내데스크에는 두 분의 멋지고 위트 있는 영국 여성분들이 지키고 있었는데 꼭 친누나를 만난 것처럼 항상 밝게 웃으면서 환영해 주었다. 옥스퍼드로 다시 간다면 꼭 만나고 싶은 분들이기도 하다.

옥스퍼드 블라바트닉 스쿨

강의실로 내려가자 수백 명이 들어갈 것 같은 강의실이 나왔고 강의실 오른편 좌석에 내 이름이 적혀 있었다. 앞으로 1년간 공부할 내 지정석이었다. 주변을 둘러보자 전 세계에서 온 학생들이 많았다. 내 양쪽 옆자리는 인도에서 온 여학생과 싱가포르 학생, 앞에는 중국에서 온 친구, 뒤에는 미국 학생들이 앉았다. 특히 옆자리에 앉은 인도 여학생에게 수업 시간에 공부로 많은 도움을 받았다. 그 당시 나는 학교에 며칠 늦게 와서 이미 오리엔테이션은 끝나고 없었지만 저녁에 웰컴 파티가 있다고 하여 참여하였다.

저녁에 정장으로 갈아입고 웰컴 파티에 가자 무대 앞에는 바이올린을 연주하고 있었고 와인과 샴페인 그리고 고급스러운 음식들이 있었다. 흡사 고급 레스토랑에 온 듯한 느낌이 들었는데 나중에 물어보니 공공정책학과 학생들에게 최고의 대우를 해 주는 것이라고 하였다. 이러한 이벤트를 통해 서로 소통과 사교 매너도 익히게 하는 것 같았다.

나는 학생들 한 명 한 명에게 다가가 인사를 하였고 항상 외국에서는 물어보는 것이 전에 무엇을 했느냐였다. 나는 항상 공군 장교라고 말하고 다녔다. 서로 통성명이 끝난 후 정리해 보니 고위 경찰, 정치인, 외교관, 공무원, 의사, 변호사, 국제기구 출신, 인권 운동가, 시민 활동가, 심지어 박사학위가 이미 있는 사람들도 있었는데 신기한 것은 다들 나처럼 석사학위가 이미 1개가 있는 사람들이 많았다.

그중에 나는 몽골에서 온 정치인, 싱가포르 공무원 친구들, 캐나다 시의원, 베네수엘라 인권 변호사, 중국, 일본 외교관들, 일본 중앙은행 출신 친구, 시리아에서 온 친구, 미얀마, 캐나다 출신 의사와 친해졌다. 특히 우리나라는 동아시아의 중국과 일본과의 관계에서 뗄래야 뗄 수 없는 사이인지라 나중에 혹시라도 공직에 갔을 때 인맥을 활용할 수 있을까 싶어 중국, 일본 외교관들과 친하게 지냈다.

우리는 항상 모이면 커피 타임을 할 때나, 점심을 먹을 때나, 저녁을 먹을 때나 각 나라의 정치와 정책 이야기를 했다. 한국에서는 고리타분한 주제라 말도 못 했는데 여기서는 항상 이런 이야기를 실컷 할 수 있어서 시간이 가는 줄도 모르고 너무 좋았다. 각 나라가 어떤 정치 사회적 이슈가 있는지 그리고 그것을 해결하는 방법을 찾기 위해서 각자 사명을 가지고 온 친구들이었다. 시리아 출신 친구는 내전과 테러로 무너진 나라를 재건하기 위해 왔다고 했고 아프리카 출신 친구들은 자국의 가난을 탈출할 수 있는 경제 발전 방법을 찾으러 왔다고 했다. 남미의 온두라스 친구와 베네수엘라 친구는 민주주의를, 팔레스타인 친구는 평화를 찾으러 왔다.

가장 인상 깊었던 친구는 브라질에서 온 친구였는데 눈앞이 보이지 않는 장애를 가지고 있었다. 옥스퍼드에서는 학교 비용으로 그 친구의 눈이 되어 줄 친구를 고용하여 필기를 대신해 주고 공부도 같이 할 수 있도록 해 주었다. 눈이 보이지 않지만 학업을 문제없이 이어 갔고 결국 졸업하여 브라질에서 국회의원에 당선되었다. 그 친구는 항상 내 목소리를 들으면 "Ohk, 옥!"이라고 웃으며 반가워했다. 그 당시 내 영어 이름은 내 성을 따서 Ohk이었다.

나 또한 한국에서 좋은 정치인이 되고 싶다고 하였다. 경제 발전과 민주주의를 이룬 나라에서 나는 우리나라의 그다음 비전을 찾고 싶었다.

옥스퍼드 입학식 때

양극단을 초월하는 옥스퍼드의 철학 수업

옥스퍼드에서 일주일간의 시간이 흐르고 첫 수업을 시작하였다. 옥스퍼드 공공정책학과의 수업은 주중 매일 아침 9시부터 저녁 5시까지 거의 풀타임으로 있었다. 하버드 케네디스쿨의 2년 수업에 비교하여 옥스퍼드는 1년이었기 때문에 최대한 커리큘럼을 압축을 해서 넣은 느낌이었다. 매일 오전 9시부터 5시까지 수업을 듣고 숙제와 예습, 복습량이 너무 많아서 매일 저녁 10시까지는 거의 학교에 있었다. 흡사 고3 때로 돌아온 듯한 느낌이었다.

다행히 옥스퍼드는 튜터 제도가 잘 되어 있었다. 5시 수업이 끝나고 이후에 수업 내용 중 잘 모르는 것들이 있으면 튜터에게 1:1로 모르는 것들을 물어볼 수 있는 시간이 있었다. 정규 수업 외에도 스피치나 발표 스킬 같은 것들을 원하면 강사와 1:1로 시간을 잡아주어 트레이닝을 할 수도 있었다. 옥스퍼드의 교육은 상당히 체계적이었고 일반 대학 수업 느낌보다는 정말 한 명의 공공정책 전문가, 그리고 정치인을 육성한다는 느낌이 들게 하였다.

스스로 이념을 확립해 가는 옥스퍼드의 철학 수업

누군가가 나에게 옥스퍼드에서 공부할 때 가장 인상이 깊었거나 얻은 게 무엇이냐고 물어본다면 정치철학 수업이라고 말을 하고 싶다.

실제로 옥스퍼드에서 배운 정치철학 수업 하나만으로 나는 지난 1년간의 수업 시간, 학비와 노력까지 투자할 가치가 있다고 생각한다. 철학은 내가 미국의 케네디스쿨에 가지 않고 옥스퍼드에 지원한 이유이기도 하다. 옥스퍼드는 철학 수업으로 유명하기 때문이다.

옥스퍼드에서 가장 먼저 배운 과목은 'Foundation(기초)'라는 과목이었다. 학교에 오기 전 커리큘럼을 보았는데 Foundation이라는 모호한 단어가 있었다. 처음에는 어떤 과목인지 몰랐는데 학교에 와서 첫 수업을 하니 철학 과목이었다. 경제철학, 분배철학, 공리주의, 운평등주의, 민주주의, 자유 등등 정말 다양한 철학으로 이루어져 있었고 배우다 보니 우리가 알고 있는 좌우파 이념들은 전부 다 이 정치철학에서 온 개념들이었다.

예를 들어 복지 관련하여 어느 정도 선까지 복지를 해야 하는지 그리고 그 당위성이 무엇인지 고민할 때 다양한 철학적 개념들을 바탕으로 스스로 고민하며 정해 나갔다. 그 과정에서 나는 분배 문제에 있어서 자연스럽게 내 입장을 정할 수 있게 되면서 내가 이념적으로 좌파인지 우파인지 아니면 중도인지도 알게 되었다.

민주주의에 있어서도 민주주의에 대한 다양한 철학적 개념과 깊은 고민을 하게 되니 자연스럽게 민주주의를 침해하는 행위들도 무엇인지 파악을 할 수 있게 되었다. 자유의 개념도 마찬가지로 자유에는 그 기준이 있고 자유가 극단적으로 치우치면 방임이 될 수 있다는 것도 알게 되었다.

옥스퍼드에서 공부할 때 그 누구도 너는 좌파, 너는 우파라고 이념을 말하는 사람은 아무도 없었다. 정치를 하려는 사람에게는 물론 이념은 중요하지만 나는 옥스퍼드에서의 정치철학 교육을 통해 나 스스로 자연스럽게 내가 옳다고 생각하는 이념 철학을 확립해 나갔다. 그 과정에서 누구 한 명 나에게 자신의 이념을 주입시키려 하지 않았음은 물론이다.

옥스퍼드의 시험에서조차 고정된 정답은 없었다. 예를 들어 어떠한 경제정책을 시행하는 데 있어서 좀 더 분배로 가느냐 아니면 효율로 가느냐는 전적으로 우리의 몫이었으며 우리는 그 정책에 대한 내 주장을 다양한 철학적 바탕으로 풀어 갔다.

이러한 훈련을 거치고 나니 점점 우리나라의 정치의 문제점들이 보이기 시작하였다. 세상을 바라보는 눈이 조금씩 생기다 보니 정치와 우리 사회를 바라보니 비합리적이고 비정상적인 것들이 보이기 시작하였다. 특히 정치에서 나라와 국민을 생각하는 진정한 정치인은 별로 보이지 않고 정치꾼들만 있다는 것을 알게 되는 순간, 그리고 이 사회의 불합리하고 비정상적인 모순들을 보는 순간 너무 가슴이 답답하고 괴로웠다. 우리 사회에는 우리에게 기준이 될 만한 정의(Justice)가 없었다. 그 기준을 제시할 정치인과 리더가 없었기 때문이었다.

왜 정치에 철학이 필요할까?

우리나라는 양극단의 이념이 충돌하고 있다. 정치인들은 좌우파는 그냥 빨갱이와 친일파 논리로 정치를 하고 있고 민주주의를 외치지만 민주주의에 대해 모르고, 자유를 외치지만 자유에 대해 모른다. 그러니 자유를 외치면서 자유를 억압하고 시장경제를 말하면서 자유와 방임을 구분하지 못하고 민주주의를 외치면서 정치 보복, 삼권 분립 침해, 표현의 자유를 억압하며 이념과 갈등을 통한 대중 동원 정치 그리고 이를 통한 법치주의를 침해하고 있다.

이러한 현상이 우리 정치에 나타난 이유는 정치철학의 부재로 스스로 옳고 그름을 생각하는 능력이 부족하기 때문이다. 무엇이 옳고 무엇이 그른지 그리고 무엇이 정의인지 판단할 수 있는 기준이 철학인데 그 배경적 지식과 생각의 훈련이 안 되어 있으니 우리 정치는 분열적이고 타협이 없고 서로 앵무새처럼 마치 수학 공식처럼 모든 상황에서 똑같은 것만 외친다.

철학은 또한 현실 문제를 파악하고 분석하는 능력을 길러 준다. 칼 마르크스와 애덤 스미스 또한 철학자였다. 후에 우리가 경제학자로 부르고 있을 뿐 그들의 정식 명칭은 철학자였는데 철학의 눈으로 사회를 관찰하여 분석하고 해결책을 제시한 것이 칼 마르크스의 자본론, 애덤 스미스의 국부론이다.

당연히 철학이 부재한 우리나라 정치인들에게는 현실 문제를 파악할 수 있는 능력이 부족하다. 현실 문제를 파악하지 못하고 현상에 대해 고민하거나 사유하지 않으니 제대로 된 답이 나올 리도 없다. 그러니 권력을 유지하기 위해 줄을 대고 권모술수가 난립하고 폭력이 난무한다. 지도자는 비전으로 국민을 통합해야 함에도 불구하고 자신의 정권 유지를 위해 양극단의 이념으로 국민을 양분한다. 선거에는 정책이 없고 대통령 후보들조차도 나라를 어떻게 만들겠다는 계획과 비전이 부재하다. 그들에게 철학이 없기 때문이다.

그래서 옥스퍼드 대학에서는 정책을 만들고 정치를 하는 사람들에게 가장 중요한 기본 토대인 철학을 가르친 것이다. 그래서 철학 과목의 제목이 왜 'Foundation'인지는 옥스퍼드에서 공부를 다 끝마칠 즘 자연스럽게 깨닫게 되었다.

옥스퍼드, 한국의 경제 발전과 민주주의를 가르치다

옥스퍼드에서의 공부는 새로운 배움의 연속이었다. 막연하게 알던 정책들을 체계적으로 배울 수 있었다. 또 다른 배움은 서로에게 배울 수 있다는 것이다. 옥스퍼드에서 처음 공부할 때 커리큘럼을 총괄하는 교수가 이런 말을 한 적이 있다. 여기서는 학교에서 배우는 것뿐만 아니라 서로에게 많이 배우게 될 것이라고. 그래서 매일 다른 동기들과 점심을 먹는 것을 추천하였다.

 그 말을 듣고 나는 매일은 아니지만 다양한 국적의 동기들과 커피도 마시고 점심도 먹고 친해지려고 노력했다. 70여 개국 120명 정도로 많은 동기지만 전공과 관심사가 같으니 우리는 항상 만나면 자신의 나라의 이슈와 정치 그리고 정책 이야기를 주로 하였다. 누가 보면 고리타분하게 들릴 수도 있겠지만 그 친구들은 일종의 사명을 가지고 온 친구들이었기 때문에 어떻게든 다른 나라에 대해 배우고 도움이 되는 것이 있으면 적극적으로 물어보곤 했다.

 옥스퍼드에서 몇 달간 친구들과 이야기를 하면서 어느 날 한가지 생각이 문뜩 들었다. 그 당시 거의 모든 친구들과 한 번씩은 자신의 국가 이슈와 자신이 왜 그리고 무엇을 얻으려 옥스퍼드에서 공부를 하는지 이야기를 나누었는데 그들 대부분의 관심사는 경제 발전과 민주주의였다.

경제 발전과 민주주의를 이루기 위한 사명을 가지고 온 옥스퍼드 학생들

 우리 학과 2/3을 차지하는 동기들의 관심사는 경제개발과 민주주의로 나누어져 있었다. 특히 아프리카 국가 출신과 중앙아시아, 동유럽 국가 출신 동기들은 경제 발전에 특히 많은 관심이 있었다. 그들과 같이 대화를 할 때면 가장 후진국이었던 한국이 눈부신 경제 성장을 한 것에 대해 큰 관심을 가지면서 자신들의 국가도 꼭 한국처럼 경제적 발전을 이루고 싶다고 말했다. 아프리카 출신 친구들은 영화 <마블>의 가상 국가인 '와칸다'를 자주 외치며 그런 국가를 모티브로 자신의 나라를 만들고 싶어 했다. 와칸다는 아프리카 대륙에 위치한 국가이며 어느 나라와 비교조차 불가한 최첨단의 과학 기술을 가지고 있는 국가로 영화에서 소개되어 있다.

독재 정권인 마두로 대통령이 있는 베네수엘라, 온두라스 등 남미 국가 출신 동기들은 항상 그들의 국가가 독재와 쿠데타로 얼마큼 국민들이 고통받고 있는지 이야기하였다. 특히 베네수엘라 친구 중 한 명은 인권 변호사였는데 독재 마두로 정권에 맞서 싸우는 정치인들을 변호하다가 생명의 위협과 정치적 탄압을 받고 옥스퍼드에서 공부하면서 잠시 때를 기다리고 있었다. 다른 남미 친구는 항상 체게바라처럼 수염을 기르고 머리를 하고, 가죽점퍼를 입고 다녔는데 남미에서 빈곤과 불평등 그리고 독재와 싸운 친구였다. 옥스퍼드를 졸업하고 그 얼마 전에 보니 그 친구는 자신의 나라에서 젊은 당 대표가 되어 온두라스를 개혁하고 있었으며 체게바라처럼 위대한 열정을 가진 멋진 정치인이 되어 있었다.

옥스퍼드 정치 수업에서 우리나라의 사례가 소개되다

옥스퍼드에서 공공정책학 석사를 공부할 때 정치학 수업에서 민주주의란 수업이 있었다. 나는 교수님으로부터 한국 민주주의 수업의 패널로 참여해 달라는 부탁을 받고 수업의 패널로 참여하였다. 교수님이 한국의 민주주의에 대해 수업을 진행하는 동안 많은 학생들의 눈동자가 커지며 질문이 쏟아졌다. 동양의 작은 나라에서 이렇게 처절한 민주항쟁의 역사가 있을 것이라고는 예상하지 못했던 것 같았다.

학생들은 탱크와 온갖 무력 앞에서 민주주의를 쟁취하기 위해 길거리로 쏟아져 나온 시민들에게 감명을 받은 듯했다. 나는 학생들에게 그 시민들은 정말 그 시대에 열심히 살아가던 평범한 소시민들이었다고 설명하였다. 고등학생, 대학생, 그리고 시위에 나간 자녀들을 지키러 나온 어머니, 직장에서 일하고 있었던 평범한 삼촌들이 거리로 쏟아져 나왔다고 했다.

그래서 그때 나는 깨달았다. 우리가 현재 당연하게 누리고 있는 민주주의가 사실은 기적이었다고. 그 기적을 만들기 위해 수많은 사람들이 목숨을 잃었다는 것을. 보통 민주주의는 피를 먹고 자란다고 한다. 민주주의는 엄청난 담보를 요구한다. 마치 영화 〈어벤저스 엔드게임〉에서 블랙 위도우가 소울스톤을 얻기 위해 자신의 생명을 던진 것처럼 말이다.

한국의 경제 발전과 민주주의에 대해 큰 관심을 가진 학생들

옥스퍼드 정치학 수업에서 한국의 민주주의뿐만 아니라 경제 발전과정에서도 다루었다. 그 이후에 내 동기들은 감동을 받은 눈빛으로 나에게 달려와서 우리나라의 경제 발전과 민주주의에 대해 더 자세히 설명해 줄 수 없냐고 물었다. 너무 진심 어린 부탁이었기 때문에 나는 그들에게 아마존에서 한국의 민주주의와 경제 발전에 관한 책을 사서 선물로 주었고 매일 동기들의 궁금한 것들을 찾아서 해결해 주었다. 당분간 한국의 경제 발전과 민주주의 컨설턴트로서 활동하게 되었다.

다만 그 과정에서 아쉽게도 한국의 경제 발전과 민주주의 과정에 대해 자세히 설명한 책은 찾을 수 없었다. 기회가 된다면 한국의 경제 발전과 민주주의와 프로세스에 대한 자세히 소개한 책을 꼭 한번 써 보고 싶다고 생각했다.

그 친구들이 언젠가는 자신의 국가에 돌아가면 리더로서 그 나라를 이끌어 가게 될 것이다. 그들이 가진 순수한 마음과 열정이라면 그들의 사명을 꼭 이룰 수 있을 것으로 믿어 의심치 않는다.

우리나라의 사명을 고민하다

어느 날 친구들에게 한국의 경제 발전과 민주주의에 대한 자료를 찾아 주고 책을 사 주고 설명을 열심히 하고 있을 때 문득 이런 생각이 들었다.

'우리나라가 이루어야 하는 사명이 무엇일까?'

우리나라는 이미 경제 발전과 민주주의를 이루었다. 하지만 그다음 단계가 보이지 않았고 옥스퍼드에 있었던 당시 고민을 많이 했다. 나는 계속해서 경제 성장과 민주주의 다음의 우리가 이루어야 할 국민적 어젠다에 대해 찾고 있었는데 우리나라가 진정으로 선진국의 반열로 오르고 분열된 국민들을 하나로 통합시키려면 시대적 사명이 있어야 하기 때문이었다. 우리나라가 현재 양분되어 서로 싸우는 것은 경제 발전과 민주주의 다음 함께 이루어야 할 시대적 사명이 부재하기 때문이다.

내가 생각하는 선진국이란 단순 기술과 자본에 있지 않을 것이라 생각했다. 다만 사람들의 행복에 있지 않을까? 그런 막연한 생각이 들었다.

독재와 싸우는 베네수엘라 인권 변호사 친구

"군주가 관대하다는 평판을 얻고자 한다면 사치스럽고 과시적으로 돈을 써야 한다. 그러나 그러다 보면 불가피하게 자신이 지닌 모든 자원을 자기 과시를 위해 써 버리게 된다… 관대함을 실천하고 그것을 지속하게 되면 결국에는 실행할 능력을 잃게 된다… 결국 군주는

가난을 피하기 위해 탐욕적이 되어 미움을 받게 될 것이다." 마키아벨리

민주주의에 대해 가장 관심이 있었던 베네수엘라 인권 변호사 동기가 있었다. 이 친구는 특히 한국의 경제 발전과 민주주의에 대해 정말 많은 관심을 보였다. 나 또한 베네수엘라의 상황에 대해 무척 관심이 있었는데 그 이유는 포퓰리즘과 독재가 경제와 사회에 미치는 영향을 관찰하고 싶어서였다. 그리고 정치에서 어떻게 그러한 사람이 대통령이 되고 리더가 되고 국가를 장악해 가는지 알고 싶었다. 그래야 우리나라에 민주주의를 침해하는 정치인과 그러한 정부가 나올 때 막을 수 있지 않을까 싶었다. 그래서 우리는 쉬는 시간에나 밥을 먹을 때나 자주 만나서 많은 대화를 하였다.

베네수엘라 동기에 대해 말하자면 그는 마두로 대통령의 반대파 야당에서 법 관련 자문역을 역임하였고 주로 마두로 정부에 대해 비판적인 정치 운동을 하다가 잡힌 사람들을 위해 법적인 자문과 변호를 하였다. 그는 많은 사람들을 변호하다가 정부에 목숨을 위협받고 잠시 영국으로 도피 겸 유학을 왔다고 했다. 그리고 이곳에서 공부하면서 다시 베네수엘라에 돌아가서 마두로 정권과 싸울 것이라고 했다. 그와 대화할 때면 나는 그의 사명에서 숭고함과 비장함을 느끼곤 했다.

그 당시 마두로 대통령에 의해서 베네수엘라의 경제가 무너지고 슈

퍼인플레이션이 생기고, 반대파들을 탄압하고 있다는 소식이 전 세계의 뉴스에 계속 보도되고 있었다. 그 뉴스를 보고 그 친구와 많은 이야기를 하다 보니 베네수엘라에 직접 가서 포퓰리즘에 대해 연구도 하고 제도적으로 민주주의를 어떻게 베네수엘라에 적용할 것인가에 대해 한번 연구하고 싶어졌다. 옥스퍼드 공공정책을 졸업하려면 한 국가를 골라서 그곳에서 일하면서 정책 리포트를 써서 제출해야 하기 때문에 베네수엘라로 가기로 마음을 먹었었다.

며칠 후 나는 베네수엘라 인권 변호사 '헥토르'와 만나 그에게 말하였다.

"헥토르, 이번 졸업 정책 리포트도 써야 하고 포퓰리즘이나 독재에 대해 연구를 하고 싶어. 베네수엘라로 가고 싶은데 혹시 너희 정당 연구소나 정치인들을 소개해 줄 수 있니?"

그는 많이 놀라면서 말했다.

"옥! 베네수엘라는 지금 정말 위험해. 특히 네가 마두로 정부에 관해 연구하기 위해 야당 정치인이나 사람들을 만나고 다니면 정말 목숨을 잃을 수도 있어."

그는 내 계획이 정말 위험하다고 했다. 그렇지만 계속해서 그를 설득했고 그는 자기가 속해 있던 당의 도움을 받아 연구를 할 수 있는지 알아봐 준다고 하였다.

몇 달 후 시위가 격화되고 베네수엘라의 치안이 악화되자 그는 일단 지금 말고 나중을 기약하자고 하였다. 매우 아쉬웠지만 어쩔 수가 없었고 대신에 신문 기사의 칼럼을 쓰기 위해 그와 베네수엘라에 대한 인터뷰를 하였다.

그에 따르면 베네수엘라는 70년대 오일 쇼크를 통해 돈을 많이 벌었다고 했다. 한때 베네수엘라는 남미에서 가장 잘사는 나라 중 하나였다. 하지만 그 돈을 미래 산업에 투자하지 않고(베네수엘라의 석유 의존도는 95%) 모두 국민들에게 나누어 주었다. 사람들은 환호했고 일하기를 멈췄으며 기업은 생산 의욕을 잃었다. 국가는 사기업들을 국유화시켰고 사람들에게 싼 가격에 식품과 생필품들을 공급했다. 그러면서 자연스럽게 국내외 사기업들은 버티지 못하고 철수하였다. 만약 민간 기업이 정부에 반기를 든다면 정부는 그 기업보다 더 싼 가격에 물건을 팔고 해당 민간 기업이 부도가 나면 그 기업을 싼값에 인수하였다고 한다. 이렇게 해서 많은 기업들이 국유화되었다.

2014년 석유 가격이 폭락하면서, 국가는 모아 둔 자금이 없어 더 이상 국민들에게 복지를 제공할 수 없었고, 외환보유고와 재정도 바닥났다. 결국 복지 지출이 불가능해지자, 2017년 베네수엘라는 디폴트를 선언하며 국가 파산을 맞이했다.

　대부분의 민간 기업과 산업이 사라졌기 때문에 경제가 회복될 수가 없었다. 또한 마두로 정권에서 기업이 30% 이상의 이익을 낼 수 없게 만드는 이익상한제를 법으로 제정하였다. 이로 인해 시장에 공급이 줄어들고 남아 있던 기업들마저 상품을 외국에 수출하거나 주변 국가로 농산물을 밀수출했기 때문에 베네수엘라의 물가는 상상 이상으로 높아지게 된다. 돈으로 담뱃불을 붙이는 세상이 온 것이다. 그 결과 국민의 20%가 쓰레기통을 뒤지고 90%가 하루 세 끼를 먹지 못하게 되었다.

　이러한 상황에서 2018년 마두로가 두 번째 대통령에 당선되었다. 나는 이 친구에게 그 원인을 물어보았는데 그는 이번 선거가 부정 선거였고 특히 마두로 대통령이 사람들에게 한 달에 몇 번씩 빈곤층에게 식품 박스를 가정에 주는 정책을 실행하고 있었는데 자신에게 투표를 하지 않으면 식품 박스 제공을 끊겠다는 협박을 하였다고 한다. 실제로 마두로는 선거위원회를 장악하고 정당의 이름과 투표지를 조작하는 등의 부정 선거를 저질렀다. 동시에 사법부를 장악하여 야당과 부정 선거와 독재에 항거하는 사람들을 무자비하게 탄압하였다. 독재 포퓰리즘으로 인해 경제와 민주주의는 완전히 무너지고 있었다.

　헥토르는 그 이야기를 하면서 눈물을 흘리기도 하였다. 자국의 상황을 보면서 만약 베네수엘라가 내 나라라면 나도 매일 우울해하며 울었을 것이다. 그는 마지막으로 베네수엘라가 처해 있는 가난과 인권 침해 그리고 폭력 등에 결연히 맞서고 싶다며 정치인이 되어 베네수엘라의 민주주의 시스템과 경제를 재건하고 싶다고 하였다. 이미 우리나라 또한 독재와 가난을 겪어 본 입장에서 그의 바람이 가슴으로 와닿았다. 민주주의는 피를 먹고 자란다고 하지 않았는가. 나는 그 친구와 그의 동료들 그리고 베네수엘라 국민들이 부디 다치지 않고 민주주의를 이루기를 소망하고 또 소망하였다. 그리고 그 안에서 우리나라가 베네수엘라의 민주주의와 국가 정상화를 도울 수 있으면 하는 바람이다.

옥스퍼드에서 본 일상의 자연

내가 영국에 와서 가장 달라진 가치관이 있다면 환경과 자연이다. 영국에 오기 전 나는 환경에 대해 크게 중요하게 생각해 본 적이 없었다. 한국에서 주변에 아파트가 들어서고 상가들이 들어서면 사람들은 으레 집값이 오르겠다고 좋아했다. 나 또한 그래서인지 주변이 개발되는 것이 사람들을 행복하게 한다고 생각하고 있었다. 개발되면 사람들은 돈을 벌게 되고 그러면 행복할 것이라는 '행복=돈'이라는 단순한 생각이었다.

옥스퍼드에서 공부하고 있었던 어느 날 방학을 맞아 처음으로 런던 시내를 구경하기 위해 버스에 탔다. 런던 시내에는 처음 가는 것이라 무척이나 들떠있었다. 버스를 타고 복잡한 옥스퍼드 시내를 벗어나자

광활한 초원이 펼쳐졌다. 충격이었다. 그 초원은 런던까지 계속 이어 졌고 런던에 들어와서야 도시의 모습이 보였다. 영국은 도시의 확장을 막고 그린벨트를 최대한 지켜 도시 주변의 자연을 보전한 것이다.

기숙사 옆 초원(사진 뒤에 기숙사가 보인다)

생각해 보니 런던까지 갈 필요도 없이 내가 사는 옥스퍼드시조차 도시이지만 집에서 5분 정도만 걸어 나가면 푸른 평원이 펼쳐져 있었다. 평원의 모습은 정말 원초적인 자연의 모습으로 꼭 사람들이 사는 구역과 동물들이 사는 자연으로 나눈 것처럼 사람의 손길을 타지 않은 듯한 자연이 펼쳐졌다. 도시에 이러한 자연이 공존하고 있을 것이라고는 생각하지 못했다. 그 평원에는 오리와 백조가 평화롭게 헤엄치고 있었고 말들이 뛰어다니고 있었다. 특이하게도 사람들은 그 평원을 산책을 할 때면 동물들의 생활을 방해하지 않게 작은 흙길로 조심히 다녔다. 꼭 인간이 동물들이 사는 나라로 들어온 듯한 느낌이었다.

이곳은 동물들이 주인인 진정한 동물들의 나라였고 인간은 방문자이며 관찰자였다. 그리고 동물들은 친절하게도 우리의 방문을 허락하고 같이 어울려 주었다. 동물들은 사람들의 방문에도 편안해하고 행복해 보였다. 진정한 그들만의 보금자리였다. 나는 이곳에서 인간이 도시 속에서 어떻게 동물들과 조화롭게 살 수 있는지 배웠다. 영국인들은 자연을 정복하는 대상이 아니라 함께 공존하는 것으로 보았고 자연 속에서 사는 동물들조차 그 자연의 주인으로 인정해 주었다. 이처럼 자기 자신뿐만 아니라 동물과 자연이 함께 어울려 살도록 고려하고 동물들의 보금자리를 최대한 보호해 주려는 그들의 가치관이 우리가 선진국으로 가는 조건 중 중요한 요소라고 생각하게 되었다. 자연과 환경, 그리고 그 안에 사는 동물들을 지키는 것은 이념이 아니라 인류의 보편적 가치이기 때문이다.

나는 학창 시절을 용인의 작은 동네인 신갈에서 보냈다. 중학교 때까지만 하더라도 아파트 뒤에는 큰 산이 있었고 가족들은 반려견과 아파트 주변을 산책하곤 했다. 그 산에는 벚나무와 아카시아나무가 아름답게 꽃을 피웠고 산책길에 목을 축일 약수터도 있었다. 다람쥐가 수줍게 돌아다녔고 새들이 아름답게 지저귀었다. 하지만 개발이 되면서 큰 산조차 흔적도 없이 사라지고 지금은 회색빛 아파트와 상가 건물들만

서 있을 뿐이었다.

어른이 되어 도시에 살면서 마음이 답답할 때면 자연에 몸을 맡기려 주변을 보지만 어디에도 자연이 보이지 않는다. 답답한 마음에 하천으로 가도 콘크리트와 사람들뿐이다. 사람들은 도대체 어디에서 쉬어야 하는가. 우리의 일상의 자연은 어디에 있는가 안타깝다.

우리나라는 주거와 개발이라는 명목으로 특히 수도권의 많은 산과 들을 밀어 버렸다. 많은 그린벨트가 해제되었으며 이는 현재 진행형이다. 예전에는 마음만 먹으면 근처에 자연이 있었는데 도대체 다 어디로 간 것일까. 이제는 자연을 보려면 짐을 챙겨 차를 타고 멀리까지 가야 하는 지경이다.

지금까지 아직도 개발은 자연보다 더 귀중한 가치로 여겨진다. 국가 차원에서도 개발에 열을 올린다. 사람들도 어디에 집을 더 지을 곳이 없는지, 도시를 만들 곳이 없는지 찾는다.

자연을 보호하고 지키는 것은 결국 우리 자신을 위한 것이다. 우리는 자연과 공존한다. 공존이란 둘 중 하나가 죽으면 다른 하나도 죽는다는 의미이다. 인간은 자연을 떠나 살 수 없다. 자연은 우리가 바라보는 것만으로도 평안함과 행복감을 준다. 환경이 파괴된 곳에서 우리는 결국 행복할 수가 없다.

인간과 동물이 공존하는 런던

처음 영국에 갈 때 비행기 위에서 창밖으로 런던을 보면 꼭 도시가 정원 속에 있는 것같이 보였다. 도시 곳곳에 자연 그대로의 공원들이 있었다. 대도시지만 자연 훼손을 최소화하고 자연을 도시 안에 품으려는 도시 철학이 엿보였다. 어느 곳 하나 공원을 찾아보기 힘든 우리나라의 회색빛 도시들의 모습과는 확연한 차이였다.

옥스퍼드에 있었던 어느 날 런던에 갈 일이 생겼다. 숙소에 도착해서 짐을 내려놓고 주위를 천천히 둘러보았다. 집값이 비싼 런던으로 유명하지만, 한국 같으면 쇼핑몰이나 아파트가 들어설 큰 면적의 땅에 공원들이 자리 잡고 있었다.

공원들의 공통점은 자연 그대로를 살린 것이다. 우리나라 공원은 인공 구조물이 많이 설치되어 있고 시멘트로 바닥을 발라 놓았다. 이와는 반대로 영국 공원들은 인공 구조물을 최소화하고 최대한 자연을 살려 놓는다. 그래서 보행 길이 흙길인 곳도 많다. 영국인들은 공원을 사람뿐만 아니라 동물들을 위한 곳이라고도 생각하기 때문이다.

하룻밤을 보낸 후 숙소 근처 하이드 공원에 들렀다. 대도시 안에 자연이 잘 보전된 공원이다. 공원에 들어서자마자 푸른 나무와 잔디밭이 펼쳐졌다. 여기저기서 새소리가 들려왔다. 좀 더 들어가 보니 큰 호수에 많은 새가 살고 있었다. 새끼를 거느린 오리 가족들이 평화롭게 풀 위에서 놀고 있었다.

새들이 많아서 호수 주변이 배설물과 깃털로 인해 더러웠지만 사람들은 신경 쓰지 않았다. 그것도 자연 일부라고 영국 사람들은 생각한다. 대도시 안에서 동물과 인간이 평화롭게 공존하는 모습이 너무 부러웠다.

다음 날 영국 여왕이 사는 버킹엄 궁전에 갔다. 그곳에 큰 공원이 있었는데 호숫가를 따라 철로 된 펜스로 빙 둘러싸여 있었다. 그 안에는 온갖 동물과 새가 평화롭게 살고 있었다. 사람들은 펜스 밖에서 멀찌감치 동물들을 관찰하였다. 조금 신기해서 둘러보다가 어떠한 문구가 쓰여 있는 것을 보았다. 이 구역은 자연 보전 구역이라는 것이었다. 미래 세대를 위해 생태계를 보전하는 도심의 생태계 보전 구역이었다.

대도시 중심에 자연 보전 구역이 있을 것이라고는 상상도 못 했다. 조금 더 둘러보니 담 안에는 거위와 오리, 청설모가 함께 뛰어놀며 평화롭게 어울려 살고 있었다. 동물들이 평화롭게 사는 모습을 보니 이곳이 안전한 보금자리인지 아는 눈치였다. 이처럼 런던은 동물들과 사람들이 어울려 살고 있으며 또 한편으로는 동물들의 구역을 사람의 영역과 분리하고 있다.

런던의 자연 보전 구역

    우리나라는 어떠한가? 일단 대도시에 공원이 적을 뿐만 아니라 거의 모든 공원은 자연과 거리가 먼 인간만을 위한 시멘트 공원이다. 이곳에서는 인간만 있지 동물들이 보이지 않는다. 어떻게든 인공적으로 멋지게 꾸미려고만 한다. 하지만 진정한 공원은 사람과 동물이 공존할 수 있게 가장 덜 꾸민 자연 상태이다.

    요즘 나는 비둘기를 보면서 '저 비둘기들은 처음부터 도시에 사는 비둘기였나' 하는 생각을 한다. 사람들이 자연을 파괴하고 도시를 만들어 비둘기들은 살 곳 없는 노숙자처럼 보인다. 하지만 영국에서 본 비둘기들은 푸른 공원에 살고, 더없이 행복해 보인다. 나는 우리가 그들의 보금자리를 파괴했다고 생각한다. '닭둘기'라는 비둘기 별칭은 우리가 그들을 그렇게 만든 것이지, 그들 스스로가 그렇게 만든 게 아니다. 이제 도시 안에 자연을 지켜 그들의 보금자리를 마련해 줘야 한다.

세계 최고의 교수와 북한 문제를 토론하다

옥스퍼드에서의 공부도 시간이 흘러 어느덧 세 번째 학기가 되었다. 옥스퍼드의 학기는 1년에 3학기였는데 마지막 순간이 다가온 것이다. 그리고 세 번째 학기에는 내가 가장 듣고 싶었던 과목이 있었다.

"Economic Development: How Political and Social Foundations Interact with Economic Opportunities"라는 과목이었는데 개발경제학 분야에서 가장 유명한 폴 콜리어(Paul Collier) 교수가 가르치고 있는 과목이었다. 우리나라에도 잘 알려진 『빈곤의 경제학(The Bottom Billion)』의 저자이기도 하다. 아프리카 등 개발도상국을 주로 연구하여 개발경제학 분야에서 노벨상을 언제 타도 이상하지 않을 만큼의 대학자이다.

나는 폴 콜리어 교수님에게 개발경제학 수업을 듣고 북한의 경제개발과 경제개혁, 그리고 경제개방을 통한 북한의 정상 국가화 방안을 물어보기 위해 폴 콜리어 교수님의 수업을 들었다. 교수님은 자기가 수강하는 학생들을 1:1로 만나 지도해야 하는 의무가 있었다. 사실 이 교수님께 경제 자문을 받으려는 국가가 줄을 서 있고 한번 받으면 컨설팅비도 엄청나게 주어야 한다고 들었다. 그래서 북한에 대해 폴 콜리어 교수님의 한마디로부터 인사이트를 얻기 위해 수업을 신청했던 것이었다.

폴 콜리어 교수님의 수업은 정말 재미있고 인사이트가 넘쳤다. 개발학을 공부하는 학생이라면 이분에게 수업을 듣는 것이 꿈일 것이다. 나는 한마디도 놓치지 않기 위해 노트에 열심히 필기했다.

이 과목을 통과하려면 리포트를 써야 하는데 리포트 주제는 두 국가의 정치 사회 등을 비교하여 시사점을 내는 것이었다. 나는 김정은이 북한의 경제개발과 경제개방 및 개혁에 관심이 있는지에 알아보기 위해 김일성, 김정은, 중국의 마오쩌둥, 덩샤오핑 등 4명을 비교 분석하여 리포트를 작성하였다. 쓰다 보니 중국의 개혁 개방의 아버지인 덩샤오핑과 김정은의 행동과 말, 그리고 정책 등이 상당히 겹친다는 사실을 알아내었다. 다만, 2018년 당시까지는 모든 면에서 덩샤오핑을 벤치마킹하는 것이 아닐까 하는 생각이 들 만큼 북한의 경제개발과 개혁 개방으로 가기 위한 많은 요소들이 비슷했다. 하지만 기대와는 다르게 지금 느끼는 그의 행보는 개혁 개방과는 거리가 멀어 보이며 나라의 문을 닫고 독재를 강화하는 것으로 보여 안타까웠다.

폴 콜리어 교수님과 북한에 대해 물어보려면 일단 내가 북한에 대해 진지하게 연구하고 공부했다는 인식을 심어 줄 필요가 있었다. 그래야 내 질문에 조금이나마 성의가 있게 봐 주실 수 있을 것 같았다. 결론적으로 나는 이 과목에서 만점을 받았다. 내 옥스퍼드 성적표의 유일한 만점이었다.

만점을 받은 후 나는 자신감 있게 폴 콜리어 교수님과의 면담을 신청하였다. 그리고 교수님을 찾아갔다.

교수님 연구실에 방문하자 폴 콜리어 교수님은 나를 따뜻하게 맞이해 주셨다. 유명한 교수님이셔서 긴장을 했다. 보통 이 정도 교수님께는 Sir을 붙이는데 교수님께서는 자기에게 존대를 하지 말고 편하게 대하라고 하셨다. 친절한 옆집 할아버지 같은 느낌이었다.

나는 교수님께 물었다.

"교수님, 어떻게 하면 북한의 경제를 개발하고 개혁과 개방을 이뤄 정상 국가로 만들 수 있을까요?"

교수님께서 잠시 곰곰이 생각하더니 대답하였다. "북한을 정상 국가로 만들기 위한 마법 같은 방법은 없습니다. 북한의 개혁과 경제개발을 할 때 가장 첫 번째로 해야 할 일은 시장경제를 태동시켜야 합니다. 이를 통해 민간 기업들이 많이 생겨나야 합니다."

폴 콜리어 교수님은 또 북한의 경제개발을 위해서는 제조업을 발달

시켜야 한다고도 하였다. 저소득 국가들이 경제 성장을 달성하기 위해서는 값싼 노동력을 이용하면서 가능한 부유한 국가들과 교류를 해야 한다는 점도 지적했다. 특히 북한의 경우 남한의 삼성과 LG, 현대 같은 대기업이 중국에 지을 공장을 북한에 대규모로 짓는다면 남한의 자본과 북한의 저렴한 임금이 만나면서 시너지 효과도 기대된다고 하였다.

"북한에 기업들이 생기는 것을 한국 정부와 기업들이 지원한다면 북한은 경제개발을 통해 개방을 촉진할 수 있습니다."

기업가 정신을 북한에 심는다면 머지않아 북한은 사회와 경제가 발전되면서 자연스럽게 민중에 의한 개혁을 이룰 수도 있을 것이라고도 하였다. 북한 주민들이 무역과 각종 교류를 통해 자신의 위치를 정확히 알 수 있게 되며 자유와 시장경제에 대한 열망이 깊어져 결국에는 민중으로부터 개혁과 자유 그리고 더 나아가 통일에 대한 민중의 열망을 북한 정부가 막을 수 없을 것이라고 하셨다.

조금씩 단계적으로 개방을 유도하는 쪽이 정권을 위기로 내모는 것보다 훨씬 효과적이라는 것이다. 독재국가는 오히려 위기 대처에 능숙하다. 하지만 개방을 통해 사회가 발전해 나가는 것을 막을 수는 없다고 하셨다.

즉 북한을 정상 국가화하고 통일을 하려면 먼저 북한의 개방을 유도

해야 한다는 것이다. 그리고 그 방법은 북한에 시장경제와 자본주의가 뿌리내릴 수 있도록 하는 것이다.

나는 폴 콜리어 교수님과의 대화 이후 몇 주간 깊은 생각에 잠겼다. 교수님과의 짧은 면담 시간이었지만 내가 들었던 이 내용들은 그 이후 내가 바라보는 나의 북한관을 많이 바꾸어놓았다. 나는 당시 경제 제재만이 북한 문제를 해결하는 방법이라고 굳게 믿고 있었다. 하지만 가만히 생각해 보니 내가 이 문제에 있어서 항상 아무 생각 없이 받아들이고만 있다고 깨달았다. 그래서 나 스스로 정답을 찾아보기로 결정하고 이를 위한 여정을 준비하기 시작하였다.

옥스퍼드에서의 마지막 시험, 그리고 다음 삶을 위한 준비

"Dominus Illuminatio Mea, 주님은 내가 가는 곳을 밝혀 주시는 등불"
옥스퍼드대학교의 표어

옥스퍼드의 시험 문화

3학기가 마무리될 시점에 마지막 시험 일정이 잡혔다. 3일 동안 보는 기말시험 스케줄이 나왔다. 하루에 2~3과목씩 몇 시간 동안 책상에 앉아서 논술을 쓰듯이 쓰는 주관식 문제를 푸는 것이다. 호주에 있었을 때도 느꼈지만 시험에서는 단 한 번도 객관식 문제가 나오진 않았다. 시험도 한 과목당 2~3시간 정도를 본 것 같은데 그 시간 동안 집중해서 내가 생각하고 기억하고 있는 것들을 모두 답안지에 쏟고 나와야 했다. 호주와 영국은 같은 영연방 국가라 시험 방식이 비슷하다.

시험을 몇 주 앞두고 학교에서 늦게까지 남아 공부를 했다. 나는 마음이 맞는 동기들과 스터디 모임을 만들어 시험공부를 하며 모르는 것들을 서로 물어보며 공부하였다. 경제학 같은 것은 답이 어느 정도 정해져 있어서 할 만했는데 정치철학 과목은 답이 정해져 있다기보단 예를 들어 양극화 등 현실 문제를 분석하고 철학적 이론을 대입하여 내 의견을 만들고 입증하는 논리적 과정이 중요했기 때문에 생각보다 공부에 힘이 들었다. 그래서 나는 스터디 모임 동기들과 함께 서로 답을 적어 설명하고 서로 피드백을 주고받는 연습을 하였다.

또한 정치철학 시험의 특성은 내 주장을 검증하기 위해 내 의견을 적고, 다른 이론을 가져와 내 의견의 단점과 약점을 파헤치고 그다음 다시 반박하고를 3-5번 정도를 해야 한다. 그래서 내 의견을 논리적으로 이론적으로 보강을 해 나가는 과정을 거치면서 다듬어 간다. 나중에는 도저히 내 의견에서 무엇을 더 보강해야 하는지, 더 약점을 찾아야 하는지 모르기 때문에 머리를 싸매면서 생각과 생각을 하게 된다. 지금 와서 생각해 보니 아무래도 답을 내는 것보다는 그 사고 과정의 훈련이 중요한 것이 아닐까 생각한다.

드디어 시험 날 시험을 보러 갔다. 시험 장소는 내가 공부하는 곳이 아니고 모든 옥스퍼드의 학생들이 시험으로 모이는 장소가 있다. Examination School이라고 엄청나게 오래된 교회 예배당 같은 건물이 있는데 그 안에서 시험을 보아야 한다. 복장도 제대로 갖추어야 했다. 입학식 때 입었던 검은 정장과 흰 셔츠를 입고 옥스퍼드를 상징하는 가운을 둘러야 하고 걸을 때 학사모를 옆에 끼고 걸어야 한다. 그리고 흰 나비넥타이를 맨다. 이 정도면 무슨 꼭 행사를 뛰는 것처럼 보일 수 있겠지만 옥스퍼드의 시험 문화는 특이했다.

두 번째 시험날

더 특이한 것은 시험을 보는 내내 카네이션을 가슴에 다는 것이다. 첫 시험 날은 흰색, 둘째 날은 핑크색 카네이션을, 마지막 날은 빨간색 카네이션을 단다. 나는 사실 카네이션을 가슴에 달아야 한다는 것을 모르고 있었는데 시험 장소에 도착하니 동기들이 서로 카네이션을 가슴에 달아 주었다.

드디어 시험 장소에 들어갔는데 큰 홀에 수백 개의 책상과 의자들이 놓여 있었다. 꼭 유럽의 오래된 교회 예배당처럼 웅장했다. 스테인드글라스 유리창 사이로 빛이 들어와 학생들을 비추었다.

그 순간 옥스퍼드의 표어가 떠올랐다. "Dominus Illuminatio Mea", 주님은 나의 빛. 조금 더 깊게 해석하자면 "주님은 나의 길을 밝혀 주시는 등불"이라는 뜻이라고 한다. 빛이 모든 학생에게 비추는 순간 긴장했던 마음이 풀어졌다. 나는 항상 시험을 볼 때 5분 정도 기도를 드린다. 왜냐하면 내 자신이 너무 부족한 것을 알기에 하나님의 지혜와 힘을 항상 빌려달라고 기도를 드리기 때문이다. 그래서 시험 시간이 촉박했지만 나는 조용히 눈을 감고 5분간 기도를 드렸다.

'주님 제가 부족하고 똑똑하지 않으니 공부한 것들을 모두 기억나게 하시고, 올바른 방향으로 시험 문제를 적을 수 있도록 지혜를 빌려주십시오.'

지금, 이 순간이 나에게는 'Dominus Illuminatio Mea'였다.

무사히 첫 시험이 끝나고 밖으로 나왔다. 집으로 가는 길에 사람들이 내 가슴에 달란 하얀 카네이션을 보고 시험을 잘 보라고 응원해 주었다. 이래서 카네이션을 다는 것인가 보다.

시험이 끝나고 축제가 펼쳐진다

둘째 날이 지나 셋째 날 드디어 마지막 시험을 보기 위해 가슴에 빨간 카네이션을 달았다. 시험을 보러 길을 걷는데 역시나 주변 사람들이 알아보고 마지막 시험을 잘 보라고 응원해 주었다. 시험장에 도착하여 드디어 결전의 마지막 시험을 보았다. 나는 그동안 내가 공부한 것들을 모두 쏟아부었다. 그리고 마지막 문장을 쓰고 펜을 내려놓았다. 드디어 모든 시험이 끝난 것이다. 일 년간의 옥스퍼드에서의 모든 과정이 끝났음을 의미했다. 치열하게 공부하고 치열하게 살았던 지난 옥스퍼드의 생활과 20살 초반에 몇 년간 대학에 들어가지 못해 방황했던 기억이 주마등처럼 스치면서 눈물이 나올 뻔했다. 정말 치열하고 힘들었던 지난 날이었다.

나는 마음을 추스르고 밖으로 나왔다. 밖으로 나오자마자 갑자기 축제가 펼쳐졌다. 사람들이 풍선과 밀가루 등을 들고 있었다. 이게 뭐지… 하는 순간 물 폭탄과 페인트 그리고 밀가루 세례가 이어졌다. 긴 공부와 시험의 여정이 끝났다는 의미의 행사였다. 나 또한 물과 밀가루를 친구들에게 던지며 축제를 만끽하였다. 생각해 보니 옷을 입고 꽃을 다는 순간 축제로 들어온 것이었다. 모든 시험의 스트레스가 한순간에 날아가며 시험을 축제로 승화시킨 옥스퍼드의 시험 문화에 다시 한번 놀라게 되었다. 이렇게 나의 옥스퍼드에서의 공부가 거의 막바지에 오게 되었다.

지금 이 순간이 기적 같았고 행복했다.

32살, 2018년의 어느 날이었다.

나는 옥스퍼드에서 무엇을 얻었는가?

옥스퍼드에서 시험이 끝난 후 지친 숨을 고르고 있었다. 처음에 과연 내가 옥스퍼드에서의 수업을 따라갈 수 있을까 걱정했지만 다행히도 무사하게 공부를 마칠 수 있었다. 시험 성적 또한 공부한 만큼 나오게 되었다. 23살 때 처음 호주 시드니대학에 들어갔을 때 수업에서 영어가 전혀 안 들려 수업을 따라가기 힘들었던 때와 비교하면 정말 장족의 발전이었다. 지금 생각해 보면 시드니대학에서 맨땅에 헤딩하면서 공부했던 경험이 많은 도움이 되었던 것 같다.

다만 지난 1년간 너무 힘들게 뛰어왔기 때문에 그동안 나에 대해 생각해 볼 시간이 없었다. 그래서 시험이 끝나고 잠시 휴식이 주어진 짧은 순간에 내 스스로 이곳에서 무엇을 얻었는지 진지하게 생각해 보기로 하였다.

1년간 옥스퍼드에서 공부하며 달라진 것들

지난 1년간 옥스퍼드의 정책과 정치 공부와 훈련을 받은 나는 무엇이 달라졌는가. 한 가지 확실한 것은 이제 내 스스로 세상을 조금이나마 볼 수 있는 틀을 가진 것이다. 정치와 정책에 있어서 철학을 배운 덕분에 현실 문제에 대해 철학적 시각으로 분석하고 사유하는 법을 익히게 되었다. 옥스퍼드에서 공부하면서 나는 타인으로부터가 아니라 내 스스로 답을 찾고자 노력했다. 한 주제에 대해 생각에 생각을 하며 사유하는 힘을 길러 나갔다. 그 과정 속에 다른 사람이 내 생각을 지배하는 것을 경계하였다. 기존에 있는 것들을 답습하지 않으려 노력했다. 새로운 방향과 나만의 방법을 찾으려고 노력했으며 한 가지 현상에 대해 한 가지 틀로써 보지 않고 서로 다른 여러 틀로 해석을 하는 훈련을 하였다. 그 과정 속에서 나는 나만의 정책과 정치적 가치와 철학을 만들어 나갔다.

그것이 현재 아직 초라하고 크지 않더라도 최소한 발전의 토대는 만들었다는 것에 의의를 두고 싶다. 나만의 틀과 시선을 만든다는 것은 곧 창의와 혁신으로의 발전 또한 있을 수 있다는 것이다. 내가 줄곧 바라 왔던 삶의 목표이다. 아직은 부족하지만 사유의 근육을 훈련하다 보면 분명 내가 현상과 남의 말에 휘둘리지 않고 독립된 사유의 개체로서 그리고 옳고 그름을 스스로 판단하는 주체로서 만들어지는 날이 올 것이다. 내가 내 스스로 생각하고 기준을 세울 수 있는 때가 되면 그때가 내 스스로 정치에 찾아가 입문하는 날이 되지 않을까 생각했다. 아직은 그때가 언제인지는 모르겠다.

그리고 옥스퍼드에서 일 년간 다양한 정책적 분석 과목, 경제학, 법학, 데이터 분석 및 실증 기반 연구 등을 배웠다. 정책 제안서 작성 등 실무도 배웠고 정책을 만들기 위해 논문을 분석해야 하는데 매일 석학들의 논문을 분석하며 틀린 것을 찾는 연습을 했다. 매일 오전 9시부터

6까지 이어지는 빽빽한 수업을 일 년 정도 하니 몸은 지쳤지만 새로운 것들을 배우는 희열로 마음의 열정은 불타올랐다.

그리고 정말 소중한 한 가지 경험, 70여 개국 120명의 동기와의 무수한 대화를 통해 다양한 정치와 사회 이슈를 알게 되고 세계가 어떻게 돌아가는지 알게 되었다는 것이다. 그리고 그들과 자국의 문제점들에 관해 토론하고 해결책을 찾기 위해 매일 대화했던 시간이 고스란히 내 지식적 자산이 되었다. 그리고 세상을 바꾸고 싶어 하는 그들의 열망, 불의와 홀로 싸우는 용기, 그리고 숭고한 그들의 사명을 보며 나 또한 그들을 배우며 닮아 가도록 노력했다. 그 후로 나는 행동이 없는 지식, 실천이 없는 지식은 진정한 지식이 아니라고 생각하게 되었다. 한 손에는 책을 한 손에는 칼을 들고 세상의 정의를 위해 불의와 맞서 싸우겠다 다짐했다.

결국 내가 옥스퍼드에서 얻은 것은 지식뿐만 아니라 세상을 보는 나만의 가치와 그 가치를 실행하는 행동력인 것 같다.

2025년이 된 지금까지 나는 그때 얻은 것들을 매일 되새기며 단 한시도 잊지 않았다.

옥스퍼드대학교에서

다음 무대는 싱가포르와 미얀마로

옥스퍼드를 졸업하려면 마지막으로 넘어야 할 산이 있었다. 졸업을 위해 관심이 있는 나라에 가서 정책 연구를 하여 정책 리포트를 쓰는 것이었다. 전쟁, 테러, 기아, 양극화, 질병, 독재 등등 세상에는 다양한 이슈가 있기 때문에 우리는 한 가지 주제를 정해서 그 나라로 직접 가서 그 나라의 연구소나 정부 기구, 국제기구 등에서 일하면서 그 나라의 문제점을 분석하고 정책적 해결책을 제시해야 했다. 그것이 옥스퍼드에서의 마지막 우리의 사명이었다.

예전에도 한 번 적었지만 맨 처음에는 베네수엘라로 가서 독재로 인한 경제위기에 관해 연구해 보려고 하였다. 하지만 베네수엘라 인권변호사였던 친구가 위험하다고 절대 못 가게 말려서 그곳은 일단 포기하게 되었다.

싱가포르의 Choson Exchange

결국 내가 하고 싶은 주제를 빨리 다시 정해서 학교에 계획서를 제출해야 했기 때문에 서두를 수밖에 없었다. 일단 내 주제는 폴 콜리어 교수님과의 대화에서 인사이트를 얻은 주제인 "북한의 시장경제화를 통한 정상 국가화"가 1순위였다. 그래서 당시 옥스퍼드 공공정책 박사학위를 공부하고 있었던 북한 전문가였던 백지은 씨에게 내가 연구하고 싶은 주제에 대해 이야기를 하였다.

백지은 씨는 하버드 학사, 석사를 졸업하고 박사학위를 옥스퍼드에서 공부하고 있었다. 하버드에 있을 때 탈북민의 스토리를 접한 이후 충격을 받고 10년 동안 꾸준하게 탈북민 문제와 북한 인권을 위해 일하고 있었다고 했다. 유명한 미국의 대학 출판사에서도 북한 관련 책을 출판하여 미국과 한국에서도 북한 관련하여 종종 인터뷰를 하는 유명한 북한학 학자이자 북한 인권 운동가이며 현재 루멘이라는 북한 인권 단체를 세워 운영하고 있으며 하버드 벨퍼 연구소 북한학 분야 연구원으로 활발히 활동하고 있다.

나는 백지은 씨에게 싱가포르에 있는 대북 NGO인 Choson Exchange라는 곳을 소개받았다. Choson Exchanges는 알아보니 국내외적으로 매우 유명한 곳이었다. 17년 전 싱가포르 청년들이 세운 NGO였으며 전 세계의 경제학, 경영학 교수들을 초빙하여 북한에 보내 북한 주민들에게 경제학과 경영학 그리고 기업가 정신을 가르치고 있었다. 내가 폴 콜리어 교수님에게 들었던 북한에 시장경제와 자본주의를 뿌리내리는 일을 하고 있었던 것이다. 폴 콜리어 교수님은 북한에 기업가 정신이 많이 생겨 기업들이 많아져야 한다고 하셨다. Choson Exchange에서 정확히 그런 일을 하고 있었던 것이다. 또한 이곳에서는 북한의 도시에 대해 연구하고 있었는데 평소 북한의 도시에도 관심이 있었던 터라 좋은 기회였다.

나는 곧바로 Choson Exchange의 부대표 격인 Calvin Chua라는 담당자를 소개받았다. 그리고 방문 연구원으로 싱가포르에 와서 잠시 함께 일하고 대신 연구를 위한 북한 관련 데이터를 받기로 하였다. 서로 윈윈이었다.

미얀마의 National Democratic Institute 지부

두 번째 내가 접촉했던 곳은 미국에 본부를 둔 National Democratic Institute(NDI)였다. NDI는 민주주의 연구소였는데 각국의 민주주의에 대한 연구와 공정한 선거 감시 등, 민주주의에 관련된 활동을 하는 유명한 기관이었다. 나는 미얀마에 있는 NDI 지부에도 방문 연구원으로 지원하였는데 민주주의에 대해 연구를 하기 위해서였다.

미얀마에도 지원한 이유는 친한 동기 때문이었다. 동기 중에 미얀마 출신 여학생이 있었는데 한국의 민주주의에 대해서 관심이 많은 친구였으며 나와도 개인적으로 매우 친했다. 어느 날 만나서 대화를 하는데 자신의 아버지가 미얀마에서 민주주의 운동을 하다가 군부에 의해 숙청되었다고 했다. 나는 그 말을 듣고 마음이 매우 아팠다. 그리고 그 이후로 미얀마에 대해 관심을 가지고 리서치도 하고 많은 것들을 알아보고 있었다. 미얀마는 2015년 당시 처음으로 민주주의 선거를 해서 아웅산 수치 여사가 설립한 정당인 민주주의 민족동맹 NLD가 국회의원으로 대거 선출되었다. 하지만 미얀마는 당시 아직 군부가 실권을 잡고 있어 정권 유지가 위태했고 더 나아가 미얀마에서는 소수 민족들 또한 오랜 시간 정부의 탄압을 받고 있었다.

나는 이러한 상황을 관찰하고 민주주의 연구를 하기 위해 NDI(민주주의 연구소)에 지원하였고 미얀마 NDI 지부에서 흔쾌히 와서 일하라고 하였다. 이곳에서도 마찬가지로 이쪽 일을 돕고 대신에 연구에 필요한 데이터를 제공하고 인터뷰 주선을 해 준다는 조건이었다. 다만 미얀마는 위험할 수도 있었다. 민주주의에 대해 연구한다는 것이 아직 군부의 힘이 작용하는 미얀마에서 잘못하면 목숨을 잃을 수도 있는 일이었기 때문이었다. 하지만 나 말고 다른 동기들도 다들 사명을 가지고 불구덩이로 뛰어드는 것을 보았다. 현재 폴란드 국회의원인 내 여자 동기는 중동 전쟁에 대해 연구하기 위해 용병으로 고용되어 이라크와 아프가니스탄으로 떠났다. 페이스북에는 방탄조끼와 총을 들고 전쟁 한복판에 있는 모습의 사진이 올라왔다. 그 모습을 보고 나도 용기를 얻을 수 있었다.

'세상을 바꾸기 위해서는 목숨을 걸 만한 용기가 있어야 한다.'

그 당시 나는 이렇게 생각했고 아직도 그 생각은 유효하다.

다만 싱가포르 Choson Exchange나 미얀마의 NDI에서 급여는 받지 못하였다. 왜냐하면 내가 먼저 일을 하고 싶다고 제안하였고 그곳에서는 이미 일하는 직원들이 많이 있기 때문에 나에게는 선택의 여지가 없었다. 그래도 다행히 옥스퍼드에서 여행의 여비를 장학금으로 받을 수 있었다.

옥스퍼드를 떠나다

연구를 위해 나라 두 곳을 선택했지만 정책 리포트는 한 곳의 연구 결과만을 학교에 제출하면 되었다. 다만 나는 두 곳 모두에서 경험을 하고 싶었으며 어느 곳에서 정책 리포트를 쓸 수 있는 양질의 데이터를 얻을 수 있을지 몰랐기 때문에 두 군데를 모두 가 보기로 하였다. 싱가포르와 미얀마에서 각각 2달씩 머무를 예정이었다.

이제 배운 것들을 써먹을 순간이 왔다. 지금까지 서생처럼 책만을 봤으니 이제 칼을 쥘 차례였다.

정든 옥스퍼드를 떠나 내 첫 번째 목표지는 싱가포르였다.

배움의 터전을 떠나며

옥스퍼드에서의 시간은 열정만 가득하고 지식과 실력이 부족했던 나에게 많은 것들을 가르쳐 주었다. 지금 생각해 보아도 그 당시 1년은 나에게는 정말 꿈만 같은 시간이었다. 나에게는 정말 어울리지 않는 과분한 곳이었다. 이제 정말 옥스퍼드를 떠날 시간이 되었다. 떠나기 전 함께 동고동락하며 정들었던 동기들에게 인사를 했다. 1년간 거의 매일 하루에 10시간 이상을 같이 공부하며 대화하며 붙어 있었기 때문에 우리에게는 깊은 전우애가 생겨 있었다.

옥스퍼드에는 떠나기 전에 하는 전통이 있었다. 각자 소속된 칼리지에 초대하여 식사를 대접하는 것이다. 옥스퍼드는 39개의 칼리지가 있다. 칼리지 개념은 해리포터 영화를 생각하면 이해가 쉬울 것이다. 해리포터 호그와트 학교에는 4개의 기숙사가 있다. 학생들은 자신에게 맞는 기숙사를 배정받는다. 옥스퍼드 또한 그러한 개념이 있어서 칼리지가 소속 기숙사 역할을 한다. 나는 Wadham 칼리지에 소속되어 있었고 각 칼리지에는 웅장한 큰 홀이 있어서 그곳에서 저렴한 가격으로 와인을 곁들인 풀코스 만찬을 즐길 수 있었다.

동기들과 나는 각자 칼리지의 저녁 식사에 서로를 초대했다. 에피타이저부터 메인, 디저트, 와인까지 풀코스로 나왔다. 옥스퍼드에 오기 전까지 서양식 식사 예절을 잘 모르는 상태에서 처음 식사 자리에 초대받아서 갔더니 정말 많은 수저와 포크, 나이프에 당황을 한 적이 있었다. 하지만 이제는 다행히 어느 정도 익숙해져 있었다.

옥스퍼드 워덤 칼리지 홀

　떠나기 전 많은 동기들과 지난 1년간의 소회와 앞으로의 계획 그리고 우리의 삶에 대해 대화하였다. 그렇게 친구들과의 인사는 마무리가 되었다. 떠나는 발걸음이 가벼웠다. 언젠가는 그들과 나는 국가를 위해 일하는 입장에서 함께 일적으로 만날 일이 있을 것 같았다.

　떠나기 바로 전날 칼리지 안에 있는 교회의 예배당에서 예배와 기도를 드렸다. 영국의 예배는 성공회라서 그런지 우리나라 기독교 예배와는 사뭇 달랐다. 거의 전통 가톨릭 예배와 비슷했다. 대학생들로 이루어진 찬양단의 경건하고 웅장한 찬양이 계속 흘러나왔고 나는 눈을 감고 기도를 드렸다.

'부족한 저를 위해 지혜를 주시고 무사히 공부를 끝마치게 하심을 감사드립니다.'

내 인생은 겉으로는 화려해 보이지만 고난과 실패의 연속이었다. 분수에 맞지도 않는 삶의 목표를 이루려 능력에도 맞지 않는 높은 곳을 향했다. 그 도전과 과정 속에서 상처도 많았으며 비웃음도 많이 샀다. 자존심을 내려놓고 인내심 하나로 버텨 왔다. 그 순간을 버틸 수 있었던 가장 큰 힘은 내가 가진 기독교 신앙이었다. 붙잡을 곳이 없었기에 참 많이도 기도했다.

성경에 보면 하나님은 부족한 사람을 들어 쓰신다고 하였다. 한낱 양치기 소년에 불과했던 다윗을 이스라엘의 왕으로 삼으신 이유도 그것이었다. 그래서 나는 내 부족함을 부끄럽게 여기거나 숨기려고 하지 않는다. 나쁘게 받아들이지도 않는다. 오히려 나의 진짜 모습을 볼 수 있어서 감사하고, 하나님께 쓰임을 받을 뿐 아니라 나 아닌 다른 누군가를 위해 쓰일 수 있다는 게 얼마나 감사한지 모른다.

싱가포르에서 본 가능성과 한계

싱가포르의 첫인상

"지도자는 비전을 가져야 한다. 그러나 더 중요한 것은 현실적이어야 한다는 점이다. 현실적이지 않은 비전은 자칫 우리 모두를 파괴할 수 있다." 싱가포르 건국의 아버지 리콴유 총리

런던에서 비행기에 타고 싱가포르로 출발했다. 싱가포르는 사실 한 번도 가 본 적이 없는 나라였다. 그저 미디어에 의해 싱가포르는 아시아에서도 손꼽히는 부국이며 특이하게도 말레이시아에서 독립한 작은 도시 국가라는 것이 내가 아는 전부였다. 하지만 옥스퍼드에서 내가 가장 친하게 지냈던 동기들이 싱가포르 친구들이었기에 싱가포르에 대한 좋은 인상이 있었다. 싱가포르 동기들은 정말 순수했다. 유럽 국가로 따지면 내가 만난 가장 순수한 친구들이 덴마크 친구들이었고 아

시아에서는 싱가포르였다. 그들은 때 묻지 않은 순수함과 정을 가지고 있었다. 남에게 베푸는 것을 싫어하지 않았고 옥스퍼드 공부 당시 항상 잘 알려 주었던 친구들도 싱가포르 친구들이었다.

싱가포르는 그 유명한 싱가포르의 아버지 리콴유 총리가 세운 국가이다. 1965년 말레이시아로부터 독립한 초기 싱가포르는 생존의 위협에 직면해 있었다. 위로는 말레이시아, 아래로는 인도네시아의 위협에 군대가 없어 이스라엘로부터 군사 훈련을 받았다. 또한 인도, 말레이시아, 중국인 등 다민족, 다문화, 다언어, 다종교의 혼란 속에서 언어를 영어로 통일하고 다양한 문화와 민족을 융합시켜 안정적인 국가를 만들었다. 물고기를 잡는 주민들을 교육시키고 경제를 개방하여 글로벌 기업들을 유치하여 명실상부한 아시아의 선진국으로 탄생하였다. 한 나라의 운명에 지도자의 리더십이 얼마나 중요한 것인가 새삼 다시 느끼게 되었다.

비행기가 싱가포르에 도착할 때쯤 창밖에 비치는 싱가포르를 바라보았다. 500만의 국가에 면적은 서울만 하다고 들었는데 생각보다 공원이 많이 보이고 쾌적해 보였다. 선진국의 특징 중 하나는 공원이 많다는 건데 싱가포르 또한 선진국이라고 느껴진 순간이었다. 나중에 알고 보니 리콴유는 슬럼화되어 있는 싱가포르를 쾌적하게 만들고 외국인 기업을 유치하기 위해 정원도시(Garden city)라는 전략을 바탕으로 싱가포르를 녹지화하였다고 했다. 도시의 건물을 세우기도 전에 공원과 녹지를 확보해 놓은 것이 정말 대단한 선견지명이었다.

공원도시 싱가포르

싱가포르에 도착하자 후끈한 열기가 느껴졌다. 나는 곧장 택시를 타고 숙소로 갔다. 한국인이 운영하는 숙소였는데 싱가포르에서 머물 곳을 찾을 수 없었던 나에게 지금은 국회의원이 되신 박수영 의원님이 내가 페이스북에서 싱가포르에 머물 숙소를 구한다는 것을 보시고 싱가포르의 지인분들에게 연락하여 숙소를 구하는 데 도움을 주셨다. 지금까지도 매우 감사하게 느끼고 인간적으로나 정치인으로나 존경하는 분이다. 항상 청년에 관심이 많으셔서 정치를 지망하는 청년들에게 도움을 많이 주시는 걸로 알고 있다.

숙소에 도착하여 짐을 풀었다. 옆방에는 한국에서 온 공무원 분이 계셨는데 인사를 하니 강원도에서 오셔서 싱가포르에서 연수를 하고 계신 공무원이셨다. 그분은 그 후로 나에게 싱가포르 생활에 있어서 많은 도움을 주시기도 하였고 함께 맥주도 자주 마셔 친해지게 되었다.

싱가포르에서의 첫날, 나는 내 방 침대에 누워 눈을 지그시 감았다. 낯섦과 기대감이 몰려왔다. 창밖으로 별들이 희미하게 보였다. 그 별들을 보며 지금 내 인생도 아직 희미하다고 생각했다.

'나는 지금 잘 가고 있는 것일까?'

북한의 시장경제화를 돕는 싱가포르 NGO

숙소에 도착 후 다음 날 Choson Exchange의 Calvin에게 연락을 하였다. Calvin은 반갑게 전화를 받으면서 다음 날 낮 1시까지 Choson Exchange 멤버들과 티타임을 하며 서로 소개하는 시간을 갖자고 하였고 다음 날 약속 장소로 가니 Geoffrey see라는 대표와 한국인 멤버인 배대연 씨와 몇몇의 멤버들이 있었다.

그들은 다행히 날 반갑게 맞이해 주었다. 우리는 서로 자기소개를 간단히 하고 Geoffrey가 단체의 역사와 이력을 설명해 주었다. Choson Exchange는 Geoffrey와 그의 동료 Calvin Chua가 2008년에 싱가포르에서 세운 대북 NGO로서 주로 북한에 비즈니스, 경제, 금융 및 법률 컨설팅 및 교육을 제공하기 위해 설립하였다. 지난 17년이 넘는 기간 동안 전 세계의 외국인 교수, 학자 및 변호사 등을 데리고 북한에 들어가 북한 주민들에게 기업가 정신, 비즈니스, 마케팅, 경제, 국제 상법 등을 가르쳤으며 수강한 북한 주민들만 2,000명 이상에 이른다.

북한 여성들에게 경영학을 가르치는 외국인 봉사자
(출처: Choson Exchange 홈페이지)

이 프로그램에 참여하거나 후원한 곳만 해도 골드만삭스, 뱅크 오브 아메리카, 국제 컨설팅 펌 등 글로벌 기업들이 많이 있었다. 또한 하버드 경영대학원 사례 연구로 소개되고 국내에도 북한을 연구하는 대학 및 연구소 등 여러 기관과 활발히 학술 활동을 하는 등 국내외 저명한 국제 비정부기구로서 인정받고 있었다.

　1시간 정도 티타임을 가진 후에 갑자기 Calvin이 오늘 한국에서 서울시 시장과 자신들이 미팅이 있다고 했다. 이분은 오래전부터 Choson Exchange의 활동을 지켜봐 왔으며 이 기관의 사람들을 만나 한국을 대신해 좋은 일을 한 것에 대해 감사의 인사를 표하고 서울시와 협력하여 이곳의 시스템을 벤치마킹하여 서울시가 직접 북한 주민들에게 비즈니스와 경제, 기업가 정신 등을 가르치는 프로그램을 운영하여 서울이 북한과 직접 스타트업 교류를 하고 싶다는 것이었다.

　이날 나는 처음 합류하여서 시장과는 만나지는 못했지만 이러한 시도와 노력은 높게 사 주고 싶다.

이곳에서 나의 역할

　싱가포르에서는 두 달간 Choson Exchange에서 북한의 경제정책을 연구하면서 동시에 Calvin이 주도하는 평양의 도시 연구에 참여하였는데 평양의 지난 10년간의 변화를 위성으로 분석하고 도시의 어떤 변화가 일어나고 있는지 연구하는 일이었다. 이러한 연구를 평양뿐만 아니라 다른 북한의 도시들을 대상으로 하여 연구 데이터를 축적한다면 후에 통일이 되었을 때 도시를 개발하는 데 분명 도움이 되리라 생각했다.

그리고 내가 이곳에서 가장 얻고 싶은 것이 있다면 이들의 커리큘럼과 교육 시스템이었다. 후에 우리나라와 북한의 관계가 개선되어 경제 교류가 활발해진다면 우리가 북한의 정상 국가화를 위해서 가장 먼저 해야 할 일은 북한 안에 기업가 정신과 시장경제를 심는 것이라고 생각했다. 북한 안에서 기업들이 많이 생기고 시장이 발달하면 자연스럽게 자본주의 시스템에 대해 익숙해질 것이다. '이미 북한 내에서는 배급제가 무너지고 장마당이라는 새로운 시장이 발달하고 있다고 들었으며 장마당에서 자본을 축적한 사람들이 북한에 초기 형태의 기업을 만들고 있다.'라는 것을 들었다.

실제로 주민들을 교육하러 북한에 방문한 Calvin에 따르면 기업과 정신과 경제 경영 교육을 받은 북한 젊은이들은 실제로 소규모 상점 및 중소 규모의 기업까지 창업을 하고 있으며 이곳에서 배운 서구식 마케팅, 홍보 기법을 북한의 상황에 맞게 응용하고 적극 활용하고 있다고 한다. 특이한 점은 북한의 기업가 중에는 여성이 많다는 것이다. 이는 장마당의 발달로 북한 여성들의 경제력이 커진 이유였다. 북한은 남성은 대부분 국가에서 직업을 정해 주고 여성들은 장마당에서 나가 장사를 하기 때문이다.

나는 이러한 것들을 하나라도 더 배우기 위해 그들에게 매일 적극적으로 질문하고 관련 자료를 수집했다.

우리나라도 이러한 모델을 가져와야

이곳에서 잠시 방문 연구원으로서 연구와 관찰을 하면서 느낀 점은 북한이 생각 이상으로 서구식 경제와 경영 기법에 대해 관심이 많다는 것이다. 우리는 이러한 기회를 적극 활용해야 한다. 북한에 시장경제를 뿌리내리고 개혁과 개방의 경제 모델을 통해 세계와 정상적으로 교류하는 정상 국가 만들어야 한다. 기업이 생기고 돈이 돌고 사유재산이 인정되고 경제적 자유를 얻으면 자연스럽게 민주주의가 따라올 것으로 생각한다. 법과 제도 또한 시장이 발전하면서 새로운 자본주의 시대에 맞게 재정비될 것이다.

북한과 합작으로 창업 인큐베이팅 센터를 개성이나 평양에 세워 북한 내 창업가들을 지원하며, 이를 통해 많은 기업들이 만들어지도록 지원해야 한다. 또한, 북한에 남북 합작으로 MBA를 가르치는 경영대학의 개설도 고려할 수 있다. 비슷한 모델에는 우리나라가 평양에 세운 평양과기대가 있다. 평양과기대는 우리나라 교수들을 파견하지 못하지만 외국인 교수들을 초빙해 북한 대학생들을 가르치고 있다. 개인적으로는 개성공단에 남북자유무역지대를 만들고 그곳에 창업 인큐베이팅 센터, 남북 합작 경영대학을 짓는다면 의미 있을 것 같다.

언젠가 기회가 된다면 남북한의 평화통일을 위해 꼭 해 보고 싶은 것이기도 하다.

모든 신혼부부에게 집을 주는 나라

싱가포르에 온 지 2주 정도가 지났다. 그동안 나는 퇴근 후에 싱가포르의 이곳저곳을 다니면서 건물, 도로, 공원 등 인프라 등 외적인 것들을 관찰하였다. 정책을 공부하다 보니 어딜 가나 습관적으로 주변을 관찰하게 된다. 아무래도 직업병인 것 같다. 싱가포르는 무덥지만 깨끗하고 쾌적했다. 조경이 잘 되어 있어서 길거리는 가로수와 꽃들 그리고 공원들이 많았다. 남는 자투리땅도 모두 잔디와 꽃이 심어져 있었다. 싱가포르는 공사 예정지에도 일단 잔디와 꽃을 심어 황량하게 놔두지 않는다. 철저한 관리 도시이다.

싱가포르 도보(조경이 잘 되어 있다)

주로 저녁에 걷다 보니 싱가포르의 야경은 정말 대단했다. 현대 고층 빌딩과 예전 영국식 콜로니얼 빌딩, 아시아식 건물이 한데 어우러져서 동서양의 조화로운 미를 뽐냈다. 특히 수변 주변을 너무 잘 활용하여 관광객들과 시민들이 잘 즐길 수 있도록 해 놓았다. 특히 지금은 싱가포르의 상징이 된 마리나 베이 샌즈 호텔과 그 주변의 높은 빌딩과 어우러지는 야경은 거의 환상이었는데 왜 싱가포르에 관광객들이 이처럼 많이 오는지 알 것 같았다.

그러던 어느 날 Choson Exchange에서 일하는 대연 씨에게 갑자기 전화가 왔다.

"형, 제 여자친구 아버지께서 마리나베이 샌즈 호텔 이용권을 주셨는데 형도 함께 가서 수영장 같이 이용하실래요?"

마리나베이 샌즈 호텔 옥상에는 한국에도 잘 알려진 유명한 야외 수영장이 있었다. 한 번은 꼭 가 보고 싶은 곳이기도 했다.

대연 씨에게는 결혼을 앞둔 싱가포르 여자친구가 있었는데 호텔 이용권을 몇 장 선물로 받았는데 나를 초대한 것이었다. 마리나베이 샌즈 옥상에 올라가니 엄청 큰 수영장이 나왔는데 흡사 긴 배 모양의 수영장을 어떻게 빌딩 옥상에 올려놓았을까 신기했다. 나중에 알고 보니 우리나라의 건설사가 이 호텔을 지었다고 한다.

수영장에서 아래를 바라보니 싱가포르 도시가 한눈에 보였다. 석양에 비친 싱가포르는 정말 잘 계획된 아름다운 도시의 모습이었다. 그곳에서 마음껏 수영을 즐긴 나는 저녁에 대연 씨 커플과 함께 식사를 했다.

마리나베이 샌즈 호텔 옥상 수영장에서(노트에 항상 적었던 싱가포르 도시 분석)

대연 씨의 싱가포르 여자친구는 싱가포로 국립대를 나와서 국가에서 운영하는 외자 유치 전담 기관인 경제개발청(EDB)을 다니고 있다고 했다. 싱가포르는 대학을 가는 비율이 소수일 정도로 엘리트이다. 그리고 그들은 곧 결혼을 하는데 싱가포르의 신혼부부는 전부 집을 정부로부터 받는다는 것이었다. 신혼부부뿐만 아니라 싱가포르의 500만 시민 중 90%가 정부가 준 집에 살고 있다고 했다. 예전에 어렴풋이 듣기는 했지만 실제로 들어 보니 매우 놀라운 이야기였다. 우리나라 같은 경우에는 신혼부부가 집을 청약받기란 하늘의 별 따기였기 때문이었다.

좀 더 자세히 알아보니 싱가포르는 우리나라의 LH 같은 곳인 주택개발청(HDB)이 있는데 이곳에서 싱가포르 신혼부부에게 집을 배정해 주면서 집값의 80~90%까지 저리로 장기 대출을 해 준다고 하였다. 특히 싱가포르는 신혼부부에게 주택 배정의 우선권을 주고 주택 구입 시 소득이 부족하면 보조금까지 주어 결혼율과 출산율을 끌어올렸다. 결혼을 생각할 때 가장 중요한 것은 부부가 가정을 꾸릴 양질의 거주지이다. 그리고 내 아이까지 낳아서 키울 수 있는 넓은 집이다. 하지만 한국에서는 내 주변에도 결혼한 커플이 많이 있지만 제대로 된 집을 갖지 못해 월세를 전전하거나 좁은 오피스텔에서 살고 있는 분들이 아직도 많다. 신혼부부 청약을 받으려고 해도 하늘의 별 따기이고 청약에 당첨되어 아파트를 구입하려고 하더라도 집값은 비싸고 금리도 높아 영끌을 한다고 해도 조금만 경제가 휘청이면 한 가정의 파산을 걱정할 정도이다.

나는 대연 씨의 여자친구에게 물었다.

"싱가포르의 신혼부부들은 주택 걱정은 전혀 하지 않는 건가요?"

"신혼부부는 모두 집이 나오기 때문에 집에 대해 걱정을 하지 않아요."

싱가포르는 더 나아가 신혼부부에게 공급하는 공공주택을 고급화하고 있다. 우리나라의 경우 민간 브랜드 아파트와 LH아파트의 디자인이 차이가 나는데 싱가포르는 공공주택을 민간 브랜드보다 더 세련되게, 더 편리한 교통 입지 조건에 주택을 짓고 있다.

싱가포르가 공공주택 보급률 90%를 달성할 수 있었던 것은 1960년대 독립 이후 급증하는 이민자와 열악한 주거 환경을 보면서 당시 리콴유 초대 총리가 사회 안정을 위해 '모든 국민이 집을 소유할 수 있는 나라'를 만드는 것을 주거 정책의 철학으로 삼고 추진하였기 때문이었다. 이러한 이유로 지금까지도 싱가포르 국민은 주거에 대한 걱정이 없다. 주거에 대한 걱정이 없으나 싱가포르 청년들은 결혼과 출산에도 걱정이 없는 것이었다.

60년 전 이미 싱가포르를 설계할 때 녹지 확보와 1가정 1주택 정책을 생각하고 추진한 리콴유라는 총리의 능력이 너무 놀라웠다. 리더란 국민을 위해 미래를 예측하는 능력이 있어야 한다.

혹시나 누군가는 전 국민에게 공공주택을 보급하는 게 사회주의 정책이라고 생각할지 모르겠다. 하지만 적어도 주거, 교육, 의료는 좌우의 이념을 따져서는 안 된다. 이 세 가지는 국민들에게 가장 기본으로 양질의 서비스로 제공되어야 한다고 생각한다. 싱가포르 또한 시장경제의 정점을 찍은 국가이다. 세금과 법인세도 매우 낮다. 하지만 적어도 현실의 문제를 파악하여 싱가포르 국민들에게 집을 마련해 준 국가가 나는 위대해 보인다.

싱가포르를 세운 리콴유 총리 또한 공산당과 싸운 정치인이었다. 사회주의라면 치를 떨지만 그가 항상 했던 말이 있다. 정치란 현실 문제를 파악하는 게 가장 중요하다는 것이다.

우리나라는 주거의 공급에 있어서도 좌우 이념을 갖다 붙인다. 하지만 진정한 정치인이라면 주거 문제는 현실적 문제로 받아들여야 한다. 국민들이 편히 살 수 있는 자기 집을 갖게 하기 위해 특히 열악한 주거 현실에 놓여 있는 청년들과 신혼부부들에게 자신이 마음 편히 살며 가정을 꾸릴 수 있는 보금자리를 마련해 주어야 한다.

그것이 국가가 가장 우선순위로 할 일이라고 생각한다.

청년이 국가를 이끌어 가는 나라

싱가포르에서 두 달 동안 Choson Exchange에서 리서치와 내 연구를 하며 평화롭게 시간이 흘렀다. 다만 옥스퍼드 졸업 리포트를 쓰기 위한 충분한 양의 데이터는 얻지 못해서 다음 행선지인 미얀마에서 모은 데이터로 졸업 리포트를 내야 할 것 같았다. 다만 Choson Exchange

에서 출간한 평양 도시 관련 연구 보고서에는 내 이름이 들어갔다. 그리고 이곳에서 충분히 어떤 사업을 어떻게 하는지도 알게 되었다. 그것으로 충분했다.

싱가포르를 떠나기 2주 전 미얀마로 넘어가는 비자를 받았다. 미얀마에서는 National Democratic Institute(NDI)라는 워싱턴에 본부를 둔 민주주의연구소에서 인턴으로 잠시 일하기로 했기 때문에 이제는 이곳을 떠날 채비를 하고 있었다.

떠나기 전 옥스퍼드에서 만났던 내 동기들을 한 명씩 만나 인사를 했다. 총 5명이었는데 군인이 2명, 공무원이 2명이었다. 동기들 중에 한 명은 싱가포르에서 외교관을 하고 지금은 스타트업을 하는 친구였고, 나머지 2명은 싱가포르의 행정부 공무원이었다. 다른 2명은 싱가포르 해군 출신이었다.

첫날 싱가포르 해군 출신인 데런을 만났다. 옥스퍼드가 아닌 싱가포르에서 그를 보자 너무 반가웠다. 그는 해군에서 시험을 보고 장학생에 뽑혀 옥스퍼드에서 국가 전액 장학금을 받고 공부를 했던 친구였다. 옥스퍼드에서 공부를 할 때에도 종종 두각을 나타내기도 하였는데 나 또한 공군 장교 출신이라 친하게 지냈다.

싱가포르에서 데런과 함께

 데런과 이런저런 이야기를 하다가 어디선가 전화가 왔다. 데런은 전화를 끊더니 군에서 전화가 왔다고 하였다. 군에서 자신을 직접 케어하는 담당자가 있다고 하였는데 군에서 뽑힌 장학생들은 이렇게 평소에도 특별 관리를 받고 39살에 별을 단 장군이 된다고 하였다. 그 말을 듣고 나는 깜짝 놀랐다. 보통 39살이면 우리나라에서는 소령 정도의 수준인데 장군이라니… 어떻게 그게 가능하냐고 물어보았고 그는 대답하였다.

 "싱가포르에서는 군을 포함한 공무원이 되고 싶은 학생들 중에 소수를 시험을 통해 뽑아서 장학금을 주고 해외에서도 유학시킨 다음 몇 년간 경력을 쌓고 바로 고위 공무원으로 승진시키는 제도가 있어."

즉 싱가포르에는 공무원 중에서도 엘리트들만 따로 뽑아서 리더로 육성시키는 것이다. 이 제도는 핵심 공무원단 제도(Administrative Service)로서 공무원 중에 0.4%가 선별되어 일반 공무원과는 다른 시스템에서 채용부터 교육, 인사관리, 보수 등 완전한 다른 길을 걷는다. 그래서 데런도 군에서 장학생으로 선발되어 일반 장교는 다른 장군이 되는 길을 특별 관리를 받으며 밟고 있는 것이었다.

데런 말고도 제슬린이라는 다른 옥스퍼드 동기 또한 이러한 코스를 밟으며 20대 초반 어린 나이에 벌써 한 부서의 장이 되어 있었다. 제슬린은 나에게 싱가포르는 30대 국장도 있고 정부 부처의 차관도 많이 있다고 하였다. 보통 국장은 최소 50대, 차관은 최소 은퇴를 앞둔 공무원에게 주어지는 기회이다. 교직에는 30대 초반의 교장도 많다고 한다.

그래서 그런지 싱가포르의 정책들을 보면 역동적이고 창의적인 것들이 많았다. 그리고 젊은 나이에 열정을 가지고 일을 하다 보니 불가능한 프로젝트를 성공시키기도 한다고 하였다. 넘치는 에너지와 열정과 능력을 갖춘 젊은 공무원들이 국가 정책을 만들고 밀어붙이니 안 되는 것이 이상할 것이다. 그래서 그런지 싱가포르는 높은 국가 경쟁력과 함께 공무원들이 우수하여 국제 평가에서 정부 효율성 측면에서 항상 높은 점수를 받고 있다.

싱가포르는 젊은 청년들에게 나라의 미래와 운명을 맡긴 것이다. 이와는 반대로 우리는 아직 청년들이 미숙하다고 생각하고 나라의 중요한 직책을 맡기지 않고 있다. 경륜이 중요하다고는 하지만 앞으로의 미래는 모든 것들이 빠르게 변하는 시대이다. 이제 30대 후반인 나도 새로운 기술이 나올 때마다 따라가기가 정신이 없다. 이러한 시대에는 유연성과 속도가 중요하다. 한마디로 무거운 나라의 멱살을 잡고 나라를 이끌어 가야 한다. 이것저것 따질 필요도 없다. 계속 과감하게 시도하고 도전해야 한다.

예전에 6.25 때 대령과 장군들을 보면 30, 40대가 대부분이었다. 개화를 주도했던 개화파들 또한 30대 초반들이었다. 일본의 메이지 유신도 30대 젊은 사무라이들이 해냈다. 지금 우리도 젊은이들에게 과감히 나라를 맡겨야 한다.

약자를 위하는 국가

우리나라의 일인당 GDP는 2024년 36,000달러 정도로 경제 대국인 일본과 거의 비슷하며 경제 규모는 세계 15위 정도로 경제 선진국이다. 하지만 우리는 과연 진정한 선진국일까? 나는 가끔 그런 생각을 한다. 진정한 선진국은 경제 규모도 규모지만 물질적인 것들을 뛰어넘는 한 단계 높은 차원의 사회적 가치를 추구하며 효용성만을 위해 소수의 사람들을 희생시키지 않는 나라가 진정한 선진국이라고.

존 롤스는 그의 정의론에서 공공적 정의를 사회적 약자나 소수자의 이익이 극대화되도록 배려하는 사회를 지향하였다. 우리가 공리주의적 관점에서 최대 다수의 최대 행복을 위해 경제적 효율성으로만 무장한 채 소수의 권리와 행복을 묵살한다면 과연 우리는 선진국에 들어갈 조건이 되었는지 진지하게 고민할 필요가 있다.

도시의 모든 시설들을 소수의 장애를 가진 분들을 고려해 짓는다면 건설비가 많이 들 것이다. 하지만 선진사회란 단순한 공사비의 경제적 효율보다는 어떠한 사회적 가치의 비중을 우선시하는 사회라고 생각한다.

즉 우리가 선진국에 도달하기 위해서는 경제개발하에 우선시되었던 최대다수의 최대행복과 경제적 효율성의 가치를 이제 지나야 한다. 공리주의하에서는 소수의 권리가 묵살되기 때문이다. 대안은 완벽한 정답은 아닐 수 있지만 나는 존 롤스의 정의관, 소수의 권리를 중요시하는 철학이 바탕이 되어야 한다고 생각한다.

이곳 싱가포르에서 출근할 때 도로에서 나를 충격에 빠뜨린 장면을 보았다. 휠체어를 탄 한 장애인이 버스를 기다리고 있었는데 버스가 그의 앞에 섰다. 곧 버스 기사가 내려 뒷문의 받침대를 정류장 인도에 설치하고 장애인을 밀어서 태우는 것이었다. 더 놀랐던 것은 버스의 뒷문과 인도와 높이가 같아 받침대가 수평으로 놓였다는 것이다. 그 와중에 버스에 탄 승객들은 어느 누구 하나 그 2-3분의 기다림을 초조해하지 않았다.

싱가포르 친구에게 그 모습에 대해 물어보니 그런 모습이 일상적인 모습이라고 한다. 또한 싱가포르는 휠체어에 탄 장애인들을 위해서 도시 인프라가 갖춰져 있다고 한다. 실제로 싱가포르의 역의 이동 동선은 휠체어를 탄 장애인들에게 역 입구부터 지하철 객차 문 앞까지 최소한의 동선으로 배치가 되어 있다.

영국 옥스퍼드에서 있었던 일들에 대해 이야기를 더 하자면, 어느 날 내 학교 이메일로 연락이 왔다. 옥스퍼드의 도시 건물들을 장애인 친화적으로 좀 더 개선하려고 하는데 학생들의 참여가 필요하다는 것이었다. 나는 흔쾌히 그 프로젝트에 참여하였다. 그 후 참여한 학생들과 같이 아이디어를 나누고 도시 곳곳을 살펴보면서 조사하고 장애 때문에 거동이 불편한 분들을 만나 의견을 나누고 많은 시민들과 대화를 나눴던 기억이 있다. 심지어 줄자를 가지고 다니면서 수치를 재고 다녔다.

옥스퍼드시에서도 학생들의 참여를 독려한 것은 그만큼 학생들이 직접 경험하면서 장애인, 즉 소수의 권리에 대해 좀 더 생각해 보라는 취지가 아니었다 싶다. 이때 이후로 실제로 나는 장애가 있는 분들의 권리와 인권에 대해서 많은 관심을 갖게 되었다.

　우리나라는 생각해 보면 휠체어를 탄 장애를 가진 분들이 도시를 마음껏 다니는 것이 매우 힘들다. 일단 휠체어와 함께 탈 수 있는 저상 버스가 도로에 거의 없기 때문이다. 실제로 나는 우리나라에서 휠체어를 탄 분들이 거리를 다니고 대중교통을 타는 것을 거의 본 적이 없다. 특히 시외버스는 저상 버스가 거의 전무하다. 그래서 장애인 단체들이 고속 및 시외버스 회사에 휠체어를 실을 수 있는 저상 버스의 도입을 촉구한다는 기사를 보았다.

　또한 아직 우리나라는 장애인에 대한 사회적 인식이 좋지 않다. 어느 신문 기사에서 휠체어를 탄 장애인 분이 저상 버스를 타려고 아침 출근길에 버스 정류장에서 기다리고 있었는데 버스 기사가 보호자 없이 혼자서 타는 것에 불만을 내더란다. 아마 버스 기사가 아니더라도 내가 승객으로 있었어도 바쁜 와중에 시간을 끄는 것에 대해 나도 불만을 가졌을 것 같다. 많은 반성이 된다.

　그래서 우리는 먼저 우리의 의식을 바꿀 필요가 있다. 생각해 보면 우리 누구나 언제든지 사고로 장애인이 될 수도 있고 또 그렇게 태어날 수도 있었다. 우리는 단지 운이 좋았을 뿐이다. 소수를 배려하는 국가야말로 진정한 선진국이 아닐까. 우리 먼저 이제 우리의 의식을 바꾸고 진정한 선진 시민이 되어야 한다.

국민을 고소하는 싱가포르 정부

싱가포르에서의 두 달은 나에게는 잊지 못할 추억이었다. 아시아 변방이라고만 생각했던 조그마한 도시 국가라고 생각했는데 정책을 공부하는 입장에서 생각보다 너무 많은 인사이트를 얻었다. 오래 있지 않아서 싱가포르의 겉모습만 보고 판단하는 것이라고 생각할 수도 있겠다. 하지만 내가 본 싱가포르는 아시아의 최고 선진국이었다. 도시는 완벽했고 일찍이 경제를 개방한 덕분에 외국계 기업들이 많이 들어와 있어서 글로벌한 일자리가 넘쳐났다. 외국계 기업이 아시아에 진출하기 위해 거점을 삼는 곳이 싱가포르였다. 메타(구 페이스북)도 아시아를 총괄하는 본부를 싱가포르에 두었다.

하지만 정치적으로는 싱가포르는 반민주주의적 위험을 안고 있었다. 정치는 안정되어 보였으나 실상은 그렇지 않아 보였다. 자유주의에는 경제적 자유주의와 정치적 자유주의가 있다. 싱가포르는 1965년 독립 당시 말레이시아의 끝자락의 작은 섬에 반강제적으로 쫓겨나듯이 독립했다. 다수의 말레이계가 화교계를 쫓아낸 것이다. 독립 당시 싱가포르는 작은 어촌에 불과했다. 마실 물조차 없었고 사방에서 싱가포르의 안보를 위협했다. 그래서 그런지 필연적이게도 강력한 리더십을 가진 리더가 등장했고 강력한 권위주의로 싱가포르의 번영을 이뤘다. 그 과정 속에서 시민들은 자신의 자유를 상당 부분 국가에 넘겨주었다. 경제적 자유는 얻었지만 정치적 자유는 얻지 못했다.

이 나라는 초대 총리 리콴유가 31년, 그의 큰아들 리셴룽이 18년 이상 대를 이어 총리를 하였다. 북한처럼 3대 세습 총리가 나올 뻔했으나 여론과 싱가포르 정치 내부적 비판으로 다른 사람이 총리가 되었다. 하지만 언젠간 또 리콴유의 손자가 총리가 되어 3대 세습을 이어 갈 것이라고 많은 사람들은 예측하고 있다.

싱가포르는 또한 야당을 정치적으로 탄압한다. 민주주의에서는 선거를 공평하게 치러야 한다. 선거에 진 당과 후보를 탄압하는 것도 민주주의에 어긋난다. 사법부에 외부 권력이 영향력을 미쳐서는 안 되지만 싱가포르는 여당의 정적을 제거할 때 사법부를 움직여 상대방을 고소하고 정부를 비판한 국민들 또한 고소하여 몇억의 합의금을 받게 한다. 실제로 2015년 싱가포르 블로거 중 한 명은 리셴룽 총리를 비판했다가 고소를 당해 15만 싱가포르달러(약 1억 5,000만 원)의 배상금을 지불하였다.

또한 싱가포르는 2020년 총선 때 야당에서 정부를 비판하자 '가짜뉴스법'의 혐의를 적용해 입막음을 하였다. 정치적 자유에는 표현의 자유가 중요한데 국민들의 표현의 자유를 억압하고 있는 것이다. 내가 만난 싱가포르 친구는 정부 여당과 정치적 성향이 달라 여당이 아닌 야당으로 정치를 하고 싶어 하지만 야당으로 정치를 하려면 탄압을 받을 수 있기에 정치를 하는 것을 포기했다.

독재는 복불복이다. 독재국가는 경제 발전에 실패해 가난의 밑바닥을 헤매거나 반대로 뛰어난 경제 발전을 이룩할 수도 있다. 하지만 여러 세계 석학들이 주장하듯이 이는 성공 확률보다 실패할 확률이 매우 높다. 남미와 아프리카 여러 나라에서 이미 증명된 사실이다. 성공한 독재보다 실패한 독재가 더 많다. 반대로 민주주의 국가는 독재국가보다 경제 발전의 속도가 조금 늦을지는 몰라도 실패할 확률이 낮다. 사회가 안정적이고 단계적으로 발전할 수 있기 때문이다.

이를 통해 생각해 보건대 싱가포르는 똑똑한 리더를 가졌다는 천운이 따랐다고 할 수 있다. 리콴유 총리의 자서전과 싱가포르의 발전 계획을 보면 한 세기 미래를 내다본 거의 천재적 인물이라고 느낀다. 하지만 싱가포르가 앞으로도 상대 당과 국민들의 표현의 자유를 제한하고 정적을 제거하고 사법부를 정권의 칼로 휘두른다면 싱가포르의 미래가 지금처럼 밝지만은 않을 수 있다고 생각한다.

싱가포르에 다녀와서 우리나라를 보면서 생각하건대 이러한 선진국에서의 정치적 자유의 침해는 비단 싱가포르뿐만 아니라 우리 사회에서도 이미 나타나 있었다. 등잔불 밑이 어둡다는 등하불명(燈下不明)의 단어처럼 우리나라 또한 선거에 진 상대 당에 대한 무자비한 폭력이 가해지고 있고 여러 대통령들 또한 죽거나 감옥에 가고 있다. 이건 비단 어느 당의 문제이기보다는 권력을 가지고 있느냐 가지고 있지 않느냐의 문제이다. 여야든 권력을 쥐면 무소불위의 힘으로 여론과 국민의 입을 막고 사법부를 장악하여 칼을 휘두르거나 자신의 죄를 무죄로 만들려고 하고 있으니 우리나라의 민주주의는 풍전등화가 아닐 수 없다.

 정치란 그리고 진정한 민주주의란 겸허하게 비판을 듣고 받아들이며 나를 반대하는 국민들을 끌어안고 선거에서 진 상대방을 보듬고 함께 상생과 협치를 하는 것이 진정한 정치라고 생각한다. 민주적 정치인이 가져야 할 태도는 다양성과 포용성, 열린 마음 그리고 모든 사람들을 존중하는 것이다.

 안타깝고 마음 아픈 일이다. 그래서 나는 이제 미얀마로 가려고 한다. 내가 싱가포르에서 미얀마로 가려고 할 때는 2018년도 하반기였다. 2025년 글을 쓰는 지금은 다시 군부가 독재하고 있지만 그 당시까지만 하더라도 미얀마는 수십 년간의 군부 독재가 종식되고 국회의원을 뽑는 최초의 선거가 치러지는 민주주의의 새싹이 돋아나고 있는 나라였다. 나는 이곳에서 아직 주제는 정하지는 않았지만 민주주의에 대한 연구를 해서 옥스퍼드 졸업 리포트를 제출해야 했다. 꼭 리포트 때문은 아니지만 민주주의란 단어는 옥스퍼드의 수많은 동기들이 자신의 국가에서 이루고자 하는 일생의 목표였다. 그리고 민주주의란 후진국에서만 중요한 가치인 줄 알았는데 싱가포르를 보면서 그렇지 않다는 것을 느꼈다. 나에게도 민주주의는 우리나라를 위해서도 지켜야 하는 중요한 가치였다.

이것이 미얀마로 가는 이유였다. 그리고 미얀마에서는 전에는 겪지 못한 정말 파란만장한 이야기가 기다리고 있었다.

진정한 민주주의를 깨닫다, 미얀마에서의 시간

민주주의 투쟁의 현장인 미얀마로의 목숨 건 여행

"민주주의는 결코 최종적 성취는 아니다. 그것은 지칠 줄 모르는 노력, 계속적인 희생, 그리고 의지에의 소명이요, 필요하면 그것의 방어를 위해 죽으라는 명령이다." 존 피츠제럴드 케네디

미얀마로 떠나기 하루 전 나는 싱가포르의 친구들과 싱가포르의 멋진 야경을 보며 맥주를 마셨다. 나는 내가 좋아하는 사람들과 맥주를 마시는 것을 좋아한다. 어렸을 때 처음 맥주를 마셨는데 그때는 정말 쓰기만 했고 군대에서 장교 생활을 하면서 마신 수많은 쏘맥은 반은 좋아서 나머지 반은 사회생활을 하기 위해 마신 술이었다. 하지만 지금, 이 순간 무더운 싱가포르에서 마신 한잔의 생맥주는 나에게는 천국과도 다름없는 기분을 느끼게 하였다.

두 달간 싱가포르에 대해서 많이 관찰하였고 특히 도시 구조와 인프라 그리고 도시 디자인에 대해 많은 공부를 하였다. 나는 만약 내 인생에서 정치를 하게 되는 기회가 있다면 우리나라에서 가장 작은 도시의 시장을 해 보고 싶다고 오래전부터 생각했고 그곳의 시장이 되어 싱가포르처럼 가장 부유하고 아름다운 도시를 만들어 보고 싶다고 생각했다.

미얀마에 도착하다

다음 날 비행기를 타고 미얀마로 떠났다. 싱가포르에서 미얀마까지 정확히 몇 시간을 비행했는지는 기억나지 않지만 미얀마는 싱가포르의 북쪽으로 올라가 말레이시아 태국을 거쳐 바로 미얀마인 만큼 지리적으로도 가까웠다. 하지만 경제적으로는 세계 최고와 최저의 차이가 있는 두 나라였다. 다수가 불교를 믿으며 살아가는 미얀마에서 나는 어떤 새로운 모험과 경험을 하게 될지 무척이나 기대되었다.

비행기가 드디어 미얀마의 수도 네피도(Naypyidaw)에 도착했다. 공항 밖은 싱가포르와는 완전히 다른 세계였다. 꼭 마치 이상한 나라의 앨리스가 된 듯한 기분을 느꼈고, 애니메이션의 단골 주제인 이세계에 온 것 같은 느낌을 받았다.

네피도는 미얀마의 행정수도로, 도시 전체가 철저히 계획된 인공도

시다. 2005년, 미얀마 군부는 기존의 수도였던 양곤에서 이곳으로 수도를 전격 이전했다. 겉으로는 교통 혼잡 해소와 국가 균형 발전을 이유로 내세웠지만, 실상은 더욱 복잡하다. 군부는 해안에 위치한 양곤이 외세의 침입에 취약하다고 판단했고, 정권을 유지하기 위해 내륙 깊숙한 곳에 새로운 행정 수도를 건설한 것이다. 또한, 군사적 통제가 쉬운 지역이기도 했다. 항간에는 아웅 산 수치 여사의 정치적 기운을 차단하기 위한 주술적 의도가 있었단 소문이 돌았다.

미얀마 수도 네피도에서

　미얀마의 아웅 산 수치 여사에 대해 잠시 설명하자면 그녀는 미얀마의 독립운동의 아버지인 아웅 산 장군의 딸로서 군부 독재에 맞서 미얀마의 민주주의 운동을 이끌었고 그 공로로 1991년에 노벨평화상을 수상하며 현재까지도 군부를 상대로 민주주의를 위해 싸우는 정치인이다. 다만 그녀가 2018년도에 정권을 잠시 잡았을 때 소수 민족인 로힝야를 탄압한 사실 때문에 국제적 비난을 받은 적이 있다. 아웅 산 수치 여사는 옥스퍼드 대학을 졸업했는데 그녀의 소속 칼리지에 당당하게 걸려 있던 그녀의 초상화가 그 일로 내려진 것을 내 눈앞에서 보았다.

네피도는 계획도시답게 다른 미얀마의 도시보다 도로가 20차선 이상일 정도로 넓고 건물들도 컸다. 아직은 공터가 많은 곳이지만 향후 50년, 100년을 내다보고 만든 계획도시인 만큼 잘 정비되어 있었다. 나는 이곳의 한 저렴한 호텔에 자리를 잡았다. 이곳에서 거진 2달 정도를 있을 예정이었고 옥스퍼드에서 지원금을 받은 게 적었기 때문에 최대한 예산에 맞추었다.

다행히 그곳에서 카운터를 보는 호텔보이가 친절했고 낯선 미얀마 생활에서 그 친구가 많은 도움을 주었다. 다행히 적은 비용으로 넓은 방을 구할 수 있었다. 저녁도 먹어야 하고 세탁도 해야 했기에 호텔 직원인 그 친구를 불러 2달 치를 저렴하게 지불할 수 있었다. 그리고 다음 날 그 친구가 나를 찾아와 퇴근 후에 자신의 오토바이로 시내 구경을 시켜 준다고 하였다.

그 친구의 오토바이 뒤에 타서 시내 구경을 나갔다. 흡사 우리나라 60년대가 그러했을까. 낡은 집들이 많았고 사람들이 마을회관 같은 곳에 옹기종기 모여 있었다. 단층인 식당과 가게들이 죽 늘어서 있고 논

밭도 보이는 전형적인 시골의 모습이었다. 미얀마의 사람들은 외국인에 대해 친절하고 사기를 치지 않는다고 한다. 왜냐하면 외국인이 미얀마의 아웅 산 수치를 도와 나라를 해방시킬 것이라는 믿음 때문이라고 했다. 사람들은 민주주의의 의미에 대해 책으로 배우지 않아도 몸과 마음으로 알고 있었으며 그것을 자신들의 소망으로 품고 있었다.

시내를 둘러보다가 나는 그 친구에게 미얀마 남자 전통 옷과 자전거를 하나 사자고 부탁하였다. 미얀마에 모든 남자들은 치마 같은 천을 두르고 있었는데 아무래도 현지인들과 친해지려면 전통 옷을 하나 사야 할 것 같아서 약 한화 1만 원을 주고 두 벌을 구입하여 바로 입었다. 입는 방법이 매우 어려워 첫날은 걸어가다가 몇 번이고 흘러내렸는데 자전거를 사다가 주인 가족이 내 흘러내리는 하의를 보고 기겁을 하며 잡아 주었다. 다행히 나는 반바지를 따로 입고 대비를 하고 있었다.

물건을 다 구입한 후 그 친구와 미얀마 맥주 한잔을 하였다. 미얀마 안주는 꼬치 종류였는데 고기, 메추리알, 채소 등을 선택하면 구워 주는 시스템이었다. 그날 이후 자주 그 친구와 맥주를 할 정도로 맥주 맛과 안주의 맛이 좋았다.

미얀마에서의 하루가 평화롭게 흘러갔다. 호텔로 돌아가는 그 순간 그 어디서도 볼 수 없었던 붉은 석양이 펼쳐졌다.

'미얀마는 하늘이 예쁘구나.'

하늘이 정말 예뻤고 그 순간은 내 마음도 낯선 가운데 평온해졌다.

미얀마 국회의원들에게 공공정책을 가르치다

"아무리 작고 보잘것없는 사람이라도 진심과 사명이 있다면 세상을 바꿀 수 있다고 믿는다. 공의란 그저 나를 먼저 내려놓고 눈앞의 사람들을 위해 헌신함으로써 이루어진다." 미상

미얀마에서의 둘째 날 아침이 되었다. 오늘은 드디어 내가 일하기로 한 곳인 NDI(National Democractic Institute)로 출근을 하는 날이다. NDI는 미국 워싱턴에 본부를 두고 전 세계에 지부를 두었으며 각국의 민주주의를 위해 일하는 곳이었다.

NDI는 미얀마 최대의 도시 양곤과 수도 네피도에 사무실을 두고 있었는데 양곤에 있는 곳이 미얀마 NDI 본부, 그리고 네피도는 제2사무소였다. 미얀마 본부에서는 국회의원 선거 등이 부정 선거의 개입이 있는지 모니터링하는 것이 일이었고 제2사무소는 미얀마의 국회의원들에게 정책과 입법 등 국회의원에게 필요한 소양과 지식을 가르치고 자문을 하는 곳이었다.

NDI 미얀마 지부 소장과

출근하기 위해 오후 1시 반쯤 호텔을 나섰다. NDI에서 나에게 이메일로 오후 2시 업무 시작 오후 10시 퇴근이라고 하였다. 왜 그런지 궁금했는데 미얀마 국회의원들이 국회에서 일을 한 후 저녁 7시쯤 퇴근하여 NDI 사무실에 와서 공부를 한다는 것이었다. 과연 어떤 모습일까 궁금증을 안고 얼마 전 구입한 자전거를 타고 20분이 걸려 큰 호텔에 도착했다. 특이하게도 호텔 안에 NDI를 비롯하여 다른 국제기구 사무실들이 있었다. 나중에 물어보니 네피도에 사무실을 쓸 건물들이 마땅치 않아서 외국 회사나 국제기구는 호텔을 사무실로 쓴다고 하였다.

호텔에 도착하자 여러 명의 미얀마 호텔 직원들이 문 앞에서 친절하게 맞이하여 주었다.

"밍글라바."

'안녕하세요'란 미얀마의 인사이다. 양쪽 볼에 귀여운 하얀 가루를 바른 호텔 여직원들이 반갑게 인사를 하였다. 미얀마 여성들은 얼굴에 타나카라는 나뭇가루를 바르는데 자외선과 보습 효과가 좋다고 한다. 미얀마 여성들의 상징이었는데 얼굴 양 볼에 하얀 분을 바르고 매일 웃으며 인사하는 호텔 직원들의 밝은 모습이 기억에 남는다.

호텔 로비를 지나 NDI 사무소에 들어갔는데 현지 사무소 직원들이 반갑게 맞이해 주었다. 사무소에는 미얀마 출신 여성 3명과 남성 1명, 그리고 외국인 소장님이 1분 계셨다. 간단한 자기소개를 하고 소장님과 1:1 면담을 하는 시간을 가졌다. 소장님은 내가 미얀마에 오기 전부터 연락을 꾸준히 했었기에 내가 옥스퍼드에서 공공정책을 공부한 것을 알고 있었다. 다만 그분이 나에게 줄 임무에 대해서는 잘 모르고 있었는데 면담하는 자리에서 소장님이 말을 꺼냈다.

"미얀마의 국회의원들은 평생을 민주주의 운동을 한 분들이지만 처음 국회의원의 역할을 하는 중이라 정책에 대해서는 잘 모릅니다. 그래서 이곳에서 우리가 당신에게 부탁할 일은 미얀마 국회의원들에게 공공정책을 가르칠 수 있도록 7주짜리 커리큘럼을 만드는 것입니다."

'7주짜리 커리큘럼이라…' 나는 생각보다 도전적인 임무에 약간 당황하며 말했다.

"소장님, 혹시 미얀마의 국회의원들의 공공정책이나 입법에 관한 수준이 어떻게 될까요? 수준을 어느 정도 알아야 그에 맞게 커리큘럼을 만들 수 있을 것 같습니다."

내가 물어보자 그가 고민하더니 말하였다.

"아까 말했듯이 평생 민주주의 운동만 한 분들이라 정책과 입법 등에 관해서는 거의 모르고 있다고 생각하면 편합니다."

결국, 가장 기초부터 가르쳐야 된다는 뜻이었다. 너무 큰 임무를 맡게 되어 당황스러웠다. 다만 소장은 나에게 진심으로 부탁을 하는 중이었다. 이렇게 큰일을 내가 해도 되는지 걱정도 되었지만 생각해 보니 아무래도 이걸 만들 수 있는 사람을 주변에서 쉽게 구할 수 없었을 수도 있겠다 싶었다. 선진국에는 나 같은 사람들이 많지만 아무래도 미얀마에는 드물었다.

제안을 받고 잠시 당황했지만 나는 바로 직전까지 옥스퍼드에서 공공정책을 만드는 과정을 배웠기에 내가 1년간 배운 것들을 가장 쉬운 단어와 방법으로 다시 바꾸면 될 것 같았다. 미니 공공정책 석사과정을 만드는 것이다.

"좋습니다. 책임감을 갖고 최선을 다해 만들어 드리겠습니다."

나는 미소를 띄우며 말했다. 이렇게 큰 기회가 주어지는 것도 쉬운 일이 아니다. 만약 내가 다른 친구들처럼 유엔 등 큰 기관에 갔다면 그곳에서는 워낙 뛰어난 인재들이 넘치기 때문에 나는 아마 간단한 지원 업무만을 하고 있었을 것이다. 하지만 이곳에서 나는 일당백의 역할을 해야 했고, 분에 넘치는 막중한 임무를 받게 되었다.

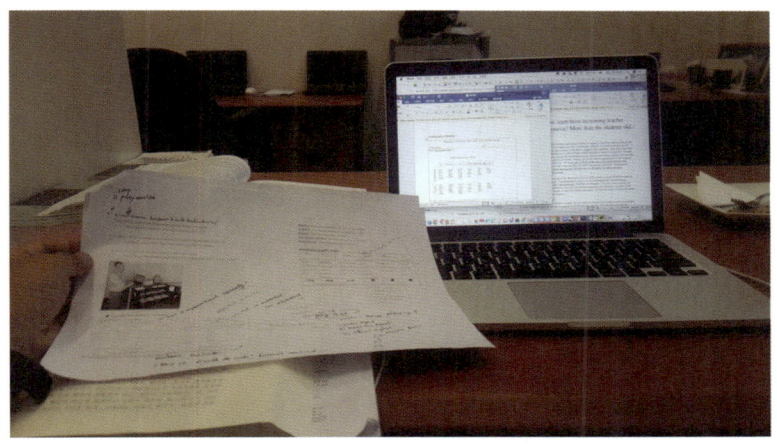

미얀마에서 만드는 공공정책 커리큘럼

나는 KDI 국제정책대학원에서도 개발학 공부를 했기 때문에 미얀마 같은 개발 국가에 대해 잘 분석할 수 있었다. 나는 미얀마의 경제와 사회 등을 자세히 조사하였고 그에 맞는 정책 분석과 결정 과정 프로세스를 만들면서 최대한 미얀마 국회의원들의 눈높이에 맞추어 만들었다.

내가 교재를 만들면서 가장 중점을 둔 사항은 미얀마의 현재 문제를 예시로 만들 것, 올바른 정치철학을 갖게 할 것, 그리고 정책을 만들 때는 의도와 결과가 다를 수 있으니 항상 유의할 것이라는 세 가지였다.

특히, 나는 모든 정책을 만들기에 앞서 정책적 철학으로 뼈대를 세우는 게 가장 중요하다는 것을 옥스퍼드 수업에서 알게 되었다. 그래서 미얀마의 국회의원들이 정책을 만들 때 향후 미얀마가 경제 성장을 할 때 소수도 배려할 수 있도록 커리큘럼에 녹여 내었으며, 미얀마의 특성상 소수 민족과의 평화와 융합, 올바른 민주주의의 길을 갈 수 있도록 민주주의 이념을 담아내려고 노력했다.

일주일 동안 챕터 1을 완성하였고 NDI의 소장에게 건네주었다. 그는 그 교재를 보면서 너무나도 만족하였다. 나 또한 그 모습을 보면서 안도의 한숨을 내쉬었다. 나는 소장에게 먼저 교재의 내용을 설명하면서 어떻게 어떤 내용이 중요한지 가르쳐 주었다. 실제 가르치는 것은 NDI의 소장이 하고 내가 옆에서 거들기로 하였다.

미얀마의 국회의원들은 매일 오후 7시 정도가 되면 국회 일정을 마치고 NDI로 와서 저녁 식사를 하고 컴퓨터를 다루는 법, 법 지식, 공공정책 지식, 다양한 경제와 정치에 관한 지식을 공부했다. 나는 이곳에 있으면서 매일 이렇게 밤 11시까지 공부하는 국회의원들에게 나라를 위해 공부하겠다는 그 열정을 사랑했고 존경했다. 나는 최선을 다해 매일 공부를 하는 그들을 보며 내 모든 지식을 쏟아부었다.

드디어 오후 7시에 40여 명 남짓한 미얀마의 국회의원들이 단체 버스를 타고 NDI 강의실로 왔다. 소장이 드디어 처음으로 공공정책을 분석하고 만드는 강의를 시작하였다. 수업이 시작되자 군부 출신 국회의원들도, 민주주의 진영 국회의원들도 하나가 되어 공부 삼매경에 빠져들었다. 다행히 그들이 쉽게 이해하는 것 같았다. 나는 옆에서 수업을 모니터링하며 빠진 부분이 있는지, 더할 부분이 있는지 적었다.

드디어 첫 수업이 끝나고 다들 흡족해한 표정이었다. NDI의 소장도 매우 기뻐하였다.

소장은 나에게 "Good job, Ohk!"이라고 외치면서 엄지를 치켜들었다.

수업이 끝난 후 미얀마 국회의원들이 자습을 할 때 옆에 가서 많은 대화를 하면서 공부를 도왔다. 그들과 이야기를 나누면서 현재 국회의원이 된 그들이 얼마나 진심으로 이 수업을 듣고 공부를 하고 있는지 마음으로 느껴졌다. 그들에게는 나라와 국민을 위한 순수한 마음이 있었다.

미얀마 국회의원들의 공공정책 수업

'우리나라 국회의원들도 이러한 열정과 마음이 있을까?'

　나는 그 순간 이렇게 생각하였다. 정치인들이 진심으로 국가와 국민을 위해 열정을 다해 공부하고 일한다면 우리나라는 머지않아 진정한 선진국으로 도약할 수 있을 것이다. 지금 이 미얀마 국회의원들도 분명 머지않아 미얀마의 경제 발전을 이끌고 민주주의를 이룩할 수 있다고 느꼈다. 이대로라면 예전에 우리나라처럼 후진국에서 중진국으로 빠르게 치고 나갈 것임이 분명했다. 정치인에게는 지식과 소명이 가장 중요하다. 그 두 개가 있으면 나라와 사회가 발전한다.

나는 이후에도 지속적으로 챕터 2, 챕터 3 등을 만들어 나가며 미얀마 국회의원들을 위한 수업 커리큘럼을 만들었다. 그리고 곧 그 수업은 입소문이 나서 미얀마 국회의 비서들을 포함하여 전 직원들이 듣게 되었다. 내가 내 소명을 마치고 떠난 이후로도 챕터 7까지의 공공정책 교재는 보완과 수정을 거듭하며 발전하여 몇 년이 지난 순간까지 쓰이고 있었다.

나는 이러한 미얀마의 미래에 작지만 중요한 씨앗을 심었다. 안타깝게도 3년 뒤 2021년 미얀마에 군부 쿠데타가 일어났지만 그래도 그때 심은 사과나무 씨 하나가 싹을 피고 있을 것이라고 믿는다.

내가 이곳에서 느낀 점은 다수뿐만 아니라 한 사람이라도 세상을 위해 무엇을 할 수 있다고 생각하게 되었다는 점이다. 부족한 내 자신이 미얀마의 미래를 위해 기여한 순간이었으며 내 자신 스스로도 크게 성장하는 계기가 되었다.

수많은 보석으로 장식된 미얀마 국회의사당

어느 날 소장님이 나에게 미얀마 국회에 출장이 있으니 같이 가자고 하였다. 미얀마의 국회는 과연 어떤 모습일까 궁금하였다.

우리는 작은 봉고차를 타고 미얀마 국회로 향했다. 창 주변의 호텔들이 몰려 있는 곳을 빠져나오자 논과 밭 그리고 현지 주민들이 사는 집들이 보였는데 집들이 매우 낡아 보였다. 미얀마는 비가 많이 오는 습한 계절이어서 콘크리트로 지은 집들의 벽면이 곰팡이로 거멓게 물들어 있었다.

미얀마 국회

이와는 반대로 주민들의 거주 지역을 지나자 정부청사 건물들이 눈에 들어왔다. 정부청사는 고급 자재로 지은 듯이 겉이 매우 깨끗하고 화려하고 건물의 크기가 매우 크고 웅장했다. 옆에서 소장님이 미얀마는 독재국가여서 정부의 권위를 나타내기 위해 건물을 웅장하고 화려하고 크게 지었다고 했다. 사실 내가 중국에 있었을 때도 중국 정부 건물들 또한 비슷했다. 하지만 내 눈에는 미얀마의 웅장한 정부청사들보다 곰

곰팡이가 슬어 가는 열악한 주거에 사는 미얀마 국민들이 눈에 들어왔다.

곧 우리가 탄 차는 미얀마 국회의사당 정문 앞에 들어왔다. 저 앞으로 정말 웅장하고 큰 건물들이 눈앞에 보였다. 넓은 땅에 건물들이 많아서 국회의사당이 아니라 국회 도시 같은 느낌이었다. 무언가 비슷하게 비교하자면 북경의 자금성에 들어온 것 같은 느낌이었다.

미얀마 국회의사당(뒤에 보석 항아리가 있다)

우리는 차에 내려 국회에 들어갔다. 그러자 눈앞에 형형색색의 보석들이 건물 내부에 박혀 있었다. 최고급 대리석 바닥에 기둥이 옥으로 장식되어 있었다. 로비에는 사파이어, 루비 등 다양한 보석들이 박힌 3m 정도의 금색의 항아리가 장식되어 있었는데 보석의 가치를 잘 모르는 내 눈으로만 봐도 엄청난 크기의 보석들이었기에 당연히 값이 비쌀 것이라 생각했다.

옆에 벽에는 미얀마에서 목재로 쓰이는 나무들로 장식을 해 놓았는데 족히 수백 개는 되어 보였다. 내 눈이 휘둥그래지자 옆에서 소장이 말했다.

옥과 나무들로 장식되어 있는 내부

"Ohk, 미얀마는 사파이어, 루비, 옥 등 각종 보석과 고급 목재로 쓰이는 나무들이 지천에 널렸습니다. 그래서 국회의사당에 미얀마가 천연자원의 부국이라는 것을 알리기 위해 장식을 해 놓은 겁니다. 다만 군부가 천연자원 사업을 독점하고 있어서 미얀마는 아직 가난합니다."

'교육열이 높은 미얀마에서 민주주의가 제대로 이루어지면 미얀마는 잘 살 수 있다.' 내 눈에는 미얀마가 민주주의를 정착시키기에 성공한다면 그래서 민간에서 그 천연자원들을 잘 활용할 수만 있다면 높은 교육열을 가진 미얀마는 분명 잘 살 수 있을 거라는 생각이 들었다.

보석으로 장식된 중앙 홀을 지나 국회 본 회의관에 들어갔다. 그 안에서는 국회의원 수백 명이 안건을 가지고 회의를 하고 있었는데 소장은 미얀마에 온 나를 배려하여 일부러 그 회의를 보여 준 것이었다. 한국에서도 보지 못한 풍경이었는데 내가 만든 공공정책 교재를 가지고 공부하는 국회의원들이 진지하게 회의에 참여하고 있는 모습을 보니 더 열심히 해야겠다는 생각이 들었다.

곧 회의가 끝나자 한 무리의 국회의원들이 우루루 문밖을 나왔다. 나는 평소 보던 국회의원들과 반갑게 인사를 나고 있었다. 그때 내 옆에 있던 미얀마 여직원이 외쳤다.

"아빠! 여기요 여기!"

나는 그녀의 아버지가 어디 있는지 어리둥절하여 둘러보았고 갑자기 머리에 앵무새 깃처럼 생긴 연한 노란색의 천을 두른 분이 나타났다.

"우리 아빠야, 국회의장이서."

그렇다. 그녀의 아버지는 미얀마 국회의장이셨다. 평소에 그녀가 말을 안 해서 전혀 모르고 있었다. 어쩐지 민주주의와 정부 거버넌스에 대해 연구하려고 영국에서 구입한 책들을 보고 큰 관심을 갖고 이것저것 나에게 물어보았는데 아버지가 국회의장이신 걸 보니 이해가 갔다.

나는 그분께 인사하였고 함께 식사 자리에 어울리게 되었다. 국회의장은 표정에서 정말 인자해 보였다. 평소 미얀마의 국회의원들을 만나면 정말 친근하고 항상 미소를 짓고 있었다. 분명 수십 년간 민주주의 운동을 하면서 감옥에 갔다 오고 온갖 폭력을 당한 분들이 많은데도 불구하고 친근함과 편안함이 느껴지니 외유내강이란 무엇인지 알 것 같았다.

나중에 딸에게 들었지만 국회의장도 평생을 민주주의 운동에 헌신한 분이었고 경제적으로 정말 힘들게 사셔서 어렸을 때는 아버지를 무척 싫어했다고 한다. 하지만 그녀는 이제 초기의 민주주의를 이루고 선거에 당선되어서 국회의장이 된 아버지를 깊이 존경하는 눈빛으로 바라보고 있었다.

그분을 보자 옥스퍼드 졸업 요건인 민주주의 연구를 위한 심층 인터뷰를 요청드려야겠다고 생각했다. 그분이 적임자 중 한 분이었기 때문에 나는 그분께 말씀을 드렸다.

"저는 현재 옥스퍼드에서 공공정책학 석사를 하고 있고 졸업 조건으로 정책 리포트를 써야 합니다. 평소 미얀마의 민주주의에 대해 많은 관심을 가져왔기에 괜찮으시면 언제 한번 시간을 내어주시면 심층 인터뷰를 부탁드리려고 합니다."

국회의장은 온화한 미소를 지으며 언제든지 딸을 통해 요청하라고 하였다.

국회에서의 일정을 마치고 NDI 사무실로 돌아왔다. 돌아와서 리서치를 해 보니 미얀마는 정말 천연자원의 부국이었다. 천연가스 아시아 1위, 세계 10위, 원유 매장량 32억 배럴, 옥, 사파이어, 루비 등을 포함한 각종 보석들, 몇백 종의 양질의 목재, 구리 등 천연자원들이 지천에 널려 있었다.

하지만 나는 그 천연자원들의 개발 허가권과 개발 공사를 군부가 독점하고 있다는 것을 알았다. 그리고 군부는 이러한 부를 독점하며 자신의 세를 유지하고 있었다. 그래서 아웅 산 수치와 그녀의 당이 군부의 천연자원의 독재를 민간에 돌리려 노력하고 있었다. 하지만 해외

기업들은 군부가 싸게 파는 천연자원을 지속적으로 구입하고 있었다. 국제사회는 군부의 자금줄을 차단하기 위해 미얀마의 보석 수입을 금지해야 한다고 외치고 있지만 특히 중국에서 가장 많은 수의 미얀마산 옥들을 사 가고 있었다.

미얀마에 있다 보면 미얀마 국민들은 정말 순수하다고 느껴진다. 그리고 민주 진영 정치인들조차 어린아이처럼 순수하고 나라를 발전시켜야 하겠다는 열정 하나를 가지고 일하며 밤늦게 공부하며 열심히 살고 있었다.

나는 그들과 이 나라를 보며 기도한다. 그들의 뜻이 하늘에 닿기를…

오늘은 유난히 하늘이 푸르다.

탄압받는 소수 민족을 위한 연구를 하다

어느덧 2주 정도의 시간이 흘렀다. 미얀마에서는 2달 안으로만 있을 것이기 때문에 나는 옥스퍼드에 제출할 리포트 작성을 서둘러 시작해야 했다. 일단 대주제는 미얀마의 민주주의로 정했고 세부 주제를 정하면 되었는데 구체적으로 미얀마의 민주주의에 어떤 문제점이 있고 이를 해결하기 위해서는 어떻게 해야 하는지 미시적으로 들어가야 하기 때문에 주제 선정에 있어서 난항을 겪고 있었다.

그러던 어느 날 NDI에 함께 일하고 있는 분이 있었는데 나에게 정말 잘 대해 주었다. 그분과는 좋은 인연이 되어 친하게 지내고 있었는데 어느 날 자신의 가족이 외식을 하려는데 날 초대하고 싶다고 하였다. 다음 날이 마침 토요일이라 그분의 가족과 함께 식사하게 되었다. 일단 미얀마의 음식은 우리나라와 비슷하다. 물론 맛이 같지는 않지만 기본적으로 반찬이라는 개념이 있었다. 나물과 고기가 적절히 반찬처럼 나오고 국과 밥이 나오기 때문에 나는 미얀마 음식에 거부감이 없었다.

한참을 이야기하다가 그분 가족의 이야기가 나왔다.

"나와 아내는 미얀마에서 기독교를 믿는 소수 민족인 카렌족 출신입니다. 우리는 오랫동안 미얀마에서 정치적 경제적 차별과 탄압을 받아 왔습니다."

이 말을 듣는 순간 내가 너무 미얀마의 민주주의에서 군부 독재에만 너무 치중했구나 하는 생각이 들었다. 사실 2018년도까지만 해도 로힝야 등 미얀마 내 소수 민족 탄압 등이 세계적으로 큰 이슈였다. 그래서 식사를 마치고 숙소로 돌아온 후 미얀마의 소수 민족 역사에 대해 조사하기 시작하였다.

미얀마의 소수 민족의 역사

역사적으로 미얀마는 제국주의 시절 영국, 일본, 다시 영국으로 이어지는 식민 지배 기간 동안 영국과 일본이 사용한 이이제이 전략으로 다수의 버마족과 소수 민족 간의 갈등이 깊어졌다.

기독교 신자가 많은 카렌족은 독립국을 세우기 위해 영국 식민지 시절 영국에 협력했다는 이유로 버마 독립군에게 학살을 당했다. 다른 소수 민족들도 마찬가지였으며 그들은 그 이후 민족해방군이라는 반군을 결성해 무장 투쟁을 해 왔다.

이러한 갈등을 봉합하고 외세를 물리치기 위하여 미얀마의 독립을 꿈꿔 왔던 아웅 산 수치의 아버지인 아웅 산 장군은 미얀마의 소수 민족들과 버마족 간의 갈등을 봉합하고 힘을 합쳐 외세에 대항하고자 소수 민족들과 '팔롱 협정'을 맺고 그들의 자치와 독립을 약속하였다.

그 후 그는 영국으로 건너가 영국 정부와 협상을 벌인 끝에 버마 연방으로 독립에 성공하였다.

그는 먼저 샨, 친, 카친 등 3개 주요 소수 민족들에게 자치를 허용하고 나머지 소수 민족들에게도 점차적인 자치를 이행하겠다고 약속하였다.

하지만 아웅 산 장군은 버마 연방을 설립한 직후 암살당했고 그의 부하였던 네윈 장군이 이끄는 군부가 쿠데타로 정권을 잡으면서 소수 민족에게 약속한 자치와 독립을 폐기하였다.

그 후 버마인으로 이루어진 군부 독재하에서 소수 민족들은 다수의 버마 민족이 주도한 정치 참여와 경제 성장에서 소외되었고 교육에서도 배제되었다.

지금까지 50년이 넘는 세월 동안 소수 민족은 민족 해방군을 창설하여 미얀마 군부에 대항하였고 지금까지 양쪽의 충돌로 수십만 명이 사망하였다. 이에 2015년 문민정부가 들어서고 아웅 산 수치 국가 고문은 소수 민족들과 평화 협정을 다시 맺으면서 소수 민족들과의 평화를 구축하려고 하였다.

평화를 위한 미얀마 선거제도 개선 방법을 연구하다

결국 실질적으로 소수 민족들의 권리를 향상시키고 평화를 이루려면 정치와 행정부에 더 많은 소수 민족들이 진출해야 했으며 이를 위해서는 선거제도 개편과 정부 조직 개편 같은 제도 개편이 필요하다고 느꼈다. 마침 옥스퍼드에서 내가 가장 좋아하고 우리나라 민주주의와 북한의 민주주의에 관해 이야기를 많이 나눈 교수님이 계셨다. 그녀는 민주주의 선거제도 전문가였기 때문에 교수님께 바로 이메일을 썼다.

"교수님, 저는 미얀마에서 잘 지내고 있습니다. 막상 미얀마에 오니 처음에는 군부 독재에 관한 연구를 하려고 했는데 현재 미얀마는 군부 독재보다는 소수 민족과 다수인 버마족 간의 갈등이 더 심각해 보입니다. 그래서 저는 졸업 연구 주제로 '미얀마의 선거제도 및 정부 조직 개편 등을 통한 소수 민족의 정치적 지위 향상'에 대한 정책 연구를 하려고 합니다. 교수님께서 이 분야의 전문가이시니 저를 지도해 주실 수 있으신가요?"

메일을 보내고 바로 다음 날 교수님으로부터 답장이 왔다.

"주제가 매우 흥미롭군요. 미얀마의 선거제도는 저도 관심이 있는 분야라 제가 기꺼이 지도해 주겠습니다."

그렇게 옥스퍼드 교수님으로부터 지도를 해 주겠다는 답변을 받고 바로 연구를 시작하였다. 다행히 옥스퍼드에서 혹시 몰라 민주주의 제도에 관한 책들을 여러 권 가지고 왔는데 소수 집단의 정치적 권리를 향상시키는 제도 연구 같은 내용도 있어서 초기에 방향을 잡는 데 많은 도움이 되었다.

정책 연구를 위해 일단 나는 미얀마의 정치인들과 선거 관련 NGO 그리고 선거를 관리하는 정부 기관 등을 접촉해 인터뷰를 진행하려고 생각하였다. 쉽지 않아 보였지만 의외로 모든 것이 쉽게 풀리려고 하였다.

선거관리부 장관을 찾아가다

"어떤 두려운 상황도 이성과 용기로 해결할 수 있으며, 비이성적인 것이 우리 삶을 지배하게 놔두면 안 된다." 스토아학파

소수 민족 관련 선거제도에 대한 정책 연구를 하려면 일단 많은 자료를 리서치하고 데이터가 필요한 부분은 데이터를 얻어야 했다. 다행히도 문헌 같은 것은 인터넷에 수많은 책과 논문들에서 쉽게 찾을 수 있었고 미얀마 선거 관련 데이터는 NDI가 미얀마 선거에 대한 관리 및 모니터링을 하기 때문에 수치 데이터들을 쉽게 얻을 수 있었다. 마지막으로는 미얀마 현지에 왔으니 많은 수의 미얀마인들을 만나 FGI 심층 인터뷰를 진행해야 했다.

나는 NDI 소장과 직원들과 식사를 하며 소수 민족의 권리 향상을 위한 선거제도 개편 연구를 한다고 말하면서 미얀마 소수 민족 출신 정치인들과 다수인 버마 출신 정치인들, 선거 관련한 정부 부처의 공무원들과 인터뷰를 할 수 있게 주선을 부탁하였다.

평소 같으면 미얀마 출신 정치인들과 공무원들을 만나는 것이 불가능했겠지만 이곳에는 모든 정치인들과 네트워크를 다 가지고 있는 NDI 소장과 국회의장 딸, 그리고 소수 민족 정치인들과 친한 카렌족 출신 직원분이 있었다. 그리고 나 또한 이곳에서 임금을 받지 않고 국

회의원 공공정책 커리큘럼을 만들면서 헌신하고 있었기 때문에 그분들은 나를 적극적으로 돕겠다고 하였다.

미얀마 선거관리부 장관을 만나다

먼저 나를 도운 분은 미얀마 국회의장 딸이었다. 그녀는 다음 날 나에게 오더니 아버지를 통해 미얀마 선거부처의 장관과 약속을 잡아 놓았다고 말하였다.

'헉…' 나는 선거부처 중간 관리자나 부장급만 만나도 성공이라고 생각했는데 장관과의 약속을 잡은 것이다… 그리고 그녀가 나를 데리고 옆에서 통역까지 해 준다는 것이었다.

'내가 그만큼 그분들에게 잘한 게 있었나…' 나는 그분들께 평소에 잘한 게 없는 거 같은데 그분들은 내 의지와 신념을 보고 도와주는 것 같았다. 아무래도 내 진심이 그들에게 통한 것인가 생각할 따름이었다.

며칠 뒤 나는 그녀와 봉고차를 타고 미얀마 선거관리부로 갔다. 앞에 도착하자 무슨 국정원에 온 것같이 경계가 삼엄하였다. 앞에서 총을 든 군인들이 신분 확인을 한다면서 나의 여권을 가져가더니 한참 있다가 문을 통과하였다. 조금 긴장되었지만 내 옆에는 다행히 국회의장 딸이 있었다. 건물에 들어가서도 사람들이 뒤에 따라붙었다.

'여기가 미얀마의 안기부 같은 곳은 아니겠지…' '설마 배신당해 오늘 어디에 묻히는 건가…' 오만가지 생각이 다 들었다. '무슨 정부청사가 이렇게 경계가 삼엄하단 말인가…' 이상하게 이 정부청사는 네피도의 외곽에 있었다.

그러면서도 나는 장관을 만나면 어떤 질문을 해야 하는지 고민을 하고 있었다. 약한 질문을 던질 것인가… 아니면 그냥 세게 다 지를 것인가 고민하다가 일생에 한 번 오는 기회이니 다 지르고 오자고 마음을 굳혔다.

계단을 올라가서 사무실에 들어가자 드디어 선거부 장관을 만났다. 다행히 국회의장 딸과 장관은 서로 잘 아는 사이인 듯 보였다. 장관은 나를 반갑게 맞이하면서도 한편으로는 경계를 늦추지 않아 보였다. 그는 나에게 미얀마의 전통 밀크티를 대접하였다.

밀크티를 마시면서 나는 또렷한 목소리로 말하였다.

"현재 미얀마 내의 소수 민족들이 탄압을 받고 경제와 정치 분야에서 소외되고 있습니다. 그래서 현재 선거제도에 대해 어떻게 생각하시는지, 문제점은 없는지 그리고 향후 개선할 계획이 있는지 물어보고 싶습니다."

이 질문을 하자 장관은 나에게 미얀마의 현재 소수 민족 갈등은 없다면서 선거관리 제도에 대해 개선할 필요성을 못 느낀다고 답변하였다. 생각해 보니 선거를 맡고 있는 장관으로서 당연히 방어해야 하는 사안이었다.

나는 식은땀을 흘리며 여러 질문을 하고 나왔다. 나오자마자 무슨 용기로 이러한 질문들을 했는지 몰랐다. 이상하게 나는 위기 상황에서 항상 어딘가에서 솟아오르는 용기가 느껴지곤 했다. 소심한 나에게서 이러한 용기가 어디서 나왔을까…

결국 큰 소득이 없이 선거관리부 장관과의 대화가 끝났다. 하지만 다행히 NDI 측에서 여러 명의 국회의원을 소개해 주었기 때문에 사무실에서 그들과 여러 인터뷰를 진행할 수 있었다.

불가능해 보였던 내 연구가 뜻밖의 도움으로 속도가 붙고 있었다.

소수 민족 정치지도자와의 만남

소수 민족 당 대표와의 만남

며칠 후 카렌족 출신 NDI 직원분이 나에게 소수 민족 당 대표와의 만

남을 주선하였다고 알려 주었다. 이분들은 정말 진심으로 나를 도와주고 있었다. 선거부 장관까지 만나서 무례한 질문만 했는데 소수 민족 당 대표까지 만난다면 미얀마 군부 쪽에서 나를 좋게 볼 리가 없었다. 나는 며칠 전 군부가 만든 당의 국회의원과의 인터뷰까지 했던 참이었다. 군부 쪽에서 나를 본다면 낯선 외국인이 정치인들과 공무원들을 만나고 다니면서 들쑤시고 다니는지 궁금해할 수도 있을 터였다.

하지만 항상 나는 어떤 두려운 상황도 이성과 용기로 이겨 낼 수 있다고 생각한다.

'두려움을 가지고는 세상을 진보시킬 수 없다. 목숨을 아까워해서는 세상을 이길 수 없다고 생각했다.'

나는 다음 날 바로 카렌족 출신 직원분과 함께 소수 민족 당 대표를 찾아갔다. 우리는 차를 타고 한참을 이동하였는데 도착하자 무슨 초록색 단층 건물들이 캠핑장처럼 빼곡히 들어서 있었다. 이곳이 어디냐고 물어보니 국회의원 기숙사라고 했다. 생각보다 국회의원 숙소치고 환경이 열악해 보였다. 일반 미얀마 시민들이 사는 집과 별 차이도 없었다. 건물 안으로 들어가자 드디어 미얀마 소수 민족 정치지도자인 당 대표를 만날 수 있었다.

미얀마에는 각자 소수 민족으로 이루어진 당이 있었고 당연히 숫자가 많지는 않았다. 확실하지는 않지만 내 기억으로는 카렌족의 수장이 었던 걸로 기억한다. 당 대표는 나를 보자 반갑게 인사하였다. 그리고 집 안을 힐끔 보는 나에게 집을 소개시켜 주었다. 집은 5평 남짓한 크기였고 그곳에 방은 없고 스튜디오 형식으로 책상, 침대, 화장실만 있었다. 솔직히 말해서 거의 감옥 같다는 생각을 하였다. 그곳도 2인 1실이라 좁게 느껴졌다. 자는 침대를 제외하고 책상 위에 컴퓨터와 프린터만 놓여 있었고 무수한 서류가 쌓여 있었다. 그는 이곳에서 먹고 자고 일한다고 하였다. 이분들은 오전 오후에는 국회에서, 저녁에는 우리 NDI 사무실에서 공부하고, 저녁 10시쯤 이곳에 와서 밀린 업무를 하고 잠을 자는 것이었다.

소수 민족 지도자와의 만남

나는 미얀마의 정치인들이 너무 청렴하고 정직해 보였다. 이와는 반대로 권력과 이익만을 탐내는 호화로운 생활을 하는 우리나라 정치인들이 눈앞에 아른거렸다. 예전에 국회를 자주 간 적이 있었을 때 많이 보았는데 대부분의 국회의원들이 비싼 정장을 입고 옆에 수많은 비서들을 대동하며 제네시스, 예전에는 에쿠스 등을 타고 다녔다. 그러면서 어떻게 서민들을 제대로 바라볼 수 있는지 이해가 도저히 가지 않았다. 나는 미얀마에서 우리나라 정치인들에게 없는 사명감과 청렴함 그리고 열정을 보며 자연스럽게 고개가 숙여졌다. 우리도 이런 마음가짐을 가진 정치인들이 많아져야 한다.

나는 드디어 당 대표와 소수 민족의 상황과 소수정당 등 선거에 대해 많은 이야기를 하였다. 그는 나에게 소수 민족으로서 겪는 어려움을 토로하였고, 국회에서 세력이 작아 정치적인 발언권이 무시당해 자신의 민족을 위한 정책적 혜택을 가져올 수 없다고 말하였다.

그와 나는 한 시간 정도 대화를 나눴다. 그리고 사진을 함께 찍자는 나의 말에 흔쾌히 함께 찍어 주었다. 차를 타는 순간까지도 그는 마중 나와 손을 흔들어 주었다. 그에게 권위 의식이 느껴지지 않아서 좋았다. 다만 느껴지는 것은 사명감뿐이었다.

숙소에 돌아와 나는 이러한 상황을 개선하는 방법으로 소수 민족에게 조금 더 권력을 분배하는 비례 선거제도 및 선거구 개편을 연구하기 시작하였다. 선거제도 개편으로 소수 민족 국회의원들이 많아진다면 발언권이 조금은 더 강화되어 그들의 이익을 스스로 보호할 수 있지 않을까 하는 생각이었다. 동시에 행정부 조직을 개편하여 소수 민족 출신들이 더 많이 정부에 들어갈 수 있도록 연구하였다.

내 마음속에는 사명감이 불타올랐다. 그리고 새벽까지 연구하면서 있었다.

그때였다. 내 숙소 방문을 누가 미친 듯이 잡아당기는 것이었다. 나는 혹시 몰라 항상 생활할 때는 운동화를 신고 위급할 시 사용할 돈과 옷가지와 중요 물건이 있는 가방을 싸 놓고 있었기 때문에 얼른 가방을 메고 창문으로 빠져나가기 위해 창문 근처로 갔다. 숙소는 2층이었지만 다리를 걸칠 곳이 있었고 빠져나갈 동선을 예상해 두었기에 충분히 빠져나갈 수 있을 것 같았다.

동시에 페이스북으로 호텔 직원과 연결되어 있었기 때문에 그에게 SOS를 요청하였다.

"누가 내 방문을 몇 분째 두들기며 문을 열려고 하고 있는데, 매우 위급하니 빨리 남자 직원들을 모아서 내 방으로 와 주세요."

몇 분째 누가 방문을 두들기고 열려고 하고 있었다.

민주주의 연구를 위해 떠나는 마지막 여정

내 방문이 미친 듯이 잡아당겨지고 있을 때 갑자기 조용해졌다. 아래에서 나와 친한 호텔 직원이 5명의 동료를 모아서 내 방문 앞까지 왔다. 적어도 우리는 우정을 쌓았기 때문에 그가 나를 속일 리는 없었다.

문을 열고 주변을 보자 정말 감쪽같이 아무도 없었다. 정말 무슨 일이 일어났던 것이었을까? 정말 날 어떻게 하려고 한 건가?… 경고를 한 것인가…? 아니면 나의 착각인가… 그날의 일은 아직도 미스테리이다.

어찌 되었든 한바탕 해프닝으로 나는 다른 방으로 옮기고 내가 묵는 방을 외부인 누구에게도 알려 주지 말라고 부탁하였다. 그리고 혹시나 나를 찾는 사람이 있으면 나에게 페이스북으로 메시지를 보내 달라고 하였다. 호텔이 정말 크고 객실이 무수히 많기 때문에 내가 어디에 묵는지만 모른다면 조금이나마 안전할 수 있을 것 같았다. 일단 나를 위협하러 온 것인지도 확실치 않기 때문에 다른 호텔로는 옮기지 않았다. 하지만 다시 한번 이런 일이 일어난다면 나는 NDI 측에 도움을 요청하기로 하였다. 내가 일하는 NDI는 미국 외교부와 긴밀한 사이이기 때문에 바로 도움을 받을 수 있을 것 같았다.

미얀마 경제수도 양곤으로

다행히 그 이후로 같은 해프닝은 없었다. 그리고 나는 연구를 마무리하기 위해 양곤으로 갈 채비를 하였다. 양곤에는 NDI의 미얀마 본부가 있고 그곳에서 선거관리 모니터링을 하는 사람들을 만나기 위해서였다. 또한 미얀마에는 현재 옥스퍼드 박사를 공부하는 북한 인권 전문가 백지은 씨가 미얀마 양곤에서 민주주의 운동을 한 사람들을 만나며 연구를 하고 있었다. 그녀의 논문 주제는 '민주주의 운동을 하게 되는 계기'를 연구하는 것이었다. 영어로는 Trigger라고 불리는데 한국말로는 방아쇠였다. 즉 민주주의 운동을 하게 되는 방아쇠가 무엇인지 연구하는 것이었다.

양곤으로 가는 날이 되었다. 다행히 호텔 직원이 자신의 오토바이로 버스 정류장까지 태워다 주었다. 이곳에서 나는 정말 과분하게도 많은 도움을 받는다. 나는 곧 네피도에서 버스를 타고 양곤으로 갔다. 몇 시간 정도가 걸린지는 정확하게 기억은 나지는 않지만 꽤나 긴 여정이었다.

양곤에 도착하여 예약했던 호텔에 짐을 풀고 백지은 씨를 만나러 양곤대학 앞의 카페로 갔다. 걸어가며 주위를 둘러보는데 도로와 하천에 쓰레기가 쌓여 있었다. 네피도에 있었을 때는 몰랐는데 양곤에 오니 아무래도 위생을 조심해야겠다는 생각이 들면서도 왜 정부에서 쓰레기 문제를 해결하지 못하는지 이해가 안 갔다. 비용의 문제인지 아니면 어떤 문제가 있는지… 네피도로 돌아가서 국회의원들에게 쓰레기 문제에 대해 건의를 해 볼 참이었다. 사람이 새로운 일을 할 때 책상 정리를 하고 방을 청소하듯이 국가 또한 마찬가지이다. 깨끗한 도시를 만드는 것이 경제 발전의 첫 번째 단계이다. 싱가포르가 그랬다.

양곤 시내

백지은 씨는 이 책의 옥스퍼드 에피소드에서도 소개하였지만 하버드 학석사를 마치고 옥스퍼드에서 박사를 하고 있었다. 10년 전부터 북한의 인권 문제에 대한 국제적 시민운동을 하고 있었고 예일대 출판사 등에서 북한에 관련된 책을 쓴 북한 전문가였다. 나는 그녀와 옥스퍼드에서 함께 공부했고 그녀는 미얀마에서 박사를 연구하러 한 달간 미얀마에 머물고 있었는데 어쩌다 보니 기간이 나와 겹쳤다. 그녀는 내가 존경하는 몇 안 되는 사람들 중 한 명이었다. 매우 총명하고 한가지 목표를 가지고 불도저처럼 밀고 가 뜻을 이루는 사람이었다. 그러고 보니 내가 만난 하버드와 옥스퍼드 출신들은 대부분 그러한 성향을 가지고 있었다. 그래서 애초에 학생들을 뽑을 때도 그런 요소들을 많이 보는 건가 보다.

카페에 도착하자 그녀와 미얀마 대학생 몇 명이 함께 있었다. 그녀의 연구를 도와주는 양곤대학 학생들이었다. 그곳에서 백지은 씨를 만나자 너무 반가웠다. 그녀는 나를 많이 도와주고 조언을 많이 해 주는 은인 같은 사람이었다. 우리는 이곳에서 미얀마의 민주주의와 경제, 사회 그리고 정치에 관해 다양한 이야기를 했다. 나 또한 대학생들의 인터뷰가 필요했기에 질문을 많이 하였다. 양곤 대학생들은 이제 군부가 더 물러나 아웅 산 수치가 통치하는 민주주의를 원한다고 하였다. 이때가 2018년도 9월 초 정도였으니 아웅 산 수치가 국가자문역으로 통치를 하고 있었다. 다만 그녀는 대통령이 되지 못했는데 군부가 민주주의 선거를 치르고 권력을 조금씩 이양하면서도 아웅 산 수치가 대통령이 될 수 없게 헌법에 외국인과 결혼한 사람은 대통령이 될 수 없다는 황당한 내용을 넣어 놨기 때문이었다. 그래서 민주 진영에서 대통령이 되어 대통령의 국가자문역으로 아웅 산 수치를 임명하여 대통령은 실질적으로 그녀에게 모든 권한을 몰아주었다.

권력을 쥔 쪽은 민주주의를 필연히 침해하려고 한다. 후진국에서는 뻔뻔하게, 선진국에서는 교묘하다. 그래서 그것을 알아채는 눈이 중요하다.

그들과의 만남 후 다음 날 NDI의 양곤 본부로 가서 선거 모니터링을 담당하는 분과 인터뷰를 하고 여러 데이터들을 얻었다. 드디어 정책 리포트를 위한 인터뷰가 끝났고 충분한 데이터를 모았다.

미얀마에서의 생활도 거의 막바지에 다가왔다.

덴마크 코펜하겐 비즈니스 스쿨에 합격하다

양곤에서 돌아온 후 모았던 인터뷰 내용과 데이터를 가지고 정책 리포트를 작성하는 데 집중하고 있었고 결과적으로 미얀마의 소수 민족이 미얀마에서 정치, 사회, 경제적 권리를 더 누릴 수 있도록 선거제도와 정부 조직 개편안에 대한 60페이지 정도의 정책 리포트를 완성하였다. 그리고 미얀마에 있는 마지막 일주일 전에 옥스퍼드에 정책 리포트를 제출함으로써 마지막 졸업 요건을 충족하게 되었다.

리포트 점수만을 제외한 나머지 시험 점수는 이미 다 나왔고 정책 리포트만 점수가 나오면 되었지만, 점수에 상관없이 통과만 하면 일단은 졸업 요건을 충족하기 때문에 옥스퍼드에서의 일정은 완전히 마무리가 되었다.

또한 그동안 나는 미얀마에서 미얀마 국회의원들을 위해 7주짜리 공공정책 커리큘럼을 완성하였다. 다행히도 미얀마에서 모든 미션을 완료하였고 마음 가볍게 떠날 수 있게 되었다.

덴마크 코펜하겐 비즈니스 스쿨에 합격하다

옥스퍼드에서 공부할 당시 나는 다음 여정으로 두 곳의 석사에 지원하였다. 한 곳은 프랑스에 있는 SciencePo라고 불리는 파리정치대학이고 다른 한 곳은 덴마크 코펜하겐 비즈니스 스쿨이었다. 다만 그 당시에는 덴마크 코펜하겐 비즈니스 스쿨에 더 가고 싶었는데 그 이유는 북유럽식 복지라고 불리는 덴마크 복지제도에 대해 공부하고 연구하고 싶었기 때문이었다. 또한 당시에는 박사 생각이 없었고 주변 외국 친구들이 학위를 여러 개를 가지고 있는 것을 많이 보아서 석사를 더 한다는 것이 이상해 보이지는 않았다. 덴마크 복지 공부를 더 하다가 공부에 확신이 들면 덴마크에서 박사로 바로 편입을 할 계산도 있었다.

내가 지원한 전공은 공공 매니지먼트였는데 덴마크의 복지에 관한 수업들이 있었다. 그래서 이곳에서 공부하면서 덴마크 복지제도에 관해 공부와 연구를 할 수 있을 것이라고 생각을 했었고 옥스퍼드에서 공부할 당시 우리나라의 미래에 대해 많은 고민을 했다. 다른 나라의 친구들은 전에도 이야기하였듯이 자국의 경제 발전 그리고 민주화를 위해 공부하는 친구들이 많이 있었다. 하지만 나는 그 둘을 이미 이룬 우리나라가 다음에 무엇을 이루어야 할지 항상 생각하며 고민 중이었다.

우리나라는 산업화를 통한 경제 발전, 민주주의를 이루었지만 그 사람 다음의 비전을 찾지 못하고 선진국의 문턱에 있었다. 나는 진정한 선진국이란 물질적인 것에만 있지 않다고 생각하였는데 그래서 매일 고민하던 순간에 덴마크와 스웨덴 등 북유럽 친구들과 대화를 한 것이 떠올랐다.

'그들 나라에서는 청년들이 행복하다고 했다.' 그 한마디가 나의 뇌리에 박혀 떠나지 않았다.

우리나라는 산업화와 민주화를 이루었지만 사람들은 행복해 보이지 않았다. 오히려 청년들조차 삶의 무게에 짓눌려 있는 모습이 보였다. 우리나라의 자살률은 OECD 국가의 평균 두 배로 압도적 1등이다. 10대~30대까지 사망 원인이 자살이 1위일 정도로 우리 사회는 병들어 있다.

행복한 나라를 만들기 위해 떠나는 여정

이와는 반대로 덴마크 등 북유럽은 행복 지수가 세계 1, 2위를 할 정도로 국민들의 행복 수준이 높았다. 그래서 행복한 나라를 만드는 비법에 대해 알아보고 싶었다. 단지 그뿐이었다.

다만 특이하게도 이 커리큘럼은 1년은 중국의 과학원대학교에서 먼저 공부하고 나머지 1년을 덴마크에서 논문을 위한 연구를 할 수 있는 구조였다. 중국 과학원대학교 안에는 덴마크의 7-8개 정도의 대학들이 공동으로 세운 덴마크 공동 대학 센터(Sino-Danish Center, SDC)가 있었다. 그 안에서 덴마크 7-8개 대학들이 각자 대학의 전공을 하나씩 이 센터에서 운영하고 있었고 입학생 반은 중국 학생, 반은 덴마크 학생들, 그리고 소수의 외국인 학생들로 채워진다. 건물 또한 덴마크 스타일로 지었고 모든 교수들은 덴마크 출신 교수들이었다. 졸업을 하게 되면 공동학위가 수여된다. 따라서 나는 덴마크 학교에서 학위를 따면서도 중국 학위를 받을 수 있기에 좋은 기회라고 생각하고 지원하였었다.

또한 학비가 일 년에 500만 원일 정도로 학비가 매우 저렴하였기 때문에 충분히 메리트가 있다고 생각했다. 국내 석사학위 비용의 반도 안 되는 돈으로 덴마크, 중국 석사학위를 2개를 따는 것은 지금 생각해보아도 정말 매력적인 일이었다. 다만 나에게는 이미 석사학위가 2개가 있었기에 학위보다는 덴마크의 복지 공부를 할 생각에 기대가 꽉 차 있었다.

다만 덴마크 코펜하겐 비즈니스 스쿨과 함께 합격한 파리정치대학(SciencePo)은 혹시 몰라서 1년 입학을 연기하였다. 나중에 이야기할 것이지만 오히려 이 결정이 결국 나를 살리게 되었다.

먼저 중국으로 가다

미얀마에서 중국으로 가기 위해서 양곤에 잠시 들렀을 때 미리 비자를 받아 놓았기 때문에 중국으로 가는 준비는 모두 마친 상태였다. 이제 3일 후면 신학기 시간에 맞추기 위해 중국으로 넘어가야 했다. 다만 이때부터 몸에 조금씩 이상이 오기 시작했다. 숨이 가빠지고 체력이 떨어지고 있었다. 나는 그 당시에만 해도 별것 아니라고 치부하고 애써 몸의 이상을 무시했다. 옥스퍼드를 졸업하고 모든 할 수 있을 것 같았던 최고의 순간에 갑자기 낭떠러지가 오게 될 줄은 이때는 정말 몰랐다.

미얀마를 떠나며, 아쉬운 미련을 남기고

"믿음으로 의롭게 되면 자연히 공의를 행하고, 정의로운 길을 걷다 보면 다른 많은 사람을 믿음으로 의롭게 만들 수 있다."『정의란 무엇인가』

미얀마에서 나는 어쩌면 일생에 가장 스펙타클한 시간을 보냈다. 두 달도 안 되는 짧은 시간이었지만 많은 것들을 경험했다. 이곳에서 내가 얻은 한 가지는 한 사람의 힘이라도 세상을 위해 쓸 수 있다는 것이다. 한 사람이 결국 세상을 바꾸지는 못하더라도 그 씨앗을 심을 수 있다는 것을 나는 이번 경험을 통해 깨달았다. 언젠가 내가 미얀마에 뿌린 그 씨앗이 나무가 되고 열매를 맺을 수도 있지 않을까…

성경에는 겨자씨는 모든 씨보다 작지만 자란 후에는 어떤 풀보다도 커져 나무가 되고 하늘의 새들이 와서 그 가지에 깃든다고 했다. 미얀마를 떠나는 내 마음속에 그리고 7년이 지난 지금까지도 아직 미얀마에 뿌린 그 씨앗이 뿌리를 내리고 지면 밖으로 올라오는 것을 고대하며 또 고대하며 기다린다.

떠나기 며칠 전 내가 일했던 NDI의 사무실에 있던 호텔 직원들과 호텔 뒤편의 잔디밭에서 축구를 했다. 그들과는 매일 보는 사이라 정이 들었는데 떠나기 전에 축구를 함께 하자고 해서 참여하게 되었다. 축구를 하러 가니 다들 맨발로 축구를 하고 있었다. 나는 그들과 함께 뛰기 위해서 구두와 양말을 벗었다. 발에 거친 풀들이 느껴져서 아팠지만 나는 기쁘게 그들 속으로 뛰어 들어갔다. 그렇게 그들과 처음이자 마지막이었던 축구로 멋진 하루를 보냈다. 지금도 이 순간을 잊지 못한다. 석양이 지는 미얀마의 하늘 아래에서 평화로운 순간이었다.

마지막 날이 다가왔다. 내가 묵었던 호텔을 나서자 친하게 지냈던 호텔 직원들이 다가왔다. 나는 그들에게 인사를 하였고 나를 항상 지켜 주었던 호텔 직원에게 내가 타고 다니던 새 자전거를 선물로 주었다.

호텔 직원들과 축구를 하며

그 후 나는 바로 회사를 가서 정들었던 NDI 직원들에게 인사를 하였다. 그들은 나의 최고의 조력자였고 친구였다. 내가 미얀마를 위해 하는 연구를 그 누구보다도 앞장서서 도와주었고 나에게 항상 조언과 응원을 아끼지 않았다. 지금, 이 순간에도 그들이 그립다.

떠나는 순간까지 그들은 나를 포근히 안아 주었다. 그리고 우리는 또 만나자는 기약을 하고 떠났다. 정들었던 미얀마 국회의원들에게는 전날에 인사하였다. 내가 보았던 이 세상 최고의 정치인들이었다.

언젠가는 다시 볼 수 있겠지라고 생각했는데 결국 3년 뒤 2021년 군부의 쿠데타가 일어났다. NDI 소장 또한 쿠데타가 일어나기 전에 다른 나라의 사무소로 자리를 옮겼고 소장에게 물어보니 미얀마에서 정치인들이 주변 국가로 망명을 하는 중이라고 하였다.

나는 우리나라에서도 미얀마 민주주의 진영의 정치인들의 망명을 받아야 한다고 생각한다. 우리도 민주주의의 아픔을 겪었기 때문에 그들의 아픔에 공감하고 그들을 잠시 받아 보호하고 다시 정권을 되찾았을 때 보낼 수 있다면 얼마나 좋을까…

나는 미얀마와 미얀마인들이 좋다. 그들이 나를 먼저 좋아해 주었기 때문이었다. 지금도 미얀마를 위해 그리고 내가 만났던 사람들을 위해 기도한다.

'미얀마여 그대는 진실로 민주주의의 꽃을 다시 피울 것이다!'

행복한 나라를 만들기 위해, 덴마크 친구들에게서 배운 철학

낯선 땅에서 만난 친구들, 덴마크와 중국의 만남

미얀마 네피도 공항에서 비행기를 타고 중국 북경으로 떠났다. 미얀마에서 북경까지는 그리 먼 거리가 아니어서 점심때 출발해서 늦은 저녁에 북경에 도착하였다. 다행히 이미 택시를 예약해 놓았기 때문에 학교까지 가는 데 어려움은 없었다. 중국 북경에는 2008년에 6개월간 칭화대에서 어학연수를 한 후 거의 10년 만에 돌아온 것이었다. 중국 또한 어떻게 얼마나 변했을까?…

내가 이곳에서 머물 곳은 외국인 기숙사였고 방이 5개 정도 있었는데 거실과 화장실을 공유하였다. 나머지 4명의 룸메이트는 모두 덴마크 친구들이어서 그들과 함께 동고동락하면서 덴마크에 대한 많은 것들을 물어보고 관찰하고 배울 참이었다.

나는 이 학교의 Public Management and Social Development 전공으로서 1년간 중국에서 나머지 1년간은 덴마크에서 거주하며 덴마크 복지 정책을 한국식에 맞게 연구하고 공공과 민간이 함께 새로운 복지 정책을 협력하여 이루어 나가는 사회적 시스템을 연구하려고 하였다. 앞으로 복지는 고도화될 것이고 예산이 많이 필요해질 것이기 때문에 미래의 복지 영역에서 정부와 기업 간의 협력이 필요하다고 보았고 기업이 어느 정도 사회적 의무를 통해 정부의 복지 서비스를 대체할 수 있을 것이라고 생각하였다.

  미얀마에서 민주주의 연구와 국회의원들의 공공정책 커리큘럼을 완성시켜야 했기 때문에 첫 주 수업에는 참여를 못 하고 2주 수업부터 들어가게 되었다. 수업에 들어가자 약 20명의 덴마크 학생들과 중국 학생들이 일제히 나를 쳐다보았다. 아무래도 첫 주 수업을 빠진 후라 그들 입장에서는 갑자기 나타난 내가 신기했던 것 같다. 나는 그들에게 다가가서 한 명씩 인사를 했고 친구들은 늦게 온 나를 반기며 학교와 지난 수업들에 관해 설명을 해 주었다. 자세히 둘러보니 우리 전공 동기들은 대략 12명의 덴마크 학생과 8명 정도의 중국 학생들로 이루어져 있었다.

  우리 과 대표는 한 중국인 여학생이 맡고 있었는데 이름이 새턴이라는 친구였다. 24살 정도에 키가 큰 내몽골 출신인 그녀는 온종일 내 옆에서 학교 등록과 생활에 관한 안내를 열심히 해 주었다. 그리고 그녀는 저녁에 과 파티가 있다고 나에게 말해 주며 참여하라고 말해 주었다.

저녁이 되어 학교 홀에 가자 수십 명의 학생들이 모여 있었다. 그곳에는 이미 맥주와 안주들이 준비되어 있었고 내가 가서 놀랐던 한 가지는 우리나라 소주가 있다는 것이었다. 특히 덴마크 친구들에게 한국 과일소주가 인기가 많았는데 그 친구들은 항상 모이면 우리나라 과일소주를 한 병씩 들고 병나발 불듯이 마셨다.

SDC에서 학업 당시 덴마크, 중국 친구들과

나는 한참을 그들과 이야기하며 친해졌다. 덴마크 친구들은 나에게 각자 자신을 소개했는데 재미있었던 건 한 친구는 게이였는데 알고 보니 전직이 이탈리아의 가톨릭 사제였다. 그는 나에게 사제였을 때 교황과 찍은 사진을 자랑스럽게 보여 주었다. 너무 재밌는 친구였다. 이때부터 덴마크 친구들과 대화하며 함께 어울리고 놀며 느꼈지만 덴마크 친구들은 내가 본 유럽인 중에서 가장 착하고 순수한 친구들이었다.

이야기를 나누다가 파티가 대략 끝난 후 갑자기 노래방을 가지는 것이었다. 중국에도 우리나라처럼 노래방이 있었다. 가만히 보면 덴마크 친구들은 우리나라 사람들과 닮은 점이 많았다. 흥을 좋아했고 노래방 가는 걸 좋아했다. 파티를 자주 하며 항상 손에 우리나라 과일소주가 들려 있었다. 마셨다 하면 2, 3차까지 가는 것을 보니 터키가 돌궐일 때 고구려와 형제지간이었듯이 우리나라도 고대에 덴마크와 형제지간이 아니었을까 하는 생각이 들 정도였다.

우리는 결국 흥을 참지 못하고 다들 봉고 3대를 불러 나누어 타고 노래방으로 갔다. 당연히 덴마크 노래는 없었지만 그들은 영어 노래를 꽤 진지하게 불렀고 내 차례가 되자 나는 무대 가운데 서서 영화 엽기적인 그녀의 OST였던 신승훈의 'I Believe'를 불렀다. 호응이 좋았다. 믿기지 않겠지만 나는 노래를 꽤 잘 부른다.

이렇게 나는 그들과 조금씩 형제처럼 남매처럼 친해지고 있었다.

남녀 표시가 없는 덴마크식 화장실과 덴마크식 축구

이곳에 온 지 한 주가 흐르고 나는 그동안 중국과 덴마크 친구들과 가족처럼 친해졌다. 특히 덴마크 친구들과 나는 이방인이었기 때문에 그리고 학교가 북경 도심에서 멀었기 때문에 우리는 항상 같이 공부하고 항상 같이 놀고 항시 떨어지지 않았다. 그동안 나도 덴마크 친구들과 그들의 문화에 대해 많이 배우고 있었다.

어느 날 학교에서 덴마크 친구들과 공부를 하고 있을 때 무심코 이용하던 화장실이 뭔가 조금 이상하다는 것을 깨달았다. 화장실을 보았는데 일반적인 화장실 남녀가 그려진 표식이 없었다. 화장실은 남녀 표식이 없이 작은 5개의 방으로 구성된 화장실로 되어 있었다.

나는 당황하여 빨리 자리로 돌아가서 옆에 덴마크 친구에게 물었다.

"내가 방금 화장실을 다녀왔는데 화장실에 남녀 표시가 없어, 공사 중인 건가 아니면 원래 없는 건가 알 수가 없는데 이게 혹시 너희들 문화야?"

그러자 그 친구는 웃으면서 대답했다.

"덴마크 화장실은 원래 남녀 표시가 없어, 네가 본 곳이 정상적인 화장실이 맞아. 남녀 구분 없이 화장실을 사용하는 거지."

덴마크식 화장실(남녀 구분 표시가 없다)

　덴마크에서는 남녀평등을 위해 대부분의 공공장소에서 남녀 구분을 두지 않는다고 했다. 그래서 이렇게 조그마한 몇 개의 미니 화장실을 만든 것이다. 나는 덴마크 친구의 말을 듣고 적잖은 충격을 받았다. 우리나라는 오히려 공공장소에서 여성 전용 주차장같이 여성 전용이 많고 화장실은 당연히 남녀가 확실히 구분되어 있다. 요즘 여성 안전과 몰카 이슈 등으로 인해 이러한 구분은 오히려 더 정착화되어 가고 있다. 여성 안전과 몰카 이슈는 덴마크 여성에게도 예외는 아닐 것이기에 내가 가지고 있는 고정 관념이 산산이 깨지는 계기로 나에게 다가왔다. 우리나라와 확연히 다른 남녀평등의 방식이었다.

어느 국제기구 조사에 따르면 덴마크의 대인 신뢰도 지수는 거의 80%를 육박하고 있다고 했다. 덴마크는 즉 타인에 대한 신뢰, 즉 남녀를 포함한 대부분의 사람들이 서로가 서로를 신뢰하고 있으며 이는 남녀 간의 신뢰 또한 높다고 가정할 수 있다. 참고로 우리나라는 대인 신뢰도가 40% 정도로 34개 조사 국가들 중 17번째였다. 우리나라는 타인에 대한 신뢰도가 낮고 남녀 간의 신뢰도 또한 낮다고 가정할 수 있다.

따라서 덴마크의 이러한 화장실 문화는 덴마크인의 높은 사회적 신뢰도에 바탕이 된 게 아닐까 생각되었다. 서로가 서로를 신뢰한다는 것은 불가능으로 생각한 일을 가능케 할 수도 있다. 우리나라 사람의 상식으로는 도저히 이해가 가지 않았던 덴마크식 화장실은 결국 높은 신뢰 사회를 바탕으로 이루어진 것이라고 할 수 있다. 따라서 서로 간의 신뢰가 쌓여 높은 신뢰 사회로 진입할 때 비로소 남녀갈등과 남녀평등이 이루어질 수 있다고 생각한다.

남녀가 함께 즐기는 덴마크식 축구

덴마크의 남녀평등에 대한 철학은 덴마크식 축구에서도 나타났다. 어느 날 갑자기 덴마크 여자 동기들이 운동을 같이하자고 하였다. 특히 여성인 덴마크 친구가 나에게 함께 축구를 하자고 했을 때 매우 놀랐다. 우리나라에서는 경험해 보지 못했기 때문이었다.

'설마 아무렴 여자인데 축구를 잘하겠어?'라고 속으로 생각했다. 그리고 축구를 하러 가는 덴마크 여자들을 보며 의심이 들었다. '조금 하다가 그만두겠지…'

우리 10명은 축구장에 들어왔다. 그리고 편을 어떻게 나눌 것인지 고민하기 시작했다. 공교롭게도 당시 남자 5명에 여자 5명이었다. 그때 내 옆에 있던 덴마크 여자 동기가 외쳤다.

"남자 다섯, 여자 다섯으로 나눠서 겨루자."
'뭐라고?… 남자와 여자 편을 나눠 축구 시합을 하자고?' 나는 매우 놀랐다.

공을 가지고 준비 운동을 하는데 덴마크 여자 동기들이 공을 발로 잘 다루는 것이었다.

'뭐지?… 왜 이리 자연스럽지?'

시합이 시작되자 그녀들은 공을 다루는 실력과 축구 실력 그리고 몸싸움까지 무엇 하나 남자에게 주눅 들거나 뒤처지는 것이 별로 없어 보였다. 그렇다고 덴마크 여성들이 몸집이 큰 것도 아니었다. 아무리 반코트였다고 해도 나에게는 신선한 충격이었고 일평생 가지고 있던 내 선입관을 깨 버린 순간이었다.

나중에 시합이 끝나고 덴마크 친구에게 어떻게 여자들이 축구를 잘하는지 물어보았고 그 친구가 대답하길, 덴마크 교실에서는 남녀 구분 없이 체육 시간에 똑같이 축구공을 주고 배구공을 준다고 한다. 또한 남녀가 따로 노는 것이 아닌 체육 시간에 같이 섞여서 같은 스포츠를 한다는 것이었다. 내가 학창 시절에 보았던 우리나라의 모습은 체육 시간 때 남자는 축구 여자들은 고무줄 놀이었다.

축구 시합이 끝나고 갑자기 그들이 이제 덴마크식 축구를 하자고 말하였다. 나는 '덴마크식 축구가 뭐지…'라고 생각했는데 그들이 한번 구경을 하라고 하면서 보여 주었다.

덴마크의 축구는 일반적인 축구와 다르다. 여성이 조금 더 지치지 않게 하고 남자와 같이 어울릴 수 있게 골대 근처에서 두 번 공을 서로 간에 공중에서 교환하고 세 번째 사람이 골대를 향해 킥을 차게 된다. 이는 일반적인 축구가 뛰어다니면서 엄청난 체력을 요구하는 것과는 다르다. 남녀가 함께 즐길 수 있도록 만든 덴마크식 축구인 것이다.

축구 문화에서 잠깐 보이듯 덴마크식 교육은 남녀 간의 협동심을 높이게끔 프로그램화되어 있다. 이는 서로 간의 이해를 도와주고 높은 신뢰성으로 이어진다. 즉 덴마크는 체육에서부터 남녀의 신뢰가 쌓일 수 있게 하고 이는 나와는 다른 타인에 대한 신뢰의 증가로 이어지며 남녀 구분된 것이 아닌 하나의 동일한 존엄성을 가진 인간으로서의 신뢰 사회가 시작되게 된다. 그래서 남녀 표시 없는 화장실은 그 사회의 신뢰도를 나타낼 수 있는 것이다.

　물론 남녀평등의 길에는 내가 겪은 덴마크 문화 말고 다른 방법들도 많이 있을 것이다. 하지만 이번에 내가 겪은 덴마크 문화에서 나는 진정으로 남녀평등이 무엇인지 다시 한번 생각해 보는 계기가 되었다.

　우리나라는 남녀가 편을 갈라 극렬히 싸우고 있다. 정치에서는 남녀의 싸움을 이용한다. 지금 우리는 서로에 대한 신뢰가 무척이나 필요해 보였다. 앞으로 기회가 된다면 남녀평등에 대해 많이 공부해 보고 알아보고 싶다고 느꼈다.

　그 후로도 나는 덴마크 남녀 동기들과 함께 학교 뒷산의 만리장성에 등산도 하고 축구도 하고 재밌게 지냈다. 나는 그들이 가진 가치관과 철학이 좋았다. 비단 남녀평등의 문제뿐만 아니라 앞으로 소개할 것들 또한 우리가 선진국으로 향하는 과정에서 지켜보아야 할 것들이 있기 때문이었다.

교수님에게 존대했다가 덴마크 친구들에게 혼났다

인간을 바라보는 우리나라와 덴마크의 '다른 시선'

덴마크 학교 수업을 들어간 첫 주였다. 나는 한국 교수님들에게 하듯이 "Professor"라고 교수님에게 먼저 인사하였고 항상 겸손하게 존대하였다. 교수님과 대화할 때면 항상 두 손을 가지런히 모으고 경청하는 그런 모습을 보여 주었다. 예의 바른 한국 청년으로 보이고 싶었다. 하지만 그 모습이 타국의 타인에게는 매우 이상하게 보였다는 것을 얼마 후에 알게 되었다.

파티를 좋아하는 덴마크인들은 일주일에 한 번씩 맥주 파티를 열었다. 어느 날 맥주 파티에 참가해 덴마크 친구들과 맥주를 마시며 게임을 하고 있었는데 친해진 한 덴마크 친구가 나에게 이렇게 말하였다.

"나는 네가 첫날부터 교수들에게 존대하는 모습을 보고 깜짝 놀랐어. 덴마크에서는 교수에게 존대하지 않아."

여기서 존대란 아무래도 내가 교수님 앞에서 너무 나를 낮추며 극존대를 한 것에 대한 부분인 것 같았다.

그러면서 우리는 교수뿐만 아니라 모든 직업 사이에 사회적 차이가 없기 때문에 누구를 존대하거나 하대하지 않는다고 했다. 우리는 서로를 인간 대 인간으로 존중한다는 것이었다.

생각해 보면 우리나라는 유교적 문화 기반으로 나이가 한 살이라도 많으면 '님'이라고 칭하고 나를 낮추며 상대방을 존대한다.

일본 오구라 기조 교수는 『한국은 하나의 철학이다』라는 책에서 '한국 일상 공간의 인간관계'를 '나와 너', '나와 님', '나와 놈'으로 표현했다.

한국의 인간관계에서는 '나와 너'가 있고 '님'이 있으며 '놈'이 있다는 것이다. 여기서 '나와 너'는 사회적으로 대등한 관계이다. '님'은 자신이 존경할 만한 윗사람을 부를 때 쓴다. 자신보다 나이·지위·신분 등이 높으면 쓰는 말이다. '놈'은 자신보다 나이·지위·신분이 열등한 사람에게 쓴다. 내려다보아야 하는 존재라는 것이다.

그래서 한국 학생과 교수 사이의 관계는 학생의 관점에서 '나와 님'이 된다. 이것은 우리나라의 주자학에서 비롯된 위계질서의 세계이다.

하지만 덴마크의 인간관계 철학을 보면 우리나라와는 다르다.

'님'과 '놈'이 없고 나와 대등한 너가 있을 뿐이다.

'나와 너'는 나이·지위·신분에 상관없이 평등하고 같은 존엄성을 가지고 있는 인간이다.

그래서 내가 한국의 인간관계 철학의 입장에서 덴마크 교수에게 '님'(Professor)이라고 불렀을 때 덴마크 친구들이 나를 이상하게 본 것은 당연하였다. 나는 그들에게 우리나라의 유교적 위계질서에 관해 설명해 주었다. 덴마크 친구들은 이러한 유교적 위계질서에 관해 이해하지 못한다는 표정이었다.

그들은 다음 주에 덴마크와 중국 간의 행사로 덴마크 왕자가 중국에 방문하는데 자신이 덴마크 왕자를 만나도 그렇게 깍듯이 존대하지는 않는다는 것이었다. 같은 존엄성을 가진 인간으로서 서로 존대하겠다는 것이다.

그 후 나는 덴마크 친구들이 교수님을 편하게 대하는 것을 보았다. 편하게 대하는 것은 예의 없이 행동하는 것이 아닌 나와 같은 존엄성을 가진 타인을 서로 존중하는 행동이었다. 서로 평등한 입장에서 대화와 토론이 자유로웠다. 덴마크 친구들은 그래서 교수의 수업이 마음에 들지 않았을 때도 적극적으로 어필을 하였다. 그리고 교수들은 학생들의 어필을 자연스럽게 받아들여 개선하였다. 우리나라에서는 상상도 할 수 없는 일인 것 같았다.

나는 교수를 '님'으로 인식했을 때 내 의견을 잘 말하지 못하였다. 매번 교수님의 말씀에 순응하고 받아들이는 입장이었다. 나를 잘 표현하지 못하였다. 하지만 교수를 '나와 너'라는 동등한 객체로 받아들였을 때 교수와의 토론이 즐거웠다. 내 의견을 자유롭게 표현할 수가 있었고 오히려 교수와의 깊은 학문적 대화가 가능하였다.

덴마크에서는 '님'과 '놈'이 없고 '나와 너'라는 사회적으로 평등한 존재만이 있기 때문에 청소부든 의사든 교수든 학생이든 인간으로서 같은 존중을 받는다. 우리나라는 '님'과 '놈'이 너무 뿌리박혀 있어 사장이 사원에게 폭력을 행사하는 일이 심심치 않게 일어나고, 회사 안에서도 위계질서 때문에 상사는 아랫사람을 하대하고 괴롭히기도 한다. 사람들은 아파트 경비원과 청소부들을 무시한다. 우리는 우리 주변의 모든 사람들에게 나와 상대방의 위치를 끊임없이 설정한다. 얼마 전 민주당의 한 의원도 보좌관의 갑질로 장관 후보에서 낙마했다. 국회의원이 '님'이고, 보좌관이 '놈'인 유교적 위계질서가 '너'와 '나'로 바뀌어 서로 존중하는 문화가 정치권에도 뿌리내려야 한다.

우리나라가 선진국으로 한 발자국 더 나아가려면 인간 대 인간을 같은 인간으로서 존중하고 대우하는 '존엄적 평등'이 필요하다고 생각한다.

기업에서도 위계질서를 없애려고 하는 이유는 가장 낮은 사원이라도 임원에게 자유롭게 아이디어를 말할 수 있어야 기업에 혁신이 생기고 발전이 있기 때문이다.

몇 년 전부터 우리나라 대기업에서 창의력 향상을 위해 직급을 없애고 호칭을 없앴다는 기사가 있었다. 과연 이러한 인간관계에 대한 철학을 바꾸지 않고 직급과 호칭을 없앤다고 과연 '님'과 '놈'이 없어지고 '나와 너'라는 평등한 존재만 남을 것인가 하는 물음에 나는 매우 부정적이다.

언제나 시스템과 제도를 만들기에 앞서 철학이 그 사회에 확고히 뿌리박혀 있어야 하기 때문이다. 그래서 우리나라가 진정한 사회적 평등의 국가로 변하려면 우리나라의 유교적 위계질서의 철학보다는 '덴마크적 평등'을 추구하는 철학을 뿌리내리도록 하는 노력이 이러한 사회를 이룩하는 데 도움이 될 것이라고 생각한다.

마르크스 추종자인 덴마크 친구의 노동 유연성 찬양

"덴마크는 신기한 나라이다. 사회적으로는 높은 수준의 복지와 경제적으로는 기업의 자유와 높은 노동 유연성이 합쳐져 있는 국가이다." 이를 사회민주주의 즉 사민주의라고 한다.

어느 날 덴마크 수업에서 덴마크의 복지제도와 경제 시스템에 대해 다룬 적이 있는데 나는 덴마크가 법인세가 낮아 기업 하기 좋은 국가이고 특히 노동자를 쉽게 해고할 수 있는 노동 유연성이 높은 나라라는 것을 처음 알게 되었다. 사실 조금 충격을 받았다. 왜냐하면 나는 항상 복지가 강화된 나라는 당연히 국가의 통제와 높은 법인세 때문에 해고가 힘들어 기업을 운영하기 어려울 거라는 고정 관념이 있었기 때문이었다.

어느 날 나와 가장 친한 덴마크 친구 조나단과 수업 내용에 대해 이야기를 하고 있을 때였다. 그의 정치적 성향은 한국의 정의당 정도로 그의 정치적 이념은 좌파에 있었다. 조나단은 항상 그가 존경하는 사람을 마르크스라고 하였다. 마르크스란 공산주의의 창시자가 아닌가. 조나단과 노동 유연성에 대해 대화를 하게 되었는데 내가 덴마크는 왜 노동자의 해고가 쉽냐고 물어보니 오히려 나를 엄청 이상한 표정으로 바라보았다. 이렇게 물어본 이유는 그 당시까지만 하더라도 나 또한 덴마크가 사회시스템으로 채용한 사회민주주의에 대해 잘 몰랐고 덴마크가 공산주의와 가까운 국가인 줄 알았기 때문이었다. 당연히 노동자 해고가 어려운 나라인 줄 알았다.

조나단은 덴마크식 복지와 노동 유연성이 함께 가는 것이 당연하다고 생각한다고 했다. 노동자의 쉬운 해고가 당연하다고 했다. 마르크스를 추종하는 그는 쉬운 해고를 말하고 있었다. 나에게는 아이러니였다. 생각해 보니 내가 너무 고정 관념에 빠져 있었던 것 아닌가 생각했다. 나를 포함한 우리나라 사람들은 의례 고정된 정치적 이념에 종속되어 있기 때문에 고복지 국가는 당연히 공산주의, 그러면 노동자의 권리가 기업의 권리보다 높아서 기업들은 노동자들을 쉽게 해고할 수 없다고 생각할 수 있었다. 나 또한 이러한 정치적 이념에 의한 고정 관념에 빠져 있었다.

덴마크는 해고가 쉬운 노동 유연성이 높은 대신 기업이 노동자를 해고하더라도 안정적으로 생계를 이어 나갈 수 있고 재취업을 할 수 있는 다양한 복지제도를 운영하고 있다. 이를 'Flexicurity'(Flexibility 유연성 + Security 안정성) 즉 유연안정성 모델이라고 한다. 북유럽 국가의 사회민주주의 특징이다. 후에 유연안정성 모델은 마크롱 대통령이 프랑스를 개혁할 때 정책적 모토가 되기도 한다. 복지는 강화하되 기업의 법인세를 낮추고 해고를 좀 더 유연하게 만들어 기업 하기 좋은 나라를 만드는 것이다.

뉴스를 보다가 정부에서 노동 개혁의 일환으로 노동자의 해고를 쉽게 하려고 하고 있다는 것을 보았다. 하지만 해고를 쉽게 하기 위해서는 먼저 선행되어야 할 것이 있다. 바로 사회안전망 강화이다. 해고되더라도 양질의 일자리에 취업할 때까지 안정적으로 생활을 할 수 있고 재취업을 준비할 수 있는 사회안전망 제도를 충분히 강화하는 것이다. 덴마크는 사회안전망이 잘 되어 있어서 청년들이 해고를 당하는 것에 불안을 느끼지 않는다고 한다. 또한 4차 산업 혁명에 맞는 인재를 길러내기 위한 직업교육을 강화하며 고급 인력의 양성에 주력해야 한다.

또 한 가지 간과한 사실은 노동 유연성이 기업의 입장에서는 해고가 쉬운 것이지만 노동자의 입장에서는 이직이 쉬운 것이라고 할 수 있다. 덴마크에서는 다른 일자리로 옮기면서 자신의 경력을 개선할 수 있다. 하지만 아직 한국은 이직을 할 때 조직의 배신자로 여겨지는 문화가 있다. 이직이 사회적으로 쉽지 않으면 노동 유연성은 그저 노동자들에게 해고와 낙오자의 낙인을 찍는 것이 되어 버린다. 따라서 이러한 사회적 인식의 개선 없이는 해고를 쉽게 하면 대량의 실업이 생겨서 경제가 후퇴하고 사회 문제가 생길 수 있다.

개인적으로는 우리나라도 앞으로 한국만의 유연 안전성(Flexicurity) 모델, 즉 제3의 길이 필요하고 생각한다. 복지는 시대적 흐름이고 이제는 거부할 수 없다. 기술과 자본이 고도화된 사회에서 앞으로 경제 사회적으로 뒤처지는 사람들이 많아지고 경제 사회적 격차가 더 커질 것이기 때문이다. 이러한 상황에서 인간이 존엄성에 입각하여 어떤 상황에서든 최소한 인간다운 삶은 누릴 수 있도록 국가가 국민들을 지켜 줘야 한다는 입장이다. 다만 나는 기업의 자유를 더 강화할 필요가 있다고 생각한다. 경제는 기업의 생산으로 이루어지기 때문이고 일자리의 공급 측면에서 기업이 양질의 일자리를 끊임없이 만들어 낼 수 있도록 도와야 한다.

마지막으로 조나단과 대화 이후로 스스로 다짐한 것은 이념의 고정관념에 얽매이지 말자는 것이었다. 양극단의 이념을 통해 사회를 바라보는 것을 지양하고 현상을 냉철하게 관찰하고 분석하고 그에 맞는 정책을 만드는 것이 정치를 하는데 정치인으로서 그리고 국가를 이끌어가는 리더로서 현시대에 가져야 할 정치철학이자 덕목이라고 생각하게 되었다.

인간의 존엄성을 철학으로 가지고 있는 나라

3개월 정도의 수업 동안 나는 수업에서 처음으로 덴마크의 복지 시스템에 대해 수업에서 체계적으로 배울 수 있게 되었다. 그리고 더 중요한 것은 나의 덴마크 복지에 대한 궁금증을 바로 덴마크 교수님께 물어볼 수 있다는 것이었다. 나는 이 당시 정말 호기심이 많았다. 바로 직전 미얀마에 있을 때 나라와 국민들을 위해 더 하나라도 배우려는 주경야독하는 미얀마 국회의원들을 보고 저렇게 배움의 열정을 가지고 살아야 하겠구나라는 생각이 들었다. 그래서 수업이 끝나면 곧바로 교수님께 찾아가서 이해가 가지 않는 것, 궁금한 것들을 물어보았다.

특히 정책이란 그 나라의 사회와 문화와 굉장히 많이 연계되어 있고 그 나라 안에 사는 사람들이 어떻게 생각하는지, 정책의 수혜를 받는 입장에서 느끼는 것, 그리고 대화를 하다 보면 책에서는 알 수 없었던 것들을 알 수가 있게 된다.

교수님과 정말 많은 이야기를 하며 덴마크 복지에 관해 많은 것들을 배워 갔다. 동시에 덴마크 친구들과도 학생들, 청년들의 입장에서 너희 나라의 복지에 대해 어떻게 생각하는지, 많은 세금을 내는 것에 대해 어떻게 생각하는지와 같은 것들을 물어보았다. 그리고 덴마크 친구 한 명 한 명에게 덴마크 청년들은 왜 행복한지에 대해 물어보았다. 적어도 내가 본 덴마크 친구들은 정말 행복해 보였다.

그리고 내가 이렇게 계속 질문하는 것은 그 사회가 가진 철학을 찾기 위해서였다. 정책이란 제도이고 제도는 결국 국가와 시민들이 어떤 철학을 가지고 있느냐가 발현되는 사회 정치적 산물이었다. 그래서 정책과 제도를 따라 밑으로 들어가면 그 뿌리가 박혀 있는 토양이 무엇인지 먼저 알아야 했다. 그걸 나는 국가철학이라고 불렀다. 국가의 철학이 없이는 외국의 무슨 좋은 제도를 가져와도 바위 위에 심는 나무 같은 것밖에 되지 않는다. 토양이 없으니 뿌리를 내리지 못하고 시들어 죽고 만다.

덴마크 복지가 뿌리내리고 있는 그 근본 토양을 찾기 위해 무던히도 노력하고 사람들과 이야기하는 중에 어느 날 내 뇌리를 스치는 말을 들었다. 그날은 덴마크 친구들과 왜 덴마크가 행복도 세계 1위인지에 대해 논의하고 있었을 때였다.

"덴마크에서는 거지가 되어도 최소한 인간답게 살 수 있어. 우리는 우리가 실패해도 모든 재산을 잃어도, 아파서 일을 못 한다고 하더라도 최소한 인간답게는 살아갈 수 있는 확신이 있어."

그렇다. 덴마크에서는 미혼모가 되어도, 실직되어도, 갑자기 몸을 다쳐 일을 하지 못하게 되어도, 장애가 생겨도 모두 최소한 인간답게 살 수 있도록 복지 체계가 갖추어져 있다.

예전에 드라마 〈미스터 션샤인〉에서 이병헌은 자신이 노비였음을 밝히며 김태리에게 이런 말을 한 적이 있다.

"귀하가 구하려는 조선에는 누가 사는 거요? 백정은 살 수 있소? 노비는 살 수 있소?"

나는 곰곰이 생각해 보았다. 과연 이 땅에는 누가 살 수 있는 것인가? 미혼모는 살 수 있는 건가? 장애를 가진 사람들과 갑자기 실직된 가장과 그의 가족들은 살 수 있는 건가? 1평짜리 창문 없는 고시원에 사는 청년들, 독거노인들, 청소년 가장들 그리고 가족과 직업, 삶의 희망까지 잃은 노숙인들은 살 수 있는 것인가?

내 대답은 "살 수 없다."이다. 우리나라에서 경쟁력이 없거나 잃은 사람들은 인간답게 살아갈 수가 없다. 사회적 편견도 그렇고 그들이 사회적으로나 경제적으로 다시 일어설 수 있는 체계가 제대로 갖추어져 있지 않다. 힘이 없는 사람들뿐만 아니라 이 나라는 일반인들조차 제대로 살기가 힘들다.

그래서 덴마크 친구에게 거지가 되어도, 가진 것을 다 잃어도, 한순간에 실직자가 되거나 큰 병을 얻어도 최소한 인간답게 살 수 있다는 말을 듣는 순간, 나는 아무 말도 할 수 없었다.

'인간의 존엄성', 덴마크의 근본 국가철학

결국 덴마크 복지 체제가 뿌리를 두고 있는 국가철학은 "인간의 존엄성"이었다. 인간이 최소한 인간답게 살아갈 수 있도록 하자는 국가와 국민들의 철학이 있었고 그것이 복지 정책과 제도로 발현된 것이다.

갑자기 모든 것을 잃고 노숙인이 되어도 다시 사회에 기여하는 하나의 일원으로서 일어설 수 있을 때까지 국가와 사회는 최소한 인간답게 살 수 있도록 지원해 준다. 덴마크의 복지 시스템은 한 사람 한 사람이 인간답게 살 수 있도록, 개개인의 존엄성이 훼손되지 않도록 배려해 준다. 그래서 노인들, 미혼모들, 청소년 가장들 등의 일반적인 사회적·경제적 약자들이 덴마크 사회에서는 더 이상 약자가 아니다. 그리고 그들은 행복하다.

이처럼 덴마크의 복지는 인간의 존엄성을 지키기 위한 철학 위에 세워졌다. 또한 덴마크는 이 철학을 모든 사회에 뿌리내리고 있다. 즉 국가를 구성하는 원대한 기초이다. 그만큼 한 국가가 가지고 있는 철학은 가장 중요하고 위대하다.

이제 덴마크로 갈 준비를 하다

덴마크 복지제도와 철학을 알게 되었으니 이제는 직접 덴마크로 가서 그 사회를 관찰하고 덴마크 복지 정책의 권위자를 찾아서 심도 있는 연구를 해야 했다. 그리고 가장 중요한 목적은 덴마크식 복지와 철학을 어떻게 한국의 상황에 맞게 만드느냐였다. 덴마크와 한국의 상황이 많이 다르기 때문에 하나하나 비교하며 분석해 나갈 참이었다. 또한 가장 큰 문제는 복지에는 돈이 들기 때문에 세금 문제를 어떻게 해결하느냐가 중요한 문제였다. 그래서 체제를 그대로 가지고 오는 것보다는 그 중심이 되는 철학을 가져와 한국에 맞게 살을 붙여 나가면 될 것 같았다.

'인간 중심의 한국식 복지제도를 만들고 싶다.'

어느 누구도 어떠한 상황이 생겨도 최소한 인간답게 살 수 있는 나라. 국민 한 사람 한 사람이 국가로부터 보호받고 인간으로서 존중받는 나라가 내가 만들고 싶은 나라였다.

나는 곧바로 나와 친했던 덴마크 교수님을 찾아갔다. 그에게 이번 중국에서 1년의 수업을 마치면 곧바로 덴마크로 가서 복지 연구를 하고 그걸로 학위 논문을 내고 싶다고 말하였다. 그는 나에게 덴마크의 복지 연구의 저명한 교수님이 운영하는 연구소에 나를 소개시켜 주신다고 하였다. 덴마크의 사회는 약간 폐쇄적이고 현지 인맥이 있지 않으면 이러한 기회를 잡는 게 쉽지 않다고 하였다. 나는 다행히 그 교수님의 주선으로 덴마크의 연구기관에 있는 교수님과 연락이 닿았고 2019년 하반기에 덴마크의 연구소에서 그 교수님과 한국-덴마크 복지에 관한 연구를 시작하기로 확정을 지었다. 덴마크 복지에 권위가 있는 교수님의 지도를 받는다면 좋은 연구 결과를 낼 수 있을지도 모른다고 생각했다.

'드디어 덴마크 복지를 제대로 연구할 수 있겠구나…'

몸에 이상이 생겨 오다

모든 것들이 잘 준비되고 있었다. 하지만 갑자기 몸에 힘이 쫙 빠졌다. 두통과 함께 갑자기 약한 기침들을 하기 시작했다. 워낙 건강했던 나였기에 처음에는 단순 감기라고 생각하여 방치하고 있었다.

프린트를 하지 않는 실천, 환경을 생각하는 삶

"당신이 변화를 일으키기에 결코 작지 않다는 것을 나는 알게 되었습니다." 그레타 툰베리 몸이 점점 더 안 좋아지고 있었다. 기침이 잦아졌고 몸이 힘이 하나도 없었다. '조금 쉬면 낫겠지'라는 생각으로 학기말 시험공부를 준비했다. 학교 식당에서 나는 밥보다는 뜨거운 옥수수죽을 먹었다. 몸이 따뜻해지고 무리가 가지 않았다. 지금도 가끔씩 몸이 안 좋아지면 학교 식당에서 먹었던 그 옥수수죽이 그리워지곤 한다. 그래서 요즘도 가끔 한국에 그러한 음식이 있는지 찾아보기도 했다. 컨디션이 좋지 않은 것을 눈치챈 동기들이 나에게 따뜻한 물과 차를 끓여 주고 약도 가져다주었다. 아직은 별거 아니라는 생각에 몸이 좋지 않지만 공부에 집중했다.

나는 처음 보는 시험이라 시험 준비를 열심히 하려고 생각하고 있었다. 시험을 보기 위해서는 일단 시험 자료를 프린트로 뽑아야 했다. 그리고 밑줄을 치면서 공부를 해야 했다. 그게 내가 공부하는 방식이고 아마 전 세계에 가장 보편적인 방법일 것이다.

수업에서 종이를 사용하지 않는 덴마크 학생들

영국 옥스퍼드 석사 공부를 하면서도 그랬지만 나는 종이로밖에 공부를 못하는 성격이었다. 즉 PDF 파일을 열어 놓고 노트북 모니터로 공부하는 것을 좋아하지도 않았고 눈도 매우 아팠다. 그래서 영국의 기숙사 내 방 안에는 항상 프린터와 충전용 잉크가 가득 있었다. 그리고 수업을 들을 때마다, 시험 준비를 할 때마다 몇십 몇백 장씩 출력을 하는 것이 예사였다.

이번 덴마크 학교의 첫 수업 때도 나는 수업 준비를 위해 일명 복삿집을 찾기 시작했다. 학교 근처에 아주 저렴한 복삿집이 있었고 파일이 들어 있는 USB만 가게에 넘겨주면 알아서 제본까지 해 준다고 하였다. 이번 수업의 모든 내용물을 출력한다면 800장 정도의 책이 나오고 가격은 1만 5,000원 정도였다. 나는 이보다 저렴할 수는 없다며 당장 덴마크 친구들에게 가서 이 정도 가격밖에 안 나오니 같이 제본을 해서 시험공부를 하자고 말하였다.

나는 당연히 그 친구들이 좋아할 줄 알았다. 하지만 덴마크 친구들의 표정이 어두워지며 그러면 종이가 낭비되고 환경을 해칠 수도 있다고 말했다. 자신들은 불편하지만 컴퓨터로 보겠다는 것이었다.

나는 그들의 대답이 신선하고도 놀라웠다. 도대체 이게 몇 번째 놀라움인지… 그들과 나는 다른 세계에 사는 사람들인가 싶었다… 만약 이 세상에 반지의 제왕의 엘프족이 있다면 덴마크 사람들일 것이다.

생각해 보니 수업 중에 종이로 프린트해 온 사람은 한 명도 없었고 수업이 끝나고 자습을 할 때도 노트북 모니터로만 공부하는 그들이었다. 뭔가 눈치 없이 나와 중국 친구들만 프린트를 하고 있었다. 물론 인쇄한다고 해서 그게 나쁘다는 것은 아니다. 그것은 개인의 가치관이기 때문이니까. 하지만 나는 평소 환경보호를 외치면서 정작 시험을 위해 수백 장씩 프린트를 하니 내 스스로 모순이라고 느껴졌다.

덴마크 친구들도 분명 노트북 스크린을 보는 것이 눈이 아플 것이다. 하지만 자신의 불편함보다 환경을 먼저 생각하는 것과 항상 실천에 옮기는 모습이 오늘따라 유달리 그들과 내가 달라 보였고 부끄러웠다. 그래서 나도 눈이 아프지만 모니터로 공부를 하는 연습을 했다. 눈이 빠질 것 같고 시험공부가 잘 안 됐지만 꾹 참고 보았다. 이러한 행동은 내 평소의 태도까지 바꾸어 놓았다. 종이책을 사 모으는 게 취미였는데 이제는 웬만하면 전자책을 사서 읽게 되었다. 하지만 아직까지 공부를 스크린으로 하고 책을 이북으로 보는 것은 적응이 안 된다.

우리나라를 포함한 대부분 나라는, 아마 생각건대 북유럽을 제외하고 프린트를 선호할 것이다. 옥스퍼드에서도 프린트를 쓰는 모습을 많이 봐 왔고 한국에서 석사를 했을 때도 마찬가지였으니까.

생각해 보니 덴마크 동기들은 등산을 할 때도 나무와 풀과 벌레들이 다치지 않도록 신경 쓰면서 걸었다. 환경에 관한 관심이 몸과 마음에 체화된 사람들은 유럽에서도 그들뿐이었다.

덴마크는 누구나 다 아는 환경 강국이다. 덴마크 하면 가장 먼저 떠오르는 이미지는 자연의 아름다움과 깨끗함이다. 덴마크의 다음 목표는 2050년까지 석유 및 석탄을 이용한 화력 발전의 완전한 폐지이다. 굴뚝에서 조그마한 연기조차 내뿜지 않겠다는 것이다. 덴마크는 현재 신재생에너지 기술을 중국에 수출하는 환경 기술 강국이기도 하다.

덴마크 친구들에게서도 보듯이 덴마크인들의 환경에 대한 가장 큰 특징은 '행동으로 실천하는 환경보호'이다. 덴마크 직장인들은 자동차의 배기가스가 오염을 일으킬까 출퇴근 인원의 36%가 자전거를 이용한다고 한다. 그럼 이러한 행동으로 실천하는 환경보호는 어떻게 그들의 DNA에 각인된 것인가? 나중에 물어보니 그들은 어렸을 때부터 환경보호에 대한 공부뿐만 아니라 행위를 가르치는 것에 중점을 둔다고 한다. 항상 종이를 아끼고 환경에 대한 보호를 학교에서 가르치고 선생님과 부모들이 솔선수범하면서 자녀들에게도 환경보호의 가치와 태도가 자연스럽게 체화되는 것이었다.

환경이란 이제 좌우의 정치적 이념이 아니다. 예전 같으면 환경보호를 외치는 단체는 진보 단체였지만 지금은 환경을 지키는 것은 인류의 보편적 가치가 되었다. 환경을 보호하지 못하면 우리는 멸망할 수 있기 때문이다. 인류의 생존과도 연관이 있기 때문에 환경에 이제는 정치적 이념이 들어가서는 안 되며 득표를 위한 정치적 도구가 되어서는 안 된다. 우리는 깨끗하고 잘 보전된 자연을 우리 후손과 미래 세대에게 넘겨줄 책임이 있다. 삭막한 도시의 아스팔트가 아닌 깨끗한 물과 시원한 바람 그리고 나무를 남겨 주어야 한다. 회색의 아스팔트가 아니라 깨끗하고 건강한 땅 위에서 우리 아이들을 뛰어놀게 해야 한다.

교수의 의견에 No를 외치는 덴마크식 시험

마지막 시험 중에 한 과목은 서로 다른 체제를 비교하는 과목이었다. 나는 미얀마에서도 민주주의에 대한 연구를 하였고 중국의 민주주의 또한 관심이 많았기 때문에 민주주의로 주제를 정했다. 다만 3명의 팀을 꾸려야 했기 때문에 나와 가장 친했던 덴마크 친구와 중국 여학생과 팀을 꾸리게 되었다. 그들은 지난 3개월 동안 나와 한시 떨어져 지낸 적 없는 내 형제 같은 친구들이었다. 또한 이 중국 여학생은 중국인이지만 민주주의에 대해 관심이 많았다. 그래서 그녀에게 홍콩의 민주주의 시위가 일어났을 때 VPN으로 인터넷을 우회하여 넷플릭스에서 하는 홍콩의 민주화 시위 다큐멘터리를 보여 주기도 하였다.

참고로 중국은 자신들의 사상을 지키기 위해 구글, 페이스북, 네이버, 카카오톡, 텔레그램, 왓츠앱, 유튜브 등을 막아 놓고 정보를 통제하고 있었다. 당연히 홍콩의 민주주의는 검색이 안 되는 금기어이자 어느 곳에서도 정보를 얻기가 힘들었다.

신기한 덴마크식 시험

덴마크 시험의 특성은 리포트를 제출하고 일주일 후에 혼자서 2-3명의 교수 앞에서 리포트에 대해 발표하는 구술시험을 치르는 것이다. 그리고 이 구술시험 전 리포트를 쓸 때 교수님들과 시험 2주 전에 몇 번씩 만나 30분간 주제와 내용, 그리고 방향성에 대해 토론을 하며 피드백을 받았다. 나는 처음에는 교수의 피드백에 무조건 Yes라고 답하였으나 같은 팀원이었던 덴마크 친구가 덴마크에서는 교수의 의견에 무조건 Yes라고 하기보다는 정말 자기 생각이 맞다고 생각되면 때로는 No라고 말하면서 자신의 의견을 주장해야 한다고 하였다.

"아무리 권위 있는 교수라고 하더라도 교수의 의견을 비판할 수 있어야 해."

덴마크 친구가 나에게 말했다.

이는 덴마크 특유의 학생과 교수 간의 수평적 문화에서 기인한다. 이 수평적 문화는 곧 창의성으로 이어져 아무리 권위 있는 교수의 의견이라도 100% Yes라고 말하지 않고 정말 옳은 것인지 한 번 더 생각하게 만든다. 덴마크는 자기 생각이 교수와 다르면 정말 다르다고 말할 수 있는 문화이다. 그리고 교수도 학생의 말을 무시하지 않고 주장에 귀를 기울여준다.

또한 2주의 시험 준비 기간 동안 각자 교수에게 피드백을 받을 수 있는 날짜를 공식적으로 정할 수 있다. 그리고 그 외에 더 논의하고 싶으면 자연스럽게 연락하거나 교수를 찾아가서 주제에 관해 대화하였다. 약속을 잡아도 되지만 보통 교수들은 방문을 활짝 열어 놓아 공부하다가 가서 궁금한 게 있으면 문을 노크하고 시간이 괜찮으면 자연스럽게 대화를 할 수 있다.

이렇게 자연스럽고 수평적인 문화는 한국이나 영국에서 공부하면서도 한 번도 겪어 보지 못했던 학문적 자유스러움이었다. 그리고 그 학문적 자유 속에서 나는 지식의 해방을 느낄 수 있었다.

교수와 맞짱을 뜨다

2주 동안의 시험 준비 기간이 끝나고 팀원들과 공들여 작성한 리포트를 제출하였다. 그리고 시험이 끝나서 덴마크 친구에게 마음이 홀가분하다고 말하였다. 하지만 그 친구는 시험은 이제부터 시작이라고 말했다. 일주일 후의 발표 시험에서 리포트를 포함한 최종 점수가 정해지니 그날이 가장 중요하다고 말했다. 그러고는 팁을 알려 주었다.

"구술시험에서 중요한 것은 자신이 쓴 리포트를 분석하여 교수가 말하기 전에 부족했던 부분을 찾고 스스로 비판하고 보완점을 찾아야 해."

만약 리포트를 잘 쓰지 못했더라도 이 시험에서 점수를 더 높일 수 있다는 것이었다.

"이 리포트에 데이터가 부족하거나 오류가 있다면, 발표 시간 5분 안에 그 부분을 정확히 짚어서 설명해야 해. 그리고 보완할 이론이나 데이터가 있다면 직접 찾아서 함께 설명하는 게 좋아. 교수가 먼저 그 부족한 점을 지적하게 되면 감점될 수 있어."

우리는 리포트를 제출한 다음 날부터 다시 모여서 머리를 맞대고 우리 논문의 부족한 부분을 찾기 시작했다. 스스로의 비판이 시작된 것이다. 사실 이때가 리포트를 작성할 때보다 더 힘들었다. 우리는 다른 논문들과 책들을 읽으며 그리고 계속 의견을 나누며 우리의 리포트를 하나하나 분해해 분석하였고 어느 정도 보완할 곳을 찾아내었다.

하지만 가장 힘들었던 부분은 따로 있었다. 시험 준비 기간에 교수님은 우리가 쓴 한 문단의 주장에 대해 비판한 적이 있었다. 그래서 우리의 고민은 이 문단에 대한 비판을 받아들이고 다른 대안을 찾느냐 아니면 교수님의 비판을 받아들이지 않고 우리의 주장을 더 강화할 것들을 찾느냐는 것이었다. 결국 우리는 교수님과 맞짱을 뜨기로 하였다. 한국 같으면 상상도 할 수 없는 일이었다. 덴마크 친구의 말에 의하면 구술시험에서는 비판하는 교수님을 설득시키면 더 높은 점수를 받을 수 있다는 것이었다. 하지만 설득을 성공시키지 못하면 점수를 깎이게 된다.

리포트를 제출하고 일주일이 지나 구술시험을 치르게 되었다. 우리 팀원은 각자 따로 순서대로 시험장에 들어갔다. 시험장에 들어가니 두 분의 교수가 있었다. 나는 교수들 앞에서 프레젠테이션을 하며 간단한 요약과 우리 리포트의 부족한 부분들을 말하였고 개선해야 할 점들을 말하였다. 다행히 교수들은 내 주장에 끄덕이면서 그 부분이 이상했었다고 말해 주었다.

그리고 예상대로 한 교수의 의견에서 우리 주장과 맞지 않는 부분이 나오게 되었다. 교수는 중국의 민주화를 불가능으로 보았고 우리는 중국에 언젠가는 민주주의가 이루어질 것임을 주장하였는데 근거로는 불평등 지수를 보완점으로 내세웠다. 결국 치열한 토론 끝에 교수님을 설득할 수 있었다.

덴마크 구술시험은 시험이 끝나고 바로 점수가 나온다. 그래서 시험이 끝나고 필자는 잠시 방을 나오게 되었고 5분 후 다시 들어가 교수님들의 피드백을 듣게 되었고 점수를 받았다. 점수는 95점부터는 만점인데 96점을 받았다. 이렇게 나의 새로웠지만 치열했던 덴마크 시험이 끝나게 되었다.

학업을 포기하고 한국으로 돌아오다

시험이 끝나자 내 몸은 더 안 좋아졌다. 기침은 더 잦아졌고 가슴에 통증이 느껴졌다. 나는 중국 친구들의 도움을 받아 큰 병원으로 갔다. 그곳에서 나는 폐렴 진단을 받았다. 아무래도 옥스퍼드에서 싱가포르로 그리고 미얀마, 마지막에는 중국으로 이어지는 여정 속에서 단 한 번도 쉰 적이 없었기 때문에 몸이 약해질 대로 약해진 것이었다.

사실 진단 전에 어느 정도 내 몸 상태를 알고 있었다. 다만 정신력으로 버티면 될 것 같았다는 내 착각 속에 있었다. 결국 어느 날 나는 쓰러졌다. 내 정신은 그 어느 때보다도 또렷한데 내 몸은 혹사당해 지칠 대로 지쳤나 보다. 몸이 무너지자 정신까지도 급격하게 무너졌다. 정신적 공황이 왔다. 책을 볼 수가 없었고 모든 상황이 두려웠다. 상황이 심각했다. 어떻게 이 짧은 시간 동안 이렇게 되었을까… 자책하고 또 자책했다.

나는 더 이상 버티질 못하고 휴학을 하고 한국에 들어왔다. 13년 전 3년 동안 대학에 들어가지 못해 방황하며 힘들어했던 이후로 나에게 다시 한번 고난의 순간이 찾아왔다.

친구들과 교수님에게 상황을 설명하고 한국에 나왔다. 부모님은 나의 모습을 보자 충격을 받으셨다. 단기간에 10kg가 빠져 아프고 초췌한 모습을 부모님께 보여 드리게 되었다. 나는 그 상황에서도 약한 모습을 부모님께 보일 순 없어 밝게 웃었다. 그리고는 조금 쉬면 괜찮다는 말과 함께 방에 틀어박혔다.

3개월 정도 쉬며 나는 정말 폐인처럼 지냈다. 몸은 서서히 회복되었지만 내 정신이 완전히 무너진 탓에 회복 시간이 오래 걸렸다. 밖에 잘 나가지도 않았고 책을 보지도 않았다. 수중에 돈도 없었고 일도 하지 않은 채 하루하루를 지냈다. 그 당시 내가 무엇을 생각했는지 기억이 전혀 나지 않는다. 다만 내 스스로 지금 이 상황을 납득할 수가 없었던 것 같다. 옥스퍼드를 졸업하고 그 무엇이라도 할 수 있을 것 같은 순간에 나는 바닥으로 내동댕이쳐졌다.

그 지옥 같았던 어둠의 터널 속에서 나는 잠시 잊고 있었던 하나님을 다시 잡았다. 지금 이 순간에 내가 할 수 있는 것은 그뿐이었다. 나는 매일 눈물을 흘리며 기도했다. 교만하기만 했던 나를 바로잡았다.

성경에 욥처럼 나는 병상에 누워 기도만 했다. 그게 내가 당시 할 수 있는 유일한 방법이었다.

2019년 1월의 어느 날이었다.

정치와 리더십을 배우기 위해 파리정치대학에 입학하다

다시 일어서자

　내가 그 당시 아팠던 내 과거에 대해서 말하는 것은 부끄러운 일이다. 하지만 나는 나에게도 그리고 이 책을 읽는 분들에게도 진솔해지고자 한다. 나도 이러한 힘든 순간이 있었다는 것, 그래도 끝까지 포기하지 않고 다시 일어나려는 노력을 했다는 것을 말이다.

　사람은 누구나 한두 번씩은 일생에 큰 고난이 오게 마련이다. 항상 행복한 인생이란 없다. 인생이란 희로애락이 아니겠는가… 그리고 그 시련을 우리는 무던히도 이겨 내도록 용기를 가지고 노력해야 한다. 나 또한 당시 그 순간이 너무 괴로웠다.

　나는 모태신앙 기독교인이다. 그래서 내 중심에는 항상 신앙이 있었다. 세상에는 내 힘만으로 되는 일은 없다. 특히 나처럼 부족한 사람에게는 더 그렇다. 나는 공부에서 1등을 해 본 적이 단 한 번도 없다. 키도 작았으며 체격도 작아 키로 줄을 세우면 거의 5번째 앞에 있곤 했다. 하지만 나는 공군 장교로서 누구보다 씩씩하게 길게 군 생활을 했으며 옥스퍼드라는 분에 넘치는 대학에서도 공부했다. 나는 그것이 항상 하나님께서 도우신 것이라고 생각한다. 하지만 언젠가부터는 이 모든 것들이 내가 이룬 것이라는 교만과 자만에 빠져들게 되었다.

아무리 잘나가는 사람이라도, 최고의 위치에 있는 사람이라도 무너지는 것은 한순간이다. 그래서 높을 때나 잘 나갈 때 교만할 필요도 없고 못 나가고 낮은 위치에 있더라도 슬퍼할 필요가 없다. 높낮이가 바뀌는 것은 한순간이기 때문이다. 나는 내 인생의 가장 밑바닥에서 그것을 깨달았다. 그래서 앞으로 만약 큰 성공을 한다고 하더라도 나는 항상 나를 낮추고 겸손히 살아갈 수 있을 것 같다고 느꼈다.

모든 것은 한순간이다. 그 당시 나는 돈도, 그리고 직업도 없었다. 몸과 마음도 성치 않았다. 하지만 몇 달간 나는 조금씩 몸과 마음을 회복해 갔다. 조금씩 밖에 나가 산책을 하면서 하늘을 바라보며 숨을 크게 쉬곤 했다. 2월의 날씨는 추웠지만 입춘의 계절이라 봄기운이 조금씩 느껴졌다.

나는 이대로는 주저앉을 수 없었다. 다시 어떻게든 일어나야 했다.

가진 돈이 다 떨어져 일해야 했다. 부모님께 손을 벌리는 것도 한계가 있었다. 일을 하며 다시 일어나길 고대했다.

갑자기 일을 하자고 결정을 했기에 마땅한 곳을 찾을 수 없었다. 어느 날 계약직이지만 세종시에 있는 연구소를 찾을 수 있었다. 건축과 도시를 연구하는 이 연구소는 국책연구소였다. 공고를 보니 스마트도시 정책 관련 연구원을 뽑는다는 것이었다. 지원 사항을 보니 다른 공고들은 다 건축이나 도시를 전공했어야 했는데 이것은 정책 전공도 있었다. 나는 당시 건축과 도시 전공은 아니었지만 도시 관련해서는 관심이 많았기에 그리고 정책과 법을 만드는 것이었기에 할 수 있으리라 생각했다. 그래서 세종시는 지금 사는 곳과 너무 멀었지만 일단 지원하였다. 이것저것 따질 상황이 아니었다.

며칠 후에 서류를 합격했다고 연락이 왔다. 나는 면접 준비를 시작했고 스마트도시 관련 사업과 정책 사례들을 찾아보며 면접을 준비하였다. 당시 나는 정말 간절했기 때문에 열심히 준비하였고 다행히 합격하게 되었다. 나중에 안 사실은 이 자리는 사실 안에서 계약직으로 오래 일했던 분의 계약이 끝나자 이 연구로 다시 합격시키려 했었다는 것이다. 특별히 점수를 더 잘 주는 건 아니지만 경력이 있어서 무난히 그 친구가 합격할 거라고 생각하셨다고 한다. 하지만 너무 간절했기 때문인지 면접에서 대부분 내가 말을 하게 되었고 내부에서도 뒤집을 수 없을 만큼 점수를 받아 합격하였다. 다만 모든 학력은 블라인드였기에 그날 내가 합격하고 다들 놀랐다고 한다. 하지만 첫 출근 때 내가 옥스퍼드 대학을 나왔다고 하니 의문이 들었던 분들은 의문이 풀렸다고 나에게 말했다.

나는 연구소 근처에 원룸을 구하려고 했으나 남는 방이 없어서 연구소에서 25분쯤 떨어진 조치원에 집을 구했다. 월세가 25만 원짜리였고 앞에는 군부대, 근처에는 논과 밭이 있었다. 시골 느낌의 이곳은 예전에 내가 군 생활을 한 곳과 비슷했다. 나는 연구소에 있을 때 그 누구보다도 열심히 했다. 필요할 때는 야근을 하면서 나에게 주어진 역할을 다하려고 노력했다. 다행히 연구소 사람들은 너무 좋았다. 다들 정이 있었고 친절했고 항상 나를 챙겨 주었다. 오히려 일을 하니 몸과 마음이 빠르게 회복되었다. 국토부 연구 과제였기 때문에 국토부 사무관들과도 함께 토의하면서 일을 해 나갔다. 열심히 한 탓인지 조금씩 인정을 받게 되었다.

연구소 분들은 나에게 가족과도 같았다. 연구소 안에서 친구들도 많이 만들었고 함께 관심이 있는 연구 스터디도 하며 그렇게 재밌게 지냈다. 그렇게 안에서 사람들과 잘 지내고 열심히 일을 하다 보니 위에서도 나를 정규직으로 만들고 싶어 하셨다. 나에게 여기서 쭉 있으면서 함께 일하자고 하였다. 나도 이곳이 마음에 들었기에 이곳에 있고 싶어졌다.

여기서 그렇게 3개월 동안 나는 몸과 마음을 거의 회복하고 있었다.

반년 늦은 옥스퍼드의 졸업식에 참여하다

일을 한 지 3개월 후 어느 날 나는 옥스퍼드의 졸업식에 참여하라는 이메일을 받았다. 사실 졸업식은 작년에 참여해야 했으나 내가 몸이 좋지 않은 관계로 졸업식을 가지 못했다. 내 동기들은 이미 졸업식을 반년 전 치른 상태였다. 지금은 이제 어느 정도 회복이 되었으니 졸업식에 참여하겠다고 학교에 답신을 보냈다.

그렇게 졸업식에 참여하기로 하고 연구소에 졸업식에 참여를 한다고 말씀드리고 휴가를 썼다. 그리고 집으로 올라와 부모님께 같이 졸업식에 가자고 말씀드렸다. 하지만 어머니는 그 당시 사정이 있어서 못 가셨고 아버지와 나는 옥스퍼드 졸업식에 참여하기 위해 영국 비행기에 몸을 실었다.

영국을 떠난 지 거의 1년 만에 다시 돌아왔다. 다시 이곳에 오니 감회가 새로웠다. 옥스퍼드에 도착하고 아버지를 안내하여 내가 공부했던 곳을 하나씩 방문하며 설명해 드렸다. 곳곳에 나의 흔적들이 묻어 있었다. 아버지는 자신의 일생에 옥스퍼드에 오실 날이 있으실 거라고는 생각 못 하셨다고 했다. 고등학교 영어 선생님이셨던 아버지는 항상 어렸을 때부터 나에게 공부를 열심히 하라고 말씀하셨는데 공부를 잘 안 하던 내가 이곳을 졸업하게 될 것이라고는 상상도 못 하셨다. 그래서 내가 아버지께 효도하는 길은 아버지와 함께 옥스퍼드로 가서 졸업식을 보여 드리는 것이었다.

옥스퍼드에 다시 오니 그동안 잠시 접어 두었던 내 삶의 목표와 꿈이 다시 내 마음속에서 솟구치고 있었다. 나의 꿈은 나라와 사람들을 위해 일하는 사람이 되는 것이었고 지금까지 그렇게 생각하며 달려왔었다. 잠시 나는 아픈 이후로 내 삶의 목적을 잊고 있었다. 아버지와 함께 내가 공부했던 곳을 둘러보며 예전의 기억들과 꿈들이 돌아옴을 느꼈다.

졸업식날 옥스퍼드에서

다음 날 졸업식 날이 되었다. 옥스퍼드 졸업식은 각자 자신의 소속 칼리지에서 대기를 하다가 인원을 체크하고 옥스퍼드에 있는 보들리안(Bodleian) 도서관으로 출발한다. 졸업식은 도서관 건물 안에 있는 평소에는 연주회를 하는 홀에서 진행한다. 나 또한 내 소속 칼리지인 워덤 칼리지에서부터 졸업식장으로 학생들과 함께 일렬로 걸어갔다. 3분 정도의 짧은 시간 동안 수많은 생각들이 내 머리를 스쳤다. 다시 이곳에 와서 졸업식에 참여하게 되어서 기뻤다.

졸업식장에서

졸업식장에 도착하자 수많은 인파가 모여 있었다. 아쉽게도 나와 함께 공부했던 친구들은 이 졸업식에는 한 명도 없었다. 그들은 이미 반년 전에 졸업식을 했기 때문이었다. 나는 내 과에서 홀로 내 자리에 앉았다. 졸업식을 담당하는 분들이 나에게 졸업식 차례에 관해 자세히 설명해 주었다. 나는 일단 내 자리에 앉아서 기다리다가 호명이 되면 앞으로 가서 총장이 불러 주는 라틴어로 된 말씀을 듣고 끝에서 "돌피뎀"이라고 외치는 것이었다. 그리고 인사하고 나가서 다시 문으로 가서 대기를 하면 되었다. 그 후에 또 다른 식들이 있었기에 차근차근 외웠다.

나는 자리에 앉아 내 차례를 기다렸고 드디어 내 차례가 되었다. 나는 홀로 무대 앞으로 걸어갔다. 걸어가는 몇 초의 순간 나는 정말 힘들게 여기까지 왔다는 생각에 눈물이 나올 뻔했다. 여기까지 오는 게 정말 힘들었다. 지칠 대로 지쳤다. 하지만 나는 꺾이고 쓰러질지언정 포기는 하지 않았다. 꿋꿋하게 용기를 가지고 인내하며 버텼다.

졸업식 날 아버지와 함께

모든 졸업식이 끝나고 아버지를 만났다. 아버지도 나를 보고 눈물을 흘리셨다고 했다. 아버지는 내가 아플 때 나를 매우 안타까워하시면서 매일 내 옆에서 몸이 좋지 않아 부은 내 팔과 다리를 주물러 주셨다. 나는 아버지의 손을 잡았다. 사실 처음 잡아 보았다.

프랑스 정치의 심장, 파리정치대학으로

졸업식에서 돌아와서 나는 앞으로 나의 인생에 대해 곰곰이 생각해 보았다. 그리고 여기 연구소에서 남아 정규직에 도전할 것인지 아니면 코펜하겐 비즈니스 스쿨로 돌아갈 것인지 결정을 해야 했다. 연구소 분들은 내가 그분들과 함께 일했으면 한다고 했다. 나도 그분들이 너무 좋았다. 정말 가족 같은 분들이었다. 그분들이 아니었으면 나는 다시 일어서지 못했을 수도 있다.

다만 코펜하겐 비즈니스 스쿨에 다시 돌아가는 것은 포기하는 편이 나았다. 다시 돌아가기에는 시간이 너무 흘렀다고 생각했다. 이미 휴학을 하고 떠나온 지 일 년이 다 되어 가고 있었다. 그렇게 나는 돌아가는 것을 포기하고 연구소의 일을 하며 정규직 시험을 준비하고 있었다.

어느 날 나는 옛날 이메일들을 보다가 내가 프랑스에 있는 파리정치대학(SciencesPo)에 합격했었다는 사실을 떠올렸다. 옥스퍼드에 있을 때 파리정치대학과 코펜하겐 비즈니스 스쿨에 합격했고 나는 처음 코펜하겐 비즈니스 스쿨에 입학했기 때문에 파리정치대학의 합격은 혹시 몰라 뒤로 연기한 상태였다.

그리고 그때 뉴스나 신문을 보면 프랑스의 마크롱 대통령에 대해서 수많은 기사들이 쏟아지고 있었고 정치를 생각하는 청년이라면 으레 마크롱에 대해 궁금하고 더 알고 싶어 했다. 마크롱 대통령은 당시 우리나라 정치계에서도 가장 핫한 인물이었다. 모든 청년들이 그와 같이 되고 싶어 했다. 그 당시 나는 정치를 하는 친구들이 많았기 때문에 그리고 당시 청년 정치 모임에도 종종 나갔기 때문에 이 현상에 대해 잘 알고 있었다.

나 또한 관심이 가기 마찬가지였다. 마크롱 대통령에 대해 알아보니 그도 나와 같은 파리정치대학 행정학 출신이었다. 당시 프랑스의 파리정치대학은 프랑스의 대통령과 정치인들 그리고 외교관들을 포함한 고위 공무원들을 육성하는 곳이었다. 그래서 프랑스의 정치인들은 거의 이곳 출신이었다. 나는 파리정치대학에서 어떻게 마크롱 같은 사람을 육성하였는지 그 커리큘럼이 궁금했다. 우리나라에는 정치인을 육성하는 학교는 없었기 때문에 더 호기심이 갔다. 또한 나는 마크롱 대통령의 리더십이 궁금했다.

이러한 이유로 나는 퇴근을 하고 집에서 오랜만에 이메일을 열어 보았다. 이메일을 열어 보니 파리정치대학에서 이번에 올 것인지 결정해 달라는 것이었다. 이번에 오지 못하면 나의 합격은 취소가 되고 만다고 하면서 장학금 신청서를 같이 보내 주었다. 하지만 안타깝게도 장학금 신청서는 이미 그 신청 기간이 끝나고 말았다. 그 당시 나는 학비가 없었기에 파리로 간다는 것은 어려운 일이었다. 그래도 혹시 몰라서 장학금 신청서를 작성하고 학교로 보냈다.

거의 이 주 뒤에 장학금에 합격했다는 놀라운 소식이 왔다. 학비의 일부 지원이었지만 나에게는 소중한 소식이었다. 하지만 나는 두려웠다. 이대로 안정적으로 사는 것이 나에게는 더 좋지 않을까 하는 생각이었다. 더 이상의 도전과 이상은 나를 힘들게 할 수도 있었다. 며칠 동안 고민을 하다가 답이 나오지 않았다. 그래서 아버지에게 전화를 걸었다.

"아버지, 저 파리정치대학에 우연히 장학금 신청서를 보고 신청을 했는데 지원 기간이 좀 지났는데도 불구하고 장학금을 준다는 소식이 왔어요. 다만 전액은 아닙니다."

나는 아버지가 내가 안정적으로 살기를 원하시는 줄 알았다. 하지만 아버지의 대답은 뜻밖이었다.

"나는 네가 프랑스로 갔으면 좋겠다. 너에게는 꿈이 있지 않니. 아버지는 네가 지금 안정적으로 사는 것보다 삶의 목표를 쫓는 사람이었으면 좋겠구나."

"아버지 저 두렵습니다. 다시 공부할 자신도 없구요."

나는 아버지께 두렵다고 말했다. 그리고 다시 갈 자신이 없다고 하고 전화를 끊었다.

다음 날 회사를 퇴근하고 오니 아버지가 파주에서 세종시까지 혼자서 몇 시간 동안 차를 운전하시고 내가 사는 곳으로 오셨다. 그리고 나에게 말했다.

"나는 네가 다시 한번 도전하는 모습을 보고 싶구나. 네가 여기서 안정적으로 직업을 갖고 사는 것이 네가 진정으로 원하는 것이 아니라는 것을 나는 잘 안다. 나는 네 아버지니까."

나는 이날 아버지가 집으로 다시 가신 후 깊은 고민에 빠졌다. 나는 사실 무서웠다… 지금부터의 도전은 진짜 나를 힘들게 할 수도 있었다. 여기서 간신히 자리를 잡았는데 다시 무엇을 도전하는 것이 미래를 보장해 주지 않는다는 것을 말이다. 하지만 아버지는 내가 재수하고도 대학 입학에 실패할 때 한 번 더 기회를 주신 분이었다. 아버지는 여전히 나를 한결같이 응원하고 계셨다.

'그래, 한번 해 보자.'

당시 파리정치대학 행정학 석사는 일 년 코스였고 실제로는 10개월 정도 수업을 들으면 되었다. 나는 프랑스로 갈 결심을 하고 연구소 분들에게 말씀을 드렸다. 연구소분들은 매우 아쉬워하셨다. 여기에서 함께 일하고 싶다고 하셨는데 일 년만 공부하고 바로 돌아오겠다고 하였다. 서로 떠나는 날이 아쉬워 퇴근 후 함께 회식을 몇 번씩이나 했다. 나 또한 이분들을 떠나는 게 아쉬워 계약이 끝나고도 일주일 더 회사에 가서 일하였다.

연구소의 윗분들이 나에게 언제더라도 좋으니 다시 돌아오라고 했다. 결국 아직도 돌아가지는 못했지만 지금도 그분들께 정말 감사하다. 내 생명의 은인이었다. 이곳에 있어 나는 회복할 수 있었고 행복했다. 지금 생각해 보면 사회생활을 하면서 행복함을 느끼기가 쉽지 않은데 나는 그때 진심으로 행복했고 모두에게 감사했다.

그렇게 아쉬움을 뒤로한 채 2019년 9월 나는 프랑스 파리로 떠났다.

웰컴 투 빠리

"우리가 알거니와 하나님을 사랑하는 자 곧 그 뜻대로 부르심을 입는 자들에게는 모든 것이 협력하여 선을 이루느니라" (로마서 8장 28절)

내 인생에서 내가 프랑스 파리에서 공부하게 될 줄은 상상도 못 했었다. 애초에 하늘이 이곳에 나를 보내려고 하는 것처럼 모든 것이 맞아떨어지며 일이 진행되었다. 가장 걱정이었던 것은 생활비였다. 학비는 그동안 모은 것으로 나머지를 충당하면 되었다. 다만 거주 비용과 생활비가 최소 월 160만 원 정도는 들 것 같았다.

우연히도 출발 이 주일 전에 친구가 있는 연구기관으로부터 연구 조사 의뢰가 들어왔다. 그리고 동시에 내가 있었던 연구소에는 조사원이라는 직책이 있었는데 연구를 하면 가장 중요한 사례가 해외 사례를 찾는 것이었다. 나는 연구소에 사람들로부터 프랑스에 가면 유럽 정책 사례를 찾아 달라는 부탁을 받고 해외 조사원으로 고용되었다. 이것으로 생활비가 상당 부분 해결이 되었다.

작년 말에 건강 이상으로 쓰러지면서 나에게는 정말 아무것도 남지 않았는데 갑자기 모든 것들이 때에 맞추어 채워졌다. 모든 것은 이렇게 순식간에 뒤바뀐다. 그래서 슬프고 힘들 때 포기하지 않고 일어서는 것이 중요하다고 느꼈다. 희망을 놓지 않으면 하늘도 나를 놓지 않는다. 기독교인으로서 하나님께 감사를 드렸다.

프랑스로 떠나는 날 부모님은 나를 꼭 안아 주셨다. 나는 앞으로도 부모님의 나에 대한 깊은 아가페적 사랑을 갚을 길이 없다.

나는 파리행 비행기에 몸을 실었다. 프랑스어를 한마디도 못 하기에 생활이 걱정되었지만 다행히 수업은 영어로 진행되었다. 국제 학생들이 많았기 때문이었다. 내가 공부하게 된 파리정치대학(SciencesPo)은 1872년 세워진 프랑스의 정치학 명문 그랑제콜이다. 그랑제콜은 대학 위의 대학으로 불리며 프랑스의 인재들이 공부하는 곳이었고 프랑스에서 정치나 고위 관료로 진출하려면 이 학교를 나와야 했다. 정치 분야에서 하버드 다음으로 2위, 그리고 3위는 옥스퍼드였을 만큼 정치학 분야에서 세계 최고의 명성을 가지고 있었다.

파리정치대학(출처: 파리정치대학 홈페이지)

나는 이 파리정치대학에서 정치에 관해 배우고 싶었다. 그리고 가장 큰 목적은 프랑스의 정치 상황과 마크롱 대통령의 리더십을 배우는 것이었다. 프랑스에 오기 전, 프랑스에 계신 분들이 프랑스와 한국의 정치 상황이 매우 비슷하다고 말씀해 주셨다. 그래서 프랑스 정치와 마크롱 대통령이 청년들과 함께 정권을 창출한 방식에 대해 배우고자 했다.

내 마음속에서 불이 타올랐다. 지난 일 년 동안 꺼져 있던 불이 다시 은은하게 타오르며 내 가슴에 열정을 불러일으켰다. 이 순간만큼은 내 미래에 대한 불안은 내려놓았다. 그리고 앞으로의 일 년에 대해 집중하기로 하였다. 나에게 주어진 시간이 많지 않았다.

파리에 도착하다

비행기가 파리에 도착하였다. 매우 낯설지만 아름다운 언어가 들려왔다. 예전에 들은 말이지만 불어로 욕을 해도 불어를 모르는 사람은 아름답게 들린다고 하였다. 택시를 타고 라데팡스에 있는 기숙사로 갔다. 가는 중에 저 멀리 에펠탑이 보였다.

'저게 말로만 듣던 에펠탑이구나…' 저녁에 가까워지자 에펠탑이 눈부시게 반짝이고 있었다.

빠리에는 아메리카노가 없다

저 멀리 보이는 에펠탑을 지나 택시가 라데팡스에 있는 기숙사로 도착했다. 라데팡스는 프랑스의 업무지구로서 보통 파리는 높은 건물이 없고 옛날 전통 건물들이 있었지만 라데팡스는 높은 빌딩들로 이루어진 곳이었다. 나는 라데팡스 역 바로 앞에 있는 곳에 임시 기숙사를 잡았다. 프랑스에 급하게 오는 바람에 저렴하고 좋은 기숙사를 얻지 못해서 비싸지만 이곳에 잠시 머무를 예정이었다.

내 방은 18층이었는데 방에서 파리 전역이 보였다. 밤이면 파리의 멋진 야경도 보였다. 갇힌 곳에 있으면 답답함을 느꼈던 나였기에 다행이었다.

며칠 후 파리정치대학의 첫 오리엔테이션을 가기 위해 집을 나섰다. 라데팡스에서 전철을 타고 파리정치대학으로 출발하였다. 지내다가 안 사실은 파리는 서울보다 규모가 작아서 파리 어디를 가든 생각보다 빠르게 이동할 수 있다는 것이었다. 나는 파리정치대학 근처의 생쉴피스라는 역에 도착하였는데 아직 오리엔테이션 시간이 한 시간 정도가 남아서 학교 근처를 돌아다녔다.

파리가 영국과 다른 나라와 다른 점은 역시나 노천카페와 레스토랑이 엄청 많다는 것이다. 특히 파리정치대학은 파리의 중심부에 있었고 조금만 걸으면 센강이 나오고 다리를 건너면 그 유명한 루브르 박물관이 나왔다. 루브르 박물관 근처는 넓은 공원이 있었는데 나는 종종 점심때 빵을 사다가 루브르 담벼락에 앉아서 따스한 햇살을 맞으며 빵을 먹는 게 낙이었다.

파리의 센강 거리

센강 주변에는 노천카페와 그림과 책을 파는 노점들이 그림처럼 자리를 잡고 있었다. 역과 길거리에는 항상 거리의 악사들이 악기를 연주하며 파리의 낭만을 더하고 있었다.

'역시 듣던 대로 낭만의 파리구나…'

나는 음악과 그림을 좋아한다. 특히 인상파 그림을 좋아하고 그중에서도 모네를 가장 좋아했다. 그래서 학교에 다니면서 나는 주변 박물관과 미술관에 가서 그림들을 많이 보곤 했다. 특히 전철을 타러 역에 들어가면 이름 모를 연주가들이 연주하는 바이올린과 하프 소리 그리고 노랫소리가 좋았고 때로는 지친 나를 위로해 주었다. 어디를 가든 음악과 그림이 있었고 예술이 있었다.

나는 100년 전 파리가 예술의 절정의 시기를 맞았을 때인 '벨 에포크(Belle Epoque)' 즉 아름다운 시대로 돌아가서 클로드 모네, 폴 고갱, 파블로 피카소를 느꼈다. 지금도 그 이후로 그림에 더 관심이 많아져서 한국에서 돈이 모이면 청년 화가의 작품들을 하나씩 사 모았다. 청년 화가들의 작품을 모으는 것은 일단 나도 비싼 작품을 살 수가 없었고 청년 화가들의 생활이 얼마나 힘든지 알기에 느낌이 좋은 작품이 있다면 주머니 사정이 넉넉지 않아도 최대한 구입해서 그들을 지원하였다. 프랑스에 다녀온 후 우리나라도 파리처럼 순수 예술이 융성했으면 좋겠다고 생각했다. 파리에서 예술로 많은 위안을 받았기 때문이었다. 청년 예술가들의 작품을 하나씩이라도 사 주어서 그래서 그들이 붓을 내려놓지 않게 만든다면 우리나라도 언젠간 순수미술 분야에서는 파리처럼 될 수 있지 않을까 생각했다.

센강변을 걷다가 노천카페로 들어가 센강이 바로 앞에 보이는 자리에 앉았다. 파리의 대부분의 카페에는 아이스 아메리카노를 팔지 않는다. 처음에는 그것도 모르고 영어로 아이스 아메리카노를 달라고 용기 있게 외쳐 창피만 당했다. 다행히 아이스 아메리카노는 미국 브랜드인 스타벅스에 가면 있었다. 다만 프랑스 현지인은 거의 없고 대부분 유학생들이었다.

그래서 파리 로컬 카페에서 커피를 한잔 마시려면 뜨거운 커피를 마셔야 했고 불어도 공부해야 했다. 커피를 마시기 위해 하루 종일 주문하는 법을 외웠다. 한잔 마시는 데 너무 많은 노력이 들어갔다.

노천카페에 들어가자 중년의 아주머니 점원이 나에게 다가왔다.

"봉주르."

"봉주르, 마담. 엉 카페 알롱제 시브플레." (커피 한잔 주세요.)

이렇게 시키면 아메리카노와 에스프레소의 중간의 걸쭉한 커피를 가져다주었는데 향이 깊고 좋았다.

이렇게 파주에 사는 촌놈이 안 어울리는 파리지앵 흉내를 내려고 노력하고 있었다.

루브르 박물관에서

파리정치대학 서점에서 프랑스 '인재상'을 보다

커피를 마시고 시간이 되어 학교로 갔다. 오늘은 오리엔테이션이 있는 날이기에 같은 학과에 어떤 사람들이 있는지 궁금했다. 오리엔테이션 장소에 도착하자 20명 정도의 동기들이 모여 있었다. 그들은 미국, 캐나다, 영국, 에티오피아, 일본에서 주로 왔고 옥스퍼드와 비교하자면 옥스퍼드는 개발도상국 출신들이 많았는데 이곳은 거의 선진국 출신들이었다. 이곳에는 한국인 한 분도 있었는데 매우 친절하고 좋으신 분이었다. 지금은 팔란티어에서 한국 공공부문 대표를 맡고 있으며,

지금도 계속 친하게 지내고 있다.

그들과 인사를 나누고 학교를 둘러보기 위해 강의실 밖으로 나왔다. 파리정치대학은 파리는 캠퍼스가 따로 있는 것이 아니라 도시 여기저기 건물 단위로 흩어져 있었다. 아무래도 설립 당시에도 파리는 비싸고 좁은 도시였기 때문에 파리 도심 한가운데에 대학을 세우려면 건물 단위로 쪼개 학교를 설립하는 수밖에 없었을 것 같다. 그래도 넓은 정원과 충분히 큰 도서관이 있었다.

학교 앞을 나오자 파리정치대학의 서점이 있었는데 학교 수업을 위한 책을 사야 했기에 그 서점으로 가까이 갔다. 서점 앞에 가자 가장 잘 보이는 곳에 한 무리의 책들이 진열되어 있어 천천히 살펴보았다.

파리정치대학(SciencesPo)은 프랑스의 정치와 관료를 육성하기 위한 최상위 교육기관이며 그랑제꼴이라 불린다. 그래서인지 학교에서 추천하는 책들을 잘 살펴보면 파리정치대학 그리고 더 나아가 프랑스가 육성하고자 하는 리더상이 무엇인지 알 수 있을 것 같다는 생각이 들었다.

이 책들의 리스트는 다음과 같다. 토마스 홉스의『리바이어던』, 미국『민주제도론』, 루소의『사회계약론』, 마르크스의『자본론』,『전쟁론』, 마키아벨리『군주론』, 애덤 스미스의『국부론』,『포퓰리즘』,『일반철학』,

케인즈의 『고용 이자 및 화폐의 일반이론』, 다윈의 『종의 기원』, 『종교』, 『손자병법』, 프로이트의 『꿈의 해석』, 『경제의 역사』, 『세계사』, 시프노자의 『에티카』, 『유토피아』, 『대지의 저주받은 사람들』, 칼릴 지브란의 『예언자』.

파리정치대학 추천 도서들

책을 하나씩 살펴보면 우선 대부분 책들이 철학이거나 철학을 바탕으로 하고 있다. 철학 수능 시험인 바칼로레아의 나라답게 철학을 매우 중시하는 것을 단번에 알 수 있다. 옥스퍼드에서 공공정책을 공부할 때 철학 수업을 'Foundation'이라고 불렀는데 가장 먼저 공부해야 하는 과목이었다.

나는 처음에는 철학 배움의 필요성에 의문을 가졌지만 철학을 공부하면서 철학의 중요성을 절절하게 느끼게 되었다. 철학은 내가 생각하고 있던 모든 것들의 뼈대를 스스로 세울 수 있게 만들어 주었다. 그리고 하나의 사회 현상을 철학을 바탕으로 해석하고 재구성하여 나만의 이념과 철학을 가질 수 있게 되었다.

또 무엇보다도 정치와 사회의 본질을 탐구할 수 있게 되었다는 것이다. 애덤 스미스의『국부론』과 마르크스의『자본론』또한 철학으로 불리 운다. 애덤 스미스는 대학에서 철학을 가르쳤다. 마르크스 또한 철학자이다. 당시에는 경제학자라는 말이 없었다. 그래서 이 책들은 경제 및 사회 현상에 대한 철학적 사유 및 탐구의 결과물인 것이다.

파리정치대학에서 추천하는 도서는 경제, 사회, 국가, 민주주의, 윤리, 정치, 세계사, 전쟁의 전략 등에 관한 고전 중의 고전이며 가장 중요한 책들이다. 학문의 뿌리 같은 책이다.

특히 정치 분야의 리더가 갖추어야 할 기본적이며 철학적 소양이 무엇인지 알 수 있다. 몇 가지 책은 현재 프랑스의 사회 문제 중 어떠한 이슈가 중요한지 알려 주는데『포퓰리즘의 위험성에 관한 책』(What is

Populism?)과 빈부격차와 사회적 유동성을 다루고 있는『사회적 이동성과 그것의 적』(Social Mobility and its Enemies)이다.

프랑스는 전통적으로 사회주의를 바탕으로 국가를 운영해 왔다. 하지만 무분별한 사회주의 정책은 프랑스를 위기에 몰아넣었다. 그래서 중도 보수의 마크롱 대통령이 등장했다. 마크롱 대통령은 친시장 정책을 펼치면서도 프랑스의 전통적인 사회주의 복지 이념은 받아들이되 무분별한 재정을 낭비하는 공공부문을 손보고 있다. 빈부격차는 줄어가는 방향으로 가되 포퓰리즘적인 정책에는 기대지 않겠다는 것이다.

다른 특이한 점은 식민지의 비극에 대한 내용이 담긴『대지의 저주받은 사람들』이란 책이다. 예전 프랑스의 제국 시대의 반성을 나타내는 책이기도 하다. 또 칼릴 지브란의『예언자』는 삶에 대해 사유하고 돌아볼 수 있게 하는 철학과도 같은 책이다.

이렇게 파리정치대학에서는 자신의 삶을 사유하고 돌아보면서 자신을 수양하고 윤리, 경제, 정치, 사회 등 모든 부분에서 철학적 기본과 방향성을 잘 잡아 주려는 의도가 보인다.

한 가지 방향의 획일적 인재를 기르지 않고 철학적으로 사유하고 자신의 신념과 이념을 만들어 가는 인재를 육성하겠다는 의도이다.

우리나라도 대학 추천 도서를 보면 고전은 별로 없고 최근 유행하는 책들이 많이 보인다. 그런 것도 좋지만 스스로 사유할 수 있게 만드는 철학적 고전들이 우리나라의 대학생들에게 진정으로 필요한 게 아닐까 생각해 본다.

청년에게 양질의 식사와 주거를 지원하는 프랑스

프랑스에서 나는 유학생으로서 프랑스 자국 학생들과 동일한 혜택을 받았다고 생각한다. 이것이 프랑스가 지금껏 지녀 온 박애 정신에서 온 것일 수도 있겠다. 나는 프랑스 파리에서 학교에 다니며 학생들에게 프랑스 정부가 어떤 정책을 제공하는지 경험하며 관찰하였다. 그 중에 내가 직접 겪은 한 가지는 알로까시옹(Allocation)이라고 불리는 주거 비용 지원과 국가 학생 복지 기관인 Crous에서 운영하는 Resto U라는 학생 식당이다. 프랑스에서 1년간 유학을 하면서 이 두 가지만큼 유학생으로서 도움이 된 것은 없었다고 할 수 있다.

청년에게 최대 30만 원이 지원되는 Allocation 제도

나를 포함한 학생들에게는 가장 민감하면서도 중요한 것은 자는 곳이다. 어디서 어떻게 자느냐에 따라서 생활의 질이 달라지기 때문이다. 학생에게 가장 이상적인 주거는 학교에서 가까우면서 월세가 저렴하고 주변 생활 인프라가 좋은 곳이다. 방은 너무 작지도 않으면서 편안해야 하며 1인실이어야 한다. 공부하는 학생에게는 쉬는 것과 수면이 가장 중요하다고 생각한다.

나는 파리에서 사립 기숙사에 있었지만 2달 후에 시떼 인터네셔널(Cité Internationale)이라는 국제 기숙사촌에 있는 한국 기숙사로 옮겨 살았는데 프랑스에서 기숙사 터를 한국에 주고 한국 정부에서 지은 기숙사였다. 그곳에서 저렴한 방을 구할 수 있었다. 방 주변은 공원으로 둘러싸여 조용했고 아래층에는 한국 식품점과 주변에는 도서관 마트 그리고 역이 바로 앞에 있었다. 나는 프랑스 정부기관인 CAF(Caisse d'Allocations Familales)에 인터넷으로 주거 지원금을 신청하였고 행정 절차가 조금 느리기는 하였지만 지금까지 살았던 주거비용의 일부를 지원받을 수 있었다. 한 달에 약 180유로(한화 약 26만 원) 정도를 받았는데 그 정도면 나에게는 한 달 식료품 비용이었던 만큼 많은 돈을 절약할 수 있었다. 학생들에게는 이 제도를 통해 좀 더 좋은 방을 구할 수 있고 일정 금액을 돌려받으니 식비나 취미 생활도 할 수 있어 작지만 매우 큰 효과가 있는 정책이었다.

우리나라 학생들의 주거 환경을 보면 마음이 아프다. 나 또한 신림동 작은 방에서 고시 공부를 한 적이 있고 내 동생도 집과 학교의 거리가 멀어 고시원에서 생활도 하였지만 그마저 비용이 싼 편은 아니었다. 현재 조금 좋은 환경의 오피스텔은 현재 서울만 해도 100만 원에 육박

한다. 공과금을 내면 120만 원에 육박한다. 청년들, 특히 대학생들은 주거의 최하위층에 있다. 그래서 작은 고시원에 살거나 조금 넓은 곳은 함께 모여 산다. 주거 기본권은 아직 우리나라에는 먼 이야기인가 싶다.

우리나라도 이러한 프랑스 방식을 바탕으로 주거 지원 정책을 만들 필요가 있다.

최고급으로 운영되는 양질의 학생 식당

학생에게 주거만큼이나 중요한 것은 음식이다. 청년 시기에 특히 대학생 때 소득이 별로 없을 때 양질의 식사를 하기란 매우 부담스럽다. 많은 청년들이 삼각 김밥이나 편의점 도시락, 컵라면으로 대충 때우고 있다. 하지만 한창 공부하는 나이에 질 좋은 음식을 충분히 섭취해야 하지 않을까. 특히 몇 년 전과 비교하여 서울에서 한 끼를 먹으려면 만 원이 넘는 비용이 든다. 직장인인 나도 하루에 한 끼 이상을 밖에서 사서 먹는 게 부담스러울 지경이다.

나는 다행히 유학 생활 중 먹는 것에 걱정을 한 적이 없다. 프랑스는 모든 학생들이 어디서나 이용할 수 있는 학생 식당이 있었기 때문이다. Crous라는 프랑스 교육부, 고등 교육 연구부의 감독하에 운영하는 학생 복지 기관으로 기숙사, 장학금, 학생 식당(카페테리아 포함) 운영 등

학생들의 모든 생활에 대한 지원을 담당한다.

그중에 Resto U라고 불리는 공공 학생 식당은 파리에만 50개가 넘고 그 위치도 학교 근처뿐만 아니라 우리나라로 치면 강남 한복판에 몰려 있는 것과 같아 학생들이 쉽게 접근할 수 있다. 학교에서 공부할 때뿐만 아니라 아르바이트를 하면서도, 파리 시내에 놀러 나가면서도 근처에 학생 식당과 카페테리아를 이용할 수 있다. 이 학생 식당의 슬로건은 "내가 원하는 곳에서 내가 원하는 때에 먹는다"이며 정말로 언제 어디서나 먹을 수 있을 만큼 접근성이 좋다.

학생들에게 제공되는 식자재의 품질은 프랑스의 정부에서 직접 양질의 재료를 구입하여 납품한다. 고기 채소, 과일 등은 대부분 프랑스 자국산으로 쓰며 우유, 요구르트, 치즈 등 유제품들은 까다로운 유기농 품질 인증을 거친다.

가격은 학생증만 있다면 학생카드결제시스템(IZLY)에 금액을 충전을 할 수 있으며 에피타이저, 본식, 후식으로 이루어진 기본 메뉴는 3.30유로, 우리나라 돈으로 약 5,000원에 한 끼를 먹을 수 있다. 또한, CROUS 장학생은 무료로 먹을 수 있다. 장학생이 아니더라도 사회적 약자는 심사를 통해 월 식비를 지원받는다. 코로나 시기에 정부는 모든 학생들이 하루에 1유로로 메인 코스와 디저트, 그리고 과일로 구성된 도시락을 하루에 두 번까지 제공하였다.

프랑스의 학생 식당 제도를 우리나라에 도입해야

우리나라는 학생 식당이 보통 그 학교에 다니는 학생들만 이용할 수 있다. 외부인은 사용이 불가하거나 학교 안에 있기 때문에 폐쇄적이며 접근성이 낮다. 또한 가격 대비 질이 좋지 않다.

또한 학생이라면 누구나 어느 학교 식당을 가든 이용할 수 있어야 한다. 이를 위해서는 교육부가 프랑스의 CROUS처럼 대학생 복지 기관을 만들고 각 대학과 협력하여 학교 식당의 개선을 해야 하며 어느 정도 보조를 통해 학생들이 낮은 가격에 양질의 음식을 먹을 수 있도록 해야 한다. 또한 더 나아가서 모든 학교 식당을 일원화하여 체인점같이 메뉴와 가격을 통일하고 대량 구매로 식재료를 납품한다면 가격을 낮출 수 있을 것이다. 정부와 학교 그리고 민간이 머리를 맞대면 최소한의 비용으로 최대의 효과를 낼 수 있는 사업 구조가 나올 수 있을 것이다.

그리고 학교 안뿐만 아니라 도심 곳곳에 모든 대학생들이 공통으로 사용할 수 있는 학교 식당과 카페테리아 등을 만드는 것이다. 그러면 밖에서 공부를 하거나 아르바이트를 하는 학생들 또한 저렴한 가격으로 언제든 양질의 음식을 먹을 수 있다.

39세 마크롱 대통령의 등장

프랑스에 있었을 당시 2019년의 2년 전인 2017년 5월, 프랑스 정치사에 역사적인 일이 일어났다. 바로 39세에 대통령에 당선된 마크롱 대통령의 등장이었다. 내가 프랑스에 오게 된 결정적인 이유를 준 사람이기도 하였다. 마크롱 대통령은 지금 내가 공부하고 있는 파리정치대학 출신이고 그를 따라 마크롱의 정당인 "앙마르슈"를 만들었던 청년들도 파리정치대학 출신들이었다. 그들은 20, 30대 소수의 청년들이었다.

나는 마크롱의 정당인 앙마르슈를 잘 알아보기 위해 파리정치대학 앙마르슈에 가입하였다. 대학마다 앙마르슈 정당이 있었고 페이스북으로도 가입하여 활동을 할 수 있었다. 나는 때로는 그들의 지역 행사에 참여하기도 하고 토론회도 나가 그들이 어떤 주제로 토론을 하는지 어떤 활동을 하는지 관찰하였다. 내가 이렇게 관찰하는 이유는 단 하나였다. 마크롱 대통령과 청년들이 어떻게 정권을 창출하였는지 그 방법을 알아보고 싶었다.

중도 성향의 마크롱은 기존의 전통적 양당이었던 좌파 사회당, 우파 공화당이 계속 집권해 온 프랑스의 정치 체제를 뒤집어 버렸다. 이러한 프랑스의 정치 상황에서 거대 양당을 제치고 중도 성향의 마크롱이 대통령이 된 것은 프랑스 정치 역사상 충격적 이벤트였다.

마크롱의 등장은 사실 국민들이 좌파 사회당과 우파 공화당에 대한 실망 때문이었다. 2007년부터 2012년까지 우파 공화당 출신 대통령이었던 니콜라 사르코지는 2008년 미국발 세계 경제 위기로 인한 프랑스의 경제 위기를 극복하기 위해 긴축 정책을 시행하였지만 전용기 구매에 3,800억 원, 엘리제궁에서 하루 식비를 약 1,700만 원 정도를 사용하는 등 국민들이 보기에 사치를 일삼았다.

실망한 국민들은 그 이후 등장한 좌파 사회당 출신 올랑드 대통령을 선택하였다. 그는 법인세 인상, 부유층에 대한 75% 과세, 동성결혼 합법화, 정부 주도 공공 일자리 창출, 노조 강화, 각종 보조금 등의 정책을 시행하겠다며 표를 얻었다. 문제는 프랑스는 이미 복지에 지출을 많이 하는 국가 중에 하나였고 경제 상황이 나아지지 않은 상태에서 정부의 급격한 지출은 포퓰리즘 정책이 될 수밖에 없었다. 올랑드의 정책은 진정으로 국민들을 위한다기보다는 표와 인기를 얻기 위한 보여주기식 정책이었다. 공공 일자리 또한 급조한 것이라 취업자에게 실질적인 도움이 되지 않았다. 경제 위기로 시장이 일자리를 만들어 내지 못하는 상황에서 법인세와 각종 기여금 부과 등 반기업 정책은 경제를 더욱 위축시켰다.

결국 프랑스의 실업률은 높아졌고 청년 실업률은 24% 이상 치솟았다. 실업자는 오히려 올랑드 집권 이후 63만 명이 더 늘어났다. 법인세의 급격한 인상으로 기업들은 다른 유럽 국가로 쉽게 떠났다. 올랑드의 지지율은 급격하게 떨어졌다.

 대통령의 지지율이 20% 초반까지 떨어지자 지지율과 경기 침체를 반전시키기 위해 올랑드 대통령은 자신의 대통령 선거 캠프 당시 경제 참모였던 마크롱을 경제산업디지털부 장관으로 발탁하여 친기업, 친시장 정책으로 전환한다. 당시 마크롱은 장관직을 맡으면서 올랑드 대통령에게 앞으로 경제정책은 간섭없이 자신이 주도적으로 추진하겠다는 약속을 받았다.

 올랑드의 묵인하에 좌파 사회당 정권에서 마크롱은 노조에 치우쳐진 힘을 기업과 맞추었다. 법인세 감면, 각종 규제 철폐 등 기업 하기 좋은 환경을 만들어 갔다. 특히 프랑스는 일요일 및 심야에 영업이 불가하였는데 파리를 포함한 주요 관광도시 상점들은 일요일 영업 제한을 풀고 심야 영업 또한 가능하게 하였다.

 하지만 사회당 내부 및 지지자들이 올랑드 정권을 극렬하게 비판하며 마크롱은 조직의 배신자로 내몰리게 된다. 한때는 아들과 아버지로 불렸던 올랑드와 마크롱은 사이가 급격히 틀어지며 마크롱은 장관직에서 사임했다. 그 후 마크롱은 차기 대통령이 되어 못다 한 프랑스의 경제개혁을 이루기 위해 고향에서 그 유명한 청년들이 중심이 된 앙마르슈를 만들어 대통령에 당선된다.

마크롱이 대통령에 당선된 이유는 우파 사르코지 정권과 좌파 사회당 정권을 거치면서 사치와 부패, 그리고 포퓰리즘 정책으로 인해 프랑스인의 긍지가 무너지고 경제가 만신창이가 되었기 때문이었다. 프랑스인들은 스스로 2류 국가의 2류 시민이라고 불렀다. 그 와중에 마크롱이 프랑스를 다시 예전처럼 회복하여 유럽 내 리더 국가로서 그리고 다시 경제 대국으로 만들겠다는 비전을 국민에게 심어 주었다. 그리고 마크롱은 좌우에 치우치지 않으며 프랑스의 현실 문제들을 정확히 인식하고 해결책을 국민에게 제시하였다.

마크롱의 소통과 설득의 리더십

마크롱의 경제정책의 철학은 국가주의와 시장주의의 절충이다. 신자유주의자이지만 사회안전망을 강화하는 것이 기존 시장주의자들과 차별된다. 마크롱은 그의 정책 철학을 묻는 기자의 질문에 자신은 북유럽식 유연안정성 모델을 프랑스의 경제정책의 기조로 삼는다고 말하였다. 유연안정성 모델(Flexicurity)은 기업에게는 고용과 해고의 자율성, 개인에게는 좀 더 보편적인 고용 안전망을 제공하는 북유럽식 제도이다.

마크롱은 이러한 경제 철학적 바탕하에 노동 유연성 강화를 추진하였다. 프랑스는 강력한 노조와 높은 수준의 정규직 보호로 노동 경직

성이 높아 유럽연합 집행위가 프랑스 정부에 노동 유연성을 높이라는 권고를 할 정도였다. 그리고 특히 프랑스는 주당 35시간만을 일하게끔 하는 법적 제도가 있었는데 이는 프랑스 내에서도 오랫동안 기업의 생산성 저하를 일으킨다는 문제가 있었다.

프랑스는 1998년 '오드리법'을 통해 원래 1인당 근로 시간인 39시간에서 35시간으로 감축하면 고용이 늘어날 것이라는 생각으로 근무 시간을 감축하였으나 오히려 생산성의 감소와 이로 인한 기업 매출 하락과 고용 하락으로 이어지며 프랑스의 저성장의 고질적 원인 중 하나가 되어 버렸다. 마크롱은 이러한 프랑스의 고질병을 고치기 위해 주당 노동 시간을 필요시 노사합의에 의해 늘릴 수 있도록 하였다. 다만 연장근로 지급수당을 잘 지키는 기업에는 보상 차원에서 각종 세금과 사회보험 부담 면제를 추진하였다.

우리나라도 근로 시간 연장 계획을 발표하였다. 나 또한 방향은 찬성하지만 사회 초년생인 청년들의 처지에서 본다면 불안하기만 하다. 중소기업 등은 현실적으로 연장근무에 대한 제대로 된 보상을 받기 힘들기 때문이다. 또한 근로시간저축계좌(외국 기준 8시간 정도 연장근무하면 휴일 1일 추가)라는 것을 도입한다고 하는데 이 또한 현실에서는 휴가를 다 쓰기도 눈치 보이고 불가능한 상황에서 탁상행정에 그칠 수 있다.

청년들에게는 정당한 보상이 그들에게 가장 민감한 '공정과 정의'이다. 그래서 정부는 근로 시간 연장 정책을 성공시키기 위해서는 청년들이 공감을 할 수 있도록 연장근무 보상 체계와 그것이 잘 지켜지는지 모니터링 제도를 강화해야 한다.

또한 마크롱은 공공 일자리를 줄이며 아낀 예산으로 노동 유연성 강화로 인한 실직자들을 재취업시키기 위해 임기 내 약 20조를 추가하여 저숙련 노동자들을 4차 산업 고급 인력으로 만들기 위한 직업훈련을 강화하며 기업들이 자발적으로 고용을 늘리게 했다. 정부가 주도하여 일자리를 늘린 것이 아닌 시장이 자발적으로 늘리게끔 한 것이다. 또한 마크롱은 법인세를 2018년 34.43에서 2022년 25.83%로 중소기업은 15%로 법인세를 삭감하였다.

국민 소통과 설득을 위한 '대국민 토론' 개최

다만 이 과정에서 국민의 반발에 부딪히게 된다. 마크롱 정책이 반서민 정책을 불러온다는 국민의 우려와 시위에 대통령 임기 초기 62%였던 지지율이 23%까지 하락하였다. 마크롱은 이에 국민과의 소통과 설득이 답이라고 생각하여 2019년 1월~3월까지 대국민 토론을 개최하였다. 주제는 세금 지출, 국가와 공공기관, 환경, 민주주의와 시민권 등 4가지 테마를 34가지 세부 이슈로 나누어 전국에서 개최되었으며 700명의 지방자치단체장과 빈부격차에 대한 토론회, 노조와의 토론회, 수백,

수천 명의 청소년, 대학생들과도 만나면서 노동 개혁에 대해 가감 없이 토론하였다.

이를 통해 전국의 시민들이 마크롱의 노동 개혁에 대해 자발적으로 토론회를 만들어 토론하였으며 107개 도시에서 1만 134개의 토론이 진행되고 온라인으로 190만 명이 넘는 시민이 개인의 의사를 정부에 전달하여 1만 6,000건 분량의 요구사항이 나왔다. 마크롱 정부는 국민의 요구사항을 취합하여 그들의 생각을 들었고 정책에 반영한다. 그 후 마크롱은 점점 국민의 신뢰를 얻게 되었고 지지율도 회복되어 2022년 대통령 재선에 성공하게 된다. 강도 높은 노동 개혁을 하면서도 20년 만의 재선 대통령이 될 만큼 국민의 신뢰와 지지를 잃지 않았다.

이처럼 리더란 아무리 중요한 정책이라도 일방적으로 밀어붙이는 것이 아니라 소통과 설득을 통해서 이루어 나가는 것이 중요하다. 국민 또한 국가와 미래 세대에 꼭 필요한 정책이라고 이해하고 납득을 한다면 내가 정치적으로 지지하지 않는 리더라고 하더라도 분명 정책적으로는 지지를 해 줄 것이라고 믿어 의심치 않는다.

프랑스 파리의 한 광장에서

프랑스의 미래를 위해 국민과 맞서는 마크롱

"야망을 조심하고, 군중을 피하라." (저자)

12월 초 어느 날 학교에 가기 위해 집을 나섰는데 도시의 분위기가 심상치 않았다. 노란 조끼를 입은 사람들이 주변을 분주히 돌아다니고 있었다. 그 유명한 프랑스 시위의 상징인 노란 조끼를 입은 시위대였다. 나는 일단 학교에 가야겠다는 생각으로 지하철역으로 갔지만 지하철 운행이 중단되었다는 안내 표지판을 보고 되돌아왔다.

학교를 가야겠다는 일념하에 길 위의 공유 자전거를 타고 학교로 갔다. 가는 도중에 차 한 대가 길거리에서 불타고 있는 것을 보았고 오늘 무슨 테러가 일어난 건 아닌지 걱정이 되었다.

학교 수업에 학생들이 별로 없는 것을 보니 다른 지역의 지하철역들도 마찬가지인 듯했다. 이게 무슨 일인가 싶어 옆에 앉아 있는 프랑스 친구에게 물어보니 오늘 마크롱 대통령이 연금개혁을 추진하겠다는 선언 비슷한 발표를 한 날이라고 했고 오늘 마비된 교통은 프랑스 국유철도 노조의 파업으로 인한 것이라고 했다.

수업이 끝나는 길에 집에 돌아가는데 수많은 노란 조끼를 입은 인파가 보였다. 나는 정책을 공부하는 학생으로서 그들과 이 상황이 너무 궁금하여 노란 조끼 시위대로 뛰어 들어갔다. 미얀마에서도 그랬지만 위험해도 호기심이 있다면 물불을 안 가리는 성격이 또 나와 버렸다.

막상 가 보니 노란 조끼를 입은 50대 후반쯤으로 보이는 분들이 마크롱의 얼굴 사진에 낙서를 한 피켓을 들고 시위를 하고 있었다. 나는 그분들에게 다가가 왜 이렇게 시위를 하시냐고 물어보았고 그분들은 나에게 말하였다.

프랑스 할머니의 마크롱 시위

"우리는 프랑스 국유 철도 종사자인데 마크롱은 우리의 은퇴를 늦추려고 하고 있다. 나는 집에서 아들딸 그리고 손주, 손녀와 쉬면서 일생을 행복하게 보내고 싶다. 마크롱은 바보 멍청이이다!!!"

연금개혁과 프랑스 국유 철도 노조와 무슨 상관인지 싶어 집에 와서 프랑스 연금제도와 마크롱의 개혁 방안에 대해 알아보았다.

프랑스에는 '특수 업종 연금제도'라는 것이 있다. 철도, 전력, 천연가스 등 특정 분야 산업 노동자들에게 일반 국민과 다르게 적용되는 연금제도이다. 이 연금제도 수혜자들은 일반 시민의 퇴직 연령보다 7년 빠른 55세 정도에 은퇴하고 연금을 수령한다. 그들이 일찍 은퇴하는 이유는 몇십 년 전에는 이 업종들의 업무 환경이 고되고 특히 철도 같은 경우 먼지를 많이 마셔야 했기 때문에 은퇴 나이가 빨랐었다.

하지만 환경은 많이 개선되었고 더 이상 특수 업종 연금제도의 수혜가 필요하지 않다는 사회적 인식이 생겼다. 그래서 마크롱은 특수 업종 연금제도를 폐지하겠다고 했던 것이었으며 이러한 이유로 은퇴를 앞둔 프랑스 국유 철도 종사자들이 다 시위로 거리에 나오는 바람에 교통이 마비가 되었던 것이었다.

또한 프랑스의 연금제도는 42개 정도로 세분되어 있는데 마크롱이 이 연금제도들을 하나로 통합하고 퇴직 연령을 현 62세에서 2년 늦춘 64세로 하겠다고 하면서 전 국민이 다 거리로 뛰쳐나온 것이었다. 아마 프랑스 혁명 이후 이렇게 전 국민들이 단결을 한 시위가 과연 있었을까 하는 정도의 시위가 전국에서 일어났다. 나는 그 후 한참 동안 교통 파업 때문에 학교에 가기가 힘들었다. 하지만 신기한 것은 프랑스 시민들 그 누구도 교통에 대한 불편을 이야기하지 않았다. 아무래도 프랑스의 모든 사람이 연금개혁을 반대하는 것 같았다.

프랑스 문화에서 프랑스 국민들은 항상 은퇴를 꿈꾸면서 산다. 은퇴해서 안정적인 연금 소득으로 여행도 다니고 가족들과 함께 남은 여생을 보내는 것이 그들에게는 가장 중요한 삶의 목표이다. 그래서 연금개혁에 대한 반발이 상당히 강했던 것이었다. 하지만 자료를 보면 프랑스의 일반 퇴직 연령은 62세로 다른 유럽 국가인 독일, 스페인, 이탈리아, 덴마크가 모두 67세로 프랑스보다 평균 5세가 더 높다. 프랑스는 사회주의의 영향과 강한 노조 때문에 은퇴 연령이 원래 낮았다.

마크롱은 이에 의연하게 대처한다. 절대 물러섬이 없다고 말하면서 국민들을 설득하기 시작하였다. 프랑스 연금제도는 2030년부터 매년 13조 5,000억 원 규모의 적자가 예상될 만큼 심각하다는 것을 국민들에게 알렸고 미래의 프랑스 미래 세대를 위해 그리고 프랑스의 생존을 위해 연금개혁이 꼭 필요하다는 것을 강조하며 설득했다. 그리고 연금개혁의 적자를 메꾸기 위해 예산을 낭비하는 것보다는 연금개혁을 통해 아낀 금액을 프랑스의 환경, 교육, 미래 산업 등에 투자하겠다고 밝혔다.

2019년 12월에 마크롱의 연금 개혁안 발표와 국민들의 총파업을 겪었고 거의 2년 뒤 다시 마크롱의 연금개혁 최종 초안이 발표되었다. 2년간 국민들과 소통하며 설득하며 합의점을 계속 찾았던 것이었다.

결국 마크롱은 국민에게 당근책을 제시했다. 최저연금을 10% 올려 월 1,015유로, 약 135만 원이었던 최저연금을 월 1,200유로, 약 160만 원으로 통 크게 올렸다. 그리고 여성의 경우 출산휴가 또는 육아휴직 기간에도 연금에 기여한 기간으로 포함시키고 장애나 일하면서 다친 노동자들에 대해서도 쉬는 기간이나 치료 기간을 연금 기여 기간에 포함시켜 주었다.

하지만 마크롱의 이러한 노력에도 불구하고 2023년 1월 다시 한번 백만 명이 파업을 하며 프랑스의 교통이 마비되었다. 하지만 마크롱은 연금개혁을 변함없이 추진하겠다는 입장을 밝혔다. 그리고 시위는 점점 소강상태가 되었다. 이미 마크롱의 연금개혁을 이해하는 프랑스 국민들이 생겨났다. 2019년에는 100%가 반대했다면 2023년에는 거의 찬성이 30~40%에 달하였다.

어느 정도 정책을 밀어붙일 수 있는 동력이 생기면서 마크롱은 만약 연금개혁법이 통과가 되지 않는다면 총리 책임 아래 의회 표결 없이 법안을 통과시킬 수 있는 헌법 제49조 제3항을 발동하겠다고 하였다. 이 법은 프랑스의 긴급 상황 시 발동할 수 있는 것이지만 마크롱은 연금개혁이 프랑스의 미래를 심각하게 위협하는 긴급 상황으로 본 것이었다.

결국 마크롱은 연금개혁에 성공했다. 나는 프랑스에서 프랑스의 미래를 위해 전 국민을 상대로 자신의 신념을 밀어붙이는 리더는 처음 보았다. 그리고 진정한 리더는 옳음을 위해 국민들과 맞설 수도 있다는 것을 알았다. 우리나라는 대중영합주의 정책이 자주 나타나곤 하는데 이러한 리더십은 결국 나라를 위기에 몰아넣는다. 나는 마크롱의 이러한 리더십을 우리나라의 정치 리더들이 배워야 한다고 생각한다.

연금개혁같이 중요하고 민감한 정책을 성공시키려면 마크롱 같은 뚝심 있는 리더십이 필요하다. 그럼에도 불구하고 소통과 설득을 잊어서는 안 된다. 뚝심만 있고 소통과 설득이 없다면 독재와 다름이 없기 때문이다.

젊은 대통령과 청년 장관들이 이끄는 프랑스

2017년 영국 옥스퍼드에 있을 때 프랑스의 마크롱이 39세의 나이로 대통령으로 당선되었다. 마크롱이 대통령에 당선되자마자 이 소식은 우리나라에도 대서특필되며 그때부터 젊은 청년 정치인들이 관심과 주목을 받기 시작했다.

프랑스의 경우 2010년도 이후 젊은 정치인들의 활약이 두드러지고 있다. 올랑드 정권에서 우리에게도 잘 알려져 있는 한국계 입양아 출신 플로르 펠르랭은 2012년 38세에 중소기업, 디지털 경제장관, 2014년에는 문화부 장관으로 임명되었다. 플로르는 프랑스의 디지털 혁신과 프랑스의 문화 발전을 위해 앞장섰다는 호평을 받았다.

  마크롱 또한 올랑드 정권에서 2014년 36세의 나이로 경제산업디지털부 장관에 발탁되어 2년간 프랑스의 경제를 과감하게 개혁하였다. 그 후 앙마르슈 당을 만든 마크롱은 이를 바탕으로 39세의 젊은 나이에 대통령이 되는 기염을 토한다.

30-40대가 절반인 마크롱의 내각

  마크롱은 대통령에 취임하여 1기 내각과 2기 내각을 구성하였다. 마크롱은 1기 내각에서 여성과 청년들을 장관과 차관 등 국무위원으로 발탁하였으며 특히 2기 내각 때는 장관 16명과 14명의 담당장관(장관과 차관급 사이) 총 30명 중에 14명의 30-40대 장관들을 임명하였다. 거의 50%에 육박하는 젊은 장관들을 발탁한 것이다. 최연소 장관은 해외영토장관으로 34세이다. 차관직에 임명된 청년의 수도 많아 열거할 수 없을 정도이다.

  프랑스가 젊은이들에게 장관직을 맡긴 이유는 "젊은 정치가 왜 필요한가"에 대한 답과 같다. 청년은 저항, 자유, 도전, 모험, 열정의 상징이다. 현실의 문제를 역동적인 기세로 도전하여 해결하는 힘을 갖고 있다. 사르코지와 올랑드 정권을 거친 프랑스는 부패하고 경제 성장이 멈춘 나라였다. 많은 프랑스 국민들이 자국의 이러한 후퇴에 대해 슬퍼했고 스스로 2류 국가의 시민이라고 생각하며 자신감을 잃었다.

이러한 상황 속에서 프랑스는 개혁의 드라이브를 젊은 청년들에게 맡기었고 그들은 그 누구보다도 그 막중한 역할을 잘 해냈다. 시대의 문제에 저항하고 그 문제를 풀기 위해 열정을 가지고 도전한 결과였다.

실용을 가르치는 파리정치대학의 수업

파리정치대학에서 나는 옥스퍼드 대학과는 다른 것들을 배웠다. 옥스퍼드에서는 주로 지식의 습득과 철학에 집중하게 하여 분석하고 생각하는 힘을 길러 주었다면 파리정치대학의 커리큘럼은 실습 위주였기에 현실 문제에 어떻게 정책적인 것들을 응용하는지에 관한 것들이 주를 이루었다.

거의 모든 과목들이 팀을 짜서 과제를 함께 해야 했고 그 과정에서 프랑스의 국제기구나 정부 관료 분들이 와서 자신의 경험을 이야기해 주고 함께 학생들과 팀 프로젝트를 진행하며 조언을 해 주는 형식이었다.

실제로 정책 문제를 분석하여 정책 제안을 할 때 현직에 있는 전문가들이 함께 도와주니 실제 프랑스 정부에서 일하는 방식을 알 수 있었다.

이곳에서도 옥스퍼드와 마찬가지로 졸업 정책 리포트를 내야 했는데 팀을 짜서 주제를 고르면 각 주제에 관련된 국제기구나 정부 기구 아니면 연구소 담당자들과 해당 주제에 석학이신 교수님 한 분이 배정되어 함께 프로젝트를 진행한다. 우리 팀의 주제는 "표현의 자유"였다. 세부적으로는 유럽 국가와 아시아 국가를 선택하여 각 나라의 표현의 자유에 대한 현황을 조사하고 관련된 제도와 법 등을 분석하여 비교하는 것이었다. 우리는 영국, 프랑스와 중국을 비교하기로 하였고 해당 과제는 실제 프랑스 정부에 국제 및 국내 정치 전략을 공유하는 프랑스의 유명 정치연구소와 함께 진행되었다.

실제로 해당 정치연구소에서 자신들이 관심이 있는 주제를 우리에게 제시하였고 우리가 그중에 선택을 한 것이었다. 결국 프랑스의 유명 정치연구소와 파리정치대학 학생들이 공동으로 연구 프로젝트를 진행하게 되는 구조였다. 그리고 해당 결과물은 학교에도 제출되고 실제 해당 정치연구소의 홈페이지에도 공개가 된다. 이를 통해 실제 정치연구소에서 일하는 방식을 알게 되는 것이었다.

또한 파리정치대학의 표현의 자유 연구로 유명한 교수님이 지도교수님이 되어 주셨다. 이렇게 파리정치대학의 수업과 과제들은 철저하게 실용적이었다. 아무래도 학생들을 졸업 후에 정치계와 정부에서 바로 일을 할 수 있게 만들기 위해서 고안한 커리큘럼인 것 같았다.

파리에서의 생활을 마무리하며

파리에서의 내 인생은 회복의 시간이었다. 내 인생에서 파리에서 공부한다는 것에 대해 전혀 생각지도 못했는데 1년의 선물을 받은 느낌이었다. 파리정치대학에서 공부하면서 나는 한 사람의 정치를 준비하는 사람으로서 많은 배움을 얻어 갈 수 있었다. 그리고 나에게 소중한 다른 한 가지는 학교 선배인 마크롱 대통령이 청년으로서 뜻이 같은 청년들과 함께 프랑스의 정권을 쟁취하고 함께 개혁에 나서는 모습이었다. 그리고 그 과정들이 일어난 그리고 현재에도 진행되는 역사적인 장소 한가운데에 서 있었다는 것이 나에게는 소중한 경험이었다. 진정한 정치적 리더십이 무엇인지 프랑스에서 깨달았다.

나는 파리에서 한인 교회를 다녔다. 여기서 내가 중국에서 만난 이재현이라는 친구를 10년 만에 만났다. 그는 중국에서 어학연수 후 프랑스에 와서 여기서 학사와 석사를 졸업하고 회사에 다니고 있었다. 그의 소개로 한인 교회에 다녔는데 그들과 함께 신앙생활을 하며 많이 친해졌다.

내가 이제 프랑스를 떠난다고 하니까 파리 유명 요리학교인 르꼬르동 출신 동생들이 총출동하여 케이크와 음식을 만들어 주었다. 내 생에 그렇게 맛있는 케이크와 음식은 처음이었다. 우리는 와인 한잔을 곁들이며 지난 1년간의 만남에 관한 이야기를 나누었다. 그리고 서로를 위해 기도해 주며 작별 인사를 하였다.

프랑스에서 공부 외적으로 나에게 가장 인상 깊었던 경험이 무엇이냐고 묻는다면 내 버킷리스트였던 차로 프랑스 여행을 하는 것이었다. 연말에는 교회에서 프랑스 전역을 함께 돌면서 여행 겸 수련회 비슷한 것을 했었는데 나는 포드 SUV를 빌려 교회 친구들을 몇 명 태우고 운전하였다. 프랑스를 돌다가 알프스산맥을 지나가게 되었는데 그때 눈부신 햇살 아래 장엄하게 서 있던 대자연과 마주쳤다. 웅장한 산과 푸르른 들판 그리고 그 사이를 지나가는 동안 나는 다시 삶의 희망에 차올랐다. 앞으로 인생에 고난을 만나더라도 이 순간을 떠올리자라는 생각을 하였다.

이것으로 프랑스에서의 삶을 마무리하게 되었다. 프랑스여 안녕!

파리 에펠탑 앞에서

3부

30대의 후반, 나의 사명

새로운 시선, 일류국가의 길

비이성적인 정치

지금 우리 사회를 보자면 정상적인 것들을 보기가 어렵다. 정치는 이미 공익보다는 사익이 우선시되고 있다. 권력욕이 강한 사람들이 사익을 위해 정치에 뛰어든다. 정치판은 이미 부패했고 거짓말쟁이와 겁쟁이들, 속임수와 선동이 난무한다. 국민을 기만하고 편을 갈라 서로 싸우기만 한다. 그 누구도 현실의 문제와 국가의 비전을 고민하지 않는다. AI의 세계로 들어가는 21세기 신세계의 초입에서까지 우리는 아직까지 한쪽은 빨갱이, 한쪽은 친일파라고 싸운다. 국가 발전에 도움이 되는 정책들은 당파싸움과 이념 속에서 갈기갈기 찢긴다.

이제 중진국을 벗어나 선진국의 초입에서 국가의 비전은 온데간데 없다. 우리가 한 단계 도약해 진정한 선진국이 되려면 우리는 낡은 이념과 당파 싸움을 버리고 우리 모두를 품을 수 있는 시대정신을 말해야 한다. 특히 리더가 그렇다. 이념은 국민을 둘로 나누고 시대정신은 모든 국민을 품는다.

물론 정치는 이념의 싸움이다. 하지만 그것은 진보적 철학, 보수적 철학을 바탕으로 정책을 펼치라는 것이지 이념에 얽매이라는 뜻은 아니다. 나는 우리가 어떤 문제에 있고, 어떤 국가가 되어야 하는지, 어떤 새 시대의 가치를 품어야 하는지 궁금하였다. 우리나라가 앞으로 어떤 방향으로 나아가야 하는지 궁금하였다.

또한 평범한 소시민으로서 그리고 무모하고 열정적인 청년으로서 나는 내 방식대로 비이성적인 것들을 바꾸어 나가기로 선택하였다. 권력만을 뒤쫓는 정치꾼이 아니라 정책과 자신만의 철학 그리고 비전을 가지고 세상을 바꾸어 나가는 사람이 되기를 소망하였다.

우리나라에 필요한 진정한 리더란 무엇인가?

나는 파리에서 우리나라를 이끌어 갈 리더십에 대해 생각해 왔다. 진정한 리더란 무엇이냐는 질문에 나는 첫 번째로 리더는 야망을 조심하고 군중을 피할 수 있어야 한다고 생각한다. 정치적 야망이 너무 앞서면 군중의 눈치를 보고 요구를 모두 들어줄 수밖에 없다. 하지만 진정한 리더는 국가와 국민의 미래와 생존을 위해서 군중의 요구를 거부하고 피할 수 있어야 한다. 그것을 하지 못하면 대중영합주의, 즉 포퓰리즘으로 나라가 위기에 도달할 수 있다. 나라가 위기에 처하면 결국 국민에게 결국 가장 나쁘고 능력 없는 리더로 기억될 것이다.

두 번째는 국민의 반만 아우르는 리더이다. 지금까지의 정치와 리더는 국민의 반밖에 품지 못했다. 리더와 정치인들은 자신을 반대하는 국민을 국민으로 인정하지 않는다. 오히려 반대하는 국민을 무시하고 탄압한다. 자신을 지지하는 국민은 자신의 인기 유지와 상대편을 탄압하는 도구로서 활용한다. 지역갈등, 세대 갈등, 남녀갈등은 국민이 아닌 정치인들이 국민을 양분하여 국민끼리의 싸움을 유도한 결과이다.

따라서 진정한 리더란 나를 반대하는 국민을 품고 국민을 상대편을 탄압하는 정치적 도구로서 활용하지 말아야 한다. 그리고 나를 지지하는 국민이 상대 정치인을 공격한다면 단호하게 민주주의에 어긋난다고 말을 할 줄 알아야 한다.

세 번째는 시대정신을 말해야 한다. 정치인 대부분이 너무 정치적 이념과 당의 논리에 매몰되어 나와 결이 다른 이념과 의견을 가진 사람들을 적으로 몰아붙인다. 정치인은 물론 이념이 있어야 한다. 정치에 이념이 없을 수는 없다. 다만 그 이념이 내가 스스로 어떤 문제에 대해 사유하고 고민한 결과물인지 아니면 그냥 그렇다고 생각하는 주입식의 결과물인지 스스로 물어보아야 한다. 모든 문제는 한 가지 시선과 눈높이로만 현상을 제대로 파악할 수 없다. 어떨 때는 좌의 이념이 어떨 때는 우의 이념이 어떨 때는 함께 써야 하는 문제들이 있다. 모든 것을 이분법적으로 나누면 현재 우리의 문제들을 제대로 풀 수가 없다. 자신만의 정치적 철학을 가진 사람은 사고가 독립적이며 무조건적인 이념에 예종되지 않는다. 이념에 종속되지 말고 이념을 가지고 놀아야 한다. 그래야 현실 문제가 제대로 파악이 되고 그에 맞는 해결책이 보인다.

이념은 또한 국민을 둘로 나눈다. 정치인이 이념에 매몰되고 이념에 기초하여 정치적 정책적 발언을 한다면 국민은 언제나 둘로 나누어질 수밖에 없다. 하지만 비전은 국민을 하나로 통합한다. 이념에 갇혀 있는 정치인은 비전을 제시하는 리더를 이기지 못한다. 이념에 갇혀 있는 사람은 수동적이고 주관적이지 못하다. 위기에 유연하게 대처하기 힘이 든다. 이와는 반대로 비전을 제시하는 리더는 능동적이고 주관적이다. 위기의 상황에 유연하게 대처할 수 있는 창조의 높이에 와있다. 주입식과 창조의 높이는 차원이 다르다.

예전에 우리는 이념에 상관없이 함께 경제 발전과 민주주의라는 공통된 목표를 가지고 함께 다독이며 협력하며 살아왔다. 그래서 리더는 다시 한번 국민이 서로 공통된 목표를 갖도록 비전을 제시할 수 있어야 한다.

네 번째는 소통의 리더이다. 프랑스에서 본 마크롱 대통령은 단호하지만 국민과 소통을 하려고 노력했다. 그는 노조를 설득하러 직접 무수히 많은 산업 현장에 갔고 프랑스 곳곳을 돌며 작은 마을이라도 방문하여 주민들에게 자신의 신념과 정책을 설명하며 설득하였다. 그리고 가장 중요한 한 가지는 자신이 직접 티비 토론과 수많은 토론장에 나가 토론을 했다는 것이다. 자신이 어떠한 이슈를 토론하려면 전문가 수준으로 공부를 하고 있어야 한다. 마크롱은 그것을 충분히 잘 해냈다. 마크롱 대통령이 공개 토론회에서 자신의 의견을 확신에 찬 모습으로 말하는 것을 보고 프랑스 국민은 그를 인정하였다.

다섯 번째는 선하고 순수한 마음으로 정의를 수호하고 국민에게 친절하고 애정이 넘치는 자세를 가지고 있어야 한다는 것이다. 리더란 사치를 피해 소박하여 서민들의 생활과 마음을 알아야 하며 항상 사적인 것과 공적인 것을 구별하며 부패와 멀어져야 한다. 법을 두려워하고 수호하는 마음으로 이 사회의 불공정과 불의를 미워해야 한다. 항상 국민에게 친절하고 많이 묻고 다가가야 한다. 애정 어린 마음으로 국민의 생활을 살펴야 한다.

마크롱 대통령은 대선 정책을 만들 때 타 후보들은 대선 공약을 교수들이 책상에서 만들었지만 마크롱 대통령과 그의 당 청년들은 국민에게 직접 찾아가 문을 두들기면서 당신이 가장 힘들었던 때가 언제였는지 그리고 무엇이었는지를 물어보았다고 한다. 국민에게 진정으로 다가간 것이다. 이러한 한마디가 국민의 마음을 움직여 마크롱은 대통령으로 당선되었다.

마지막으로 우리의 상처를 보듬고 새로운 곳으로 이끌어 줄 인도자 리더십이다. 지금 우리는 길을 잃은 아이와 같은 신세이다. 상처받고 아픔을 가지고 우리는 어디로 어떻게 가는지 모르는 채 각자 힘겨운 삶을 이겨 내고 있다. 그 어느 곳에서 국가와 정치인들은 잘 보이지 않는다. 이러한 상황 속에서 우리에게는 우리의 상처와 아픔을 보듬고 희망찬 미래를 위해 함께 손잡고 나아갈 지도자가 필요하다.

청년들이 우리나라의 미래를 이끌어야 한다

요즘 청년의 역할론을 많이 이야기한다. 청년은 사실 세계사적으로도 우리나라 근대사적으로도 중요한 일을 해 왔다. 근대화의 노력, 갑신정변과 민주주의 운동에는 항상 청년이 중심이었으며 일본의 근대화 노력인 메이지 유신, 중국의 변법자강운동 또한 그렇다. 이처럼 청년은 국가 위기 시 호국의 상징이고 혁신과 변화의 상징이다. 위기 속에서 그리고 시대적 전환점에서 청년이 중심에 설 기회가 오고 있는 것 같다. 지금 이 순간일 수도 있겠다. 굳이 유럽까지 이야기하지 않더라도 아시아에서는 싱가포르에는 30대 청년들이 정부 부처 국장, 교장과 군대의 장군이 되기도 한다. 내가 친구들을 바라보며 부러워했던 점이다. 싱가포르의 정책과 혁신성은 세계적이다. 이처럼 우리나라도 청년이 이제 맨 앞에서 과감하게 이끌고 혁신해야 하지 않을까.

청년이 할 수 있는 정치가 뭘까. 이기훈 저자의 저서『청년아 청년아 우리 청년아』에서 선배 청년들의 대표적 가치인 '저항', '유희', '자유', '도전', '모험', '정치적 열정'을 다시 찾아야 한다고 하였다. 또 청년은 '새로움'을 의미한다. 청년은 시대를 아파하고 시대의 문제를 자기의 문제로 품어야 한다. 그 문제를 풀기 위해 청년은 저항하며 도전하며 모험하며 역동적인 기세로 그리고 새롭고 혁신적인 생각으로 시대적 문제를 풀 수 있다. 이러한 열정과 의지를 바탕으로 새로운 개혁을 이끄는 것이 청년의 역할이며 사명이다.

이제 국가에서도 정치에서도 청년들에게 과감히 권한을 주고 개혁을 해야 한다. 물론 청년들 또한 그러한 의지와 용기 그리고 실력이 있어야 한다. 나는 충분히 그러한 청년들이 많다고 생각한다. 청년들이 함께 뭉친다면 충분히 일을 도모할 수 있지 않을까. 새로운 시대를 함께 준비할 수 있지 않을까.

이제는 세계의 대 전환점이다. 코로나 이후 세계는 선진국의 기준과 가치가 바뀔 것이다. 우리는 이제 추적자에서 선도자로 전환할 준비를 해야 한다. 선도국가가 되기 위해서는 청년의 역할이 절대적이기도 하다. 청년의 새 시대적 사명은 국가를 개혁하고 이끌어 가는 주체가 되는 것이다.

산업화, 민주화 그다음은 '인간의 존엄성'

"모든 국민은 인간으로서의 존엄과 가치를 가지며 행복을 추구할 권리를 가진다." 헌법 제10조

나에게 만약 지난 15년 동안의 여정에서 깨달은 가장 중요한 한 가지를 말하라면 "인간의 존엄성"이다. 인간의 존엄성은 인간이라는 이유만으로 그 존재 가치가 있으며, 그 인격은 존중받아야 한다는 뜻을 가지고 있다. 인간의 존엄성은 인간이 태어날 때부터 갖는다는 천부인권 사상에 기반한다. 즉 모든 국민은 인간이라는 이유만으로 존엄한 가치를 보장받고 존중받아야 한다는 것이다.

우리는 다른 많은 나라가 못한 산업화를 짧은 기간 동안 이루었고 미얀마에서 사람들이 자신의 목숨을 내던지면서도 이루려 했던 민주주의 또한 성공적으로 이룬 나라이다. 하지만 지금 우리는 진정 행복하다고 할 수 있을까? 아마 많은 사람들은 자신이 행복하지 않다고 답할 것이다.

2024년 우리나라에서 극단적 선택을 한 사람이 1만 4,439명으로

2011년 이후 최대 수치라고 한다. OECD 회원국 자살률 중에서도 압도적인 1위이다. 이처럼 많은 사람들은 이 사회를 살아감에 있어서 불행함을 느끼고 있다.

 그러면 우리는 왜 불행할까? 그것은 우리 사회의 구조적 문제에 기인한다. 우리는 고도화된 압축 성장으로 지금까지 국가가 개개인의 삶을 살피지 못했다.

 칸트는 "네가 인간성을 너의 인격에서든 다른 사람의 인격에서든 언제나 동시에 목적으로 여기고, 어떤 경우에도 단지 수단으로 여기지 않는 방식으로 행하라."라고 하였다.

 하지만 지금까지 국가와 우리 사회는 개개인을 인격적으로 대하지 못했고, 경제 발전의 수단으로서 여겨 왔다. 그 와중에 개개인의 개성과 인격은 무시되고, 무한의 경쟁사회에서 우리는 언제 탈락이 될까 마음을 졸이며 살고 있다. 이미 탈락한 사람들은 경쟁이라는 공정해 보이는 틀 안에서 이루어졌다는 이유만으로 그들의 불행한 삶이 정당화되었다.

 하지만 애초에 누구나 다 같은 능력을 갖출 수도 없다. 그리고 공정한 경쟁이 되려면 기회의 평등이 이루어져야 하는데 그렇지 못한 상황에서 경쟁이라는 것은 이미 가진 사람들이 유리한 룰일 수밖에 없다.

가난한 가정에서 태어난 아이가 양질의 식사와 교육을 받지 못했는데 부유한 가정에서 태어나 양질의 식사와 좋은 교육을 받은 아이와 경쟁을 한다면 과연 룰이 공정한 것인가 생각해 볼 필요가 있다.

이러한 사회 구조적 문제 안에서 사회적 약자로 여겨지는 미혼모, 한부모 가정, 노숙인, 신체, 정신적 장애가 있는 사람들은 더욱 살아가기 힘든 나라가 되어 버렸다. 청년들 또한 젊다는 이유로 희생을 강요받고 있다. 많은 수의 청년들이 제대로 된 세 끼를 먹지 못하고 편의점에서 끼니를 때우며 1평 남짓한 고시원에서 살고 있다. 이처럼 우리는 최소한의 인간다운 삶을 보장받지 못하고 살고 있다. 이 안에서 과연 국가는 어디에 있는 것일까?

인간은 누구나 행복을 추구할 권리가 있으며 헌법에 명시된 것처럼 인간으로서의 존엄과 가치를 가진다. 이 안에는 인간은 소중하다는 의미와 그 소중함과 존엄함에 있어서 모든 인간은 동등하다는 것이다.

따라서 국가는 모든 국민이 최소한의 인간다운 삶을 영위할 수 있도록 지켜 주어야 한다. 가난한 가정의 아이들에게는 하루 세 끼 양질의 음식을 먹을 권리가 있고 청년들에게는 아무리 가난해도 고시원이 아닌 좋은 주거 환경을 누릴 권리가 있다. 신체적 장애가 있는 사람은 어디든 갈 수 있는 이동의 권리가 있고, 미혼모에게는 그 어떠한 상황에서도 아이를 잘 키울 권리가 있다. 노인들에게는 마지막 삶을 행복하게 누릴 권리가 있다.

국가가 국민 한 사람 한 사람의 존엄성을 지켜 주는 국가가 된다면 우리 사회에는 적어도 인간답게 살지 못하는 사람이 없을 것이다. 그래서 국가의 정책은 사람이 최소한 인간답게 살 수 있는 철학에 뿌리를 두어 그 위에 복지 정책을 포함한 다양한 정책을 만드는 것이다.

꼭 사회적 약자가 아니더라도 그 어떤 부자라도, 그 어떤 건강한 사람이라도, 그 어떤 능력 있는 사람이라도 살면서 실패를 경험하여 모든 것을 잃을 수도 있고, 건강을 한순간에 잃을 수도 있고, 갑자기 실직하여 인생의 아픔을 겪고 나락에 빠질 수도 있다. 그래서 아무리 한 인간이 나락에 빠지고 인생의 밑바닥을 경험한다고 하더라도 국가는 그 사람의 상황이 더 나빠지지 않도록 막고 다시 일어설 수 있도록 손을 내밀고 그 과정에서 그의 인간적 존엄성이 훼손되지 않도록 삶을 지켜 주어야 할 의무가 있다.

개개인의 존엄성이 지켜지면 우리는 행복할 수 있다. 이것이 국가가 인간의 존엄성을 가장 중요하게 생각해야 하는 이유이고 우리가 산업화와 민주화 다음에 이루어야 할 비전이다. 또한 인간의 존엄적 철학은 우리가 진정한 선진국으로 도약할 수 있는 발판이 되어 줄 것이라고 믿어 의심치 않는다.

나는 이것을 "존엄적 자유주의"라고 부르기로 했다. 그 이유는 우리에게 있어서 경제적 자유는 산업화를 통해 이루었고, 정치적 자유는 민주화를 통해 이루었기 때문이다. 그다음 우리는 우리 개개인이 진정으로 인간답게 존중받으며 살 수 있도록 하는 사회를 이룩해야 한다. 그러한 사회가 만들어진다면 우리는 진정으로 행복해질 수 있지 않을까 생각한다.

몽마르뜨에서

에필로그

2020년 프랑스 파리(코로나 당시라 마스크를 쓰고 있다)

"삶의 의미는 발견하는 것이 아니라 만들어 가는 것이다." 알랭 드 보통

프랑스에서의 생활을 끝으로, 나는 지난 15년간 이어져 온 삶의 여정을 마무리했다. 20살에 한국을 떠나 낯선 타지에서 배우고 일하고, 실패와 방황을 거듭하며 35살이 되던 해, 프랑스에서 그 긴 여정의 마지

막 페이지를 넘겼다. 그 시간은 단순한 해외 경험이 아니라, 나 자신과 사회를 깊이 이해하고자 했던 시간이었다.

처음부터 분명한 목표가 있었던 것은 아니다. 처음에는 단지 삶의 의미를 찾고 싶어 떠났고, 그 의미를 발견한 뒤에는 그것을 실현하기 위한 삶을 살아가고자 했다. 공적인 삶을 선택한 이후에는, 우리 사회가 안고 있는 문제들을 해결하고 진정한 선진국으로 나아갈 수 있는 길을 모색하고자 다양한 나라의 제도와 정책을 관찰하고, 정책과 행정을 공부했으며, 때로는 글로벌 기업과 공공기관, 국제 NGO, 정책 싱크탱크에서 실무 경험을 쌓았다. 그렇게 나는 세상의 구조를 바라보는 시야를 조금씩 넓혀 갈 수 있었다.

공적인 일을 통해 사회에 기여하고 싶다는 마음은 줄곧 내 안에 있었다. 하지만 그것이 가능하려면 실력뿐 아니라 철학과 태도, 책임감 같은 내적 준비가 반드시 필요하다는 것을 절감했다. 이 책에는 그동안 내가 품었던 고민과 관찰, 그리고 그로부터 도출한 정책적 방향성과 리더십에 대한 생각을 담았다. 이는 책에서 배운 이론이 아니라, 다양한 현장에서 보고 느낀 현실로부터 시작된 나름의 응답이다.

물론 내가 관찰하고 느낀 것들이 모두 정답일 수는 없다. 여행을 마무리한 이후에도 나는 끊임없이 공부하고 사유하며, 현실과 이상 사이의 간극을 좁히기 위해 애써 왔다. 나는 이상을 가지고 있지만 동시에 매우 현실적인 사람이다. 그 과정에서 그때의 생각과 지금의 생각이 달라진 부분도 분명 있다. 그럼에도 우리는 미래를 향해 한 걸음씩 나아가야 한다. 이제는 그동안 품어 온 질문들과 통찰을 우리 사회에 조심스럽게 던져 보고자 한다. 이것은 완성된 결론이 아니라, 함께 사유하고 토론하자는 제안이며, 또 하나의 새로운 출발점이다.

지금의 나는 39세. 가족을 위해 일하고, 생활의 무게를 고민하며 살아가는 평범한 직장인이다. 앞으로 어떤 삶을 살게 될지는 나도 알 수 없다. 인생은 계획대로만 흘러가지 않는다는 것, 때로는 멈춤과 기다림, 유연함이 필요한 시간도 있다는 것을 지난 시간 속에서 배웠기 때문이다.

하지만 한 가지는 분명하다. 이 시대를 살아가는 사람으로서, 무언가 잘못되어 있다는 감각을 외면하지 말아야 한다는 것. 그 작지만 분명한 울림이 오늘의 나를 움직이게 만들고, 나아갈 길을 어렴풋이 비춰 준다. 비록 속도는 느릴지라도, 나는 그 소리에 귀 기울이며 한 걸음씩 앞으로 나아가려 한다.

*- 지금까지 저와 함께 길을 걸어 주신 하나님과,
저를 어떠한 상황 속에서도 물심양면으로 믿어 주신
부모님께 이 책을 바칩니다. -*

청춘,
일류국가를
꿈꾸다

ⓒ 옥승철, 2025

초판 1쇄 발행 2025년 9월 17일

지은이	옥승철
펴낸이	이기봉
편집	좋은땅 편집팀
펴낸곳	도서출판 좋은땅
주소	서울특별시 마포구 양화로12길 26 지월드빌딩 (서교동 395-7)
전화	02)374-8616~7
팩스	02)374-8614
이메일	gworldbook@naver.com
홈페이지	www.g-world.co.kr

ISBN 979-11-388-4732-2 (03810)

- 가격은 뒤표지에 있습니다.
- 이 책은 저작권법에 의하여 보호를 받는 저작물이므로 무단 전재와 복제를 금합니다.
- 파본은 구입하신 서점에서 교환해 드립니다.